DIE GESCHICHTE DER MV AGUSTA MOTORRÄDER

PETER CARRICK

MV AGUSTA
DIE GESCHICHTE DER MOTORRÄDER

MOTORBUCH VERLAG STUTTGART

Einband und Schutzumschlag: Siegfried Horn

Copyright © by Peter Carrick 1979
Die englische Ausgabe ist erschienen bei
Patrick Stephens Ltd., Bar Hill, Cambridge, England
unter dem Titel »The Story of MV Agusta Motor Cycles«

Die Übertragung ins Deutsche besorgte
Hildegard Seyler-Rauch

Bildnachweis: Mick Woollett, B. R. Nicholls, Bill Bennett,
Bruce Smith, L. J. Cadell, J. Stoddart,
D. Morley.

ISBN 3-87943-760-2

1. Auflage 1980
Copyright © by Motorbuch Verlag, Postfach 1370, 7000 Stuttgart 1
Eine Abteilung des Buch- und Verlagshauses Paul Pietsch GmbH & Co. KG
Sämtliche Rechte der Verbreitung in deutscher Sprache
 – in jeglicher Form und Technik – sind vorbehalten.
Satz und Druck: Becht-Druck, 7403 Ammerbuch-Pfäffingen
Bindung: Verlagsbuchbinderei Karl Dieringer, 7000 Stuttgart 1
Printed in Germany

Inhalt

Vorwort 6
Die MV Agusta-Geschichte in Stichworten 7
Der Weg zum Motorrad — Les Graham wird zum Wegbereiter 11
1952 — die erste Weltmeisterschaft 26
Kampf um höchste Rennsport-Ehren 30
Surtees unter Vertrag — weitere Weltmeisterschaften 38
MV beherrscht die Grand Prix-Szene 48
Versäumnisse bei Nutzung der Rennerfolge 65
Hocking und Hailwood — vier Jahre Überlegenheit 69
Die Konfrontation mit Gilera 82
Rekordversuch in Daytona 89
Graf Domenico Agusta 97
Die Herausforderung Honda-Hailwood 105
Agostini — neuer König bei MV 116
Neue Kapitel in der Rennsport-Geschichte 132
Saarinen und die Yamaha 139
Das Duell MV-Yamaha 151
Neue käufliche MV-Modelle 163
Das Ende der Straße 167
Feuriges Finale 178
Die letzten Jahre 184
Anhang 188

Vorwort

Es ist mir eine besondere Freude, das Vorwort zu diesem Buch Peter Carricks beisteuern zu dürfen. Nicht nur, weil ich siebenmal Motorrad-Weltmeister auf MV-Maschinen wurde; sondern auch, weil diese berühmte italienische Marke allenthalben einen so außergewöhnlichen Eindruck hinterließ und in fast drei Jahrzehnten den Straßen-Rennsport entscheidend beeinflußte.

Inspiriert von der Initiative, Energie und Willenskraft ihres geistigen Vaters, Graf Domenico Agusta, behauptete die MV eine einzigartige Position in der Geschichte des Motorrad-Rennsports. 75 Fahrer- und Marken-Weltmeisterschaften und über 270 Grand Prix-Siege bedeuten einen erstaunlichen Rekord; die Art, wie ernst die Fabrik ihre Renneinsätze nahm und die hervorragenden Viertakt-Maschinen höchster Qualität reizten alle wichtigen Rennfahrer jener Tage.

Diese Geschichte der MV Agusta-Motorräder ist eine tiefschürfende und wertvolle Dokumentation und darüberhinaus eine faszinierende Darstellung des erfolgreichsten Rennstalls überhaupt. Sie beinhaltet alle wichtigen Rennen, die bedeutendsten Geschehnisse, und erzählt von den Fahrern, die auf MV zu Ruhm und Ehre gelangten, wie Cecil Sandford, Les Graham, Ray Amm, Gary Hocking, Carlo Ubbiali, John Hartle, Mike Hailwood, Phil Read, natürlich Giacomo Agostini — und anderen. Der sehr gut illustrierte Text vermittelt zudem einen faszinierenden Blick hinter die Kulissen der weltberühmten Motorradfabrik sowie bedeutsame Aspekte von Lebensart und Charakter ihres Gründers, des Grafen Domenico Agusta.

So wird dieses Buch nicht nur für den MV-Agusta-Enthusiasten von großem Interesse sein, sondern für jeden Motorrad-Rennsport-Fan.

John Surtees

Die MV Agusta-Geschichte in Stichworten

1946   MV Agusta-Gründung in Italien als Motorradfabrik. Vorstellung der ersten Maschine (ein 98 cm³-Modell).

1948   Einstieg in den Rennsport mit einer 125 cm³-Einzylinder-Zweitaktmaschine beim italienischen Grand Prix.

1949   Entwicklung von Viertakt-Rennmaschinen der Hubraumklassen 125 und 500 cm³.

1950   Ing. Remor, Konstrukteur der Vorkriegs-Gilera mit vier Zylindern und Wasserkühlung, wechselt zu MV. Debut der ersten 500 cm³-Vierzylinder-Rennmaschine beim belgischen Grand Prix.

1951   Les Graham, vorher AJS-Werksfahrer und 500 cm³-Weltmeister, wechselt zu MV. Erste Starts auf der Isle of Man, Ausfall sowohl bei der 125er wie der 500er TT.

1952   Mit Cecil Sandford erste Fahrer- und Markenweltmeisterschaft in der 125 cm³-Klasse. Erster TT-Sieg durch Cecil Sandford in der 125 cm³-Lightweight-Klasse.

1953   Carlo Ubbiali und Luigi Taveri stoßen zum MV-Team. Les Graham siegt bei der 125er Lightweight-TT und verunglückt dann tödlich während der zweiten Runde der Senior-TT. MV verteidigt 125 cm³-Weltmeisterschaft erfolgreich. Bau der ersten 350 cm³-Rennmaschine bei MV.

1954   Die englischen Fahrer Bill Lomas und Dickie Dale stoßen zum MV-Team.

1955   Der Süd-Rhodesier Ray Amm unterschreibt bei MV. Graf Agusta entscheidet, alle vier Solo-Klassen der Weltmeisterschaft zu beschicken. Amm verunglückt tödlich während seines ersten Rennens für MV. MV gewinnt alle sechs zur 125 cm³-Weltmeisterschaft zählenden Rennen und durch Ubbiali den Titel. MV sichert sich die Marken-Weltmeisterschaften der 125- und der 250 cm³-Klasse.

1956	John Surtees unterschreibt bei MV und bleibt die folgenden fünf Jahre Team-Kapitän. Erster Senior-TT-Sieg für MV durch Surtees. Ubbiali gewinnt die Weltmeisterschaft der Klassen 125 und 250 cm^3, Surtees die der 500cm^3-Klasse; Marken-Weltmeisterschaft für MV in diesen drei Kategorien. MV siegt in allen vier Solo-Rennen beim Grand Prix von Belgien. MV Distributors Ltd in London gegründet, importiert MV Agusta-Straßenmodelle.
1957	Mike Hailwood absolviert seine ersten, noch »inoffiziellen« Rennen.
1958	MV gewinnt alle vier Solo-Marken-Weltmeisterschaften und die Fahrer-Meisterschaftstitel durch Ubbiali (125 cm^3), Provini (250 cm^3) und Surtees (350 und 500 cm^3). John Hartle kommt neu ins Team.
1959	Doppel-Weltmeisterschaftstitel für Ubbiali (125 und 250 cm^3) und Surtees (350 und 500 cm^3), sowie Marken-Weltmeisterschaften in allen vier Klassen.
1960	Im dritten aufeinanderfolgenden Jahr alle vier Solo-Titel durch Ubbiali (125 und 250 cm^3) und Surtees (350 und 500 cm^3), sowie die Marken-Weltmeisterschaften dieser Klassen gewonnen. Zweiter in der 125 cm^3-Weltmeisterschaft (Gary Hocking), Zweiter (Gary Hocking) und Dritter (Luigi Taveri) in der 250 cm^3-Weltmeisterschaft, Zweiter in der 350 cm^3-Klasse (Gary Hocking) und Vize-Meister (Venturi) in der Halbliterklasse. Surtees wechselt zum Automobilsport, seinen Platz im Team übernimmt Hocking. Carlo Ubbiali beendet seine Laufbahn.
1961	Rückzug aus den Klassen 125 und 250 cm^3, Sicherung der 350 und 500 cm^3-Weltmeisterschaften durch Gary Hocking; Marken-Weltmeister in diesen beiden Klassen. Mike Hailwood fährt in Monza erstmals »offiziell« für MV.
1962	Mike Hailwood unterschreibt; durch ihn erringt MV die Fahrer- und die Marken-Weltmeisterschaft der Halbliterkategorie.
1963	Trotz der Herausforderung durch die Gilera unter Geoff Duke gewinnt Hailwood erneut den 500 cm^3-Weltmeistertitel, ebenso die Marken-Weltmeisterschaft.
1964	Aufstellung eines neuen Rekords über eine Stunde in Daytona durch Mike Hailwood. Er sichert MV auch wieder die Fahrer- und die Marken-Weltmeisterschaft der 500 cm^3-Klasse.
1965	Zum siebten Mal hintereinander wird MV Fahrer- und Marken-Weltmeister (Mike Hailwood). Vorstellung der Dreizylinder-MV. Der Italiener Giacomo Agostini kommt als Unterstützung

für Hailwood ins Team. Britisches Debut der 600 cm³ Vierzylinder-Straßenmaschine.

1966 Hailwood wechselt zu Honda, sein Nachfolger bei MV ist Agostini. Er wird 500 cm³-Weltmeister, aber die Marken-Weltmeisterschaft dieser Klasse geht an Honda.

1967 Agostini erringt die 500 cm³-Weltmeisterschaft und holt auch den Marken-Titel zu MV zurück. Nach 15 Jahren besitzt MV nun 25 Welt-Titel und 165 Grand Prix-Siege, 70 davon in der »Königs«-Klasse (500 cm³).

1968 Erster Junior- und Senior-Doppelsieg bei der TT und Weltmeister-Titel in der Halbliterklasse. Marken-Weltmeisterschaften in den Klassen 350 und 500 cm³.

1969 Agostini erringt Doppelsiege bei den Großen Preisen von Spanien, Deutschland, Holland, Ost-Deutschland, Tschechoslowakei, Finnland, Nord-Irland und auf der Isle of Man, wird Doppel-Weltmeister in den Klassen 350 und 500 cm³ und verhilft MV zur Doppel-Marken-Weltmeisterschaft dieser Klassen.

1970 Durch Agostini Sieg bei allen elf zur 500 cm³- und allen zehn zur 350 cm³-Weltmeisterschaft zählenden Rennen. Doppel-Weltmeister und zweifacher Marken-Weltmeister.

1971 Graf Domenico Agusta stirbt in Mailand. MV-Werksfahrer Angelo Bergamonti verunglückt tödlich in Riccione. Durch Agostini erneut Doppel-Fahrer- und Marken-Weltmeisterschaft der beiden großen Klassen.

1972 Agostini verhilft MV zum 15. aufeinanderfolgenden Titel in der 500 cm³-Weltmeisterschaft. Alberto Pagani, als Ersatz für Bergamonti im Team, wird Vize-Meister. Weltmeisterschaft der 350 cm³-Klasse durch Agostini, Marken-Weltmeister beider Klassen 350 und 500 cm³. Agostini und MV fahren zum letzten Mal bei der TT (Reaktion auf den Todessturz Gilberto Parlottis). Phil Read fährt erste Rennen für MV.

1973 Phil Read bildet mit Agostini ein Team und erringt den 500 cm³-Weltmeisterschaftstitel. Agostini wird Weltmeister der 350 cm³-Klasse. Die MV-Drei- bzw. Vierzylindermaschinen sichern sich die 500 cm³-Marken-Weltmeisterschaft. Die italienische Regierung übernimmt 51 Prozent Aktienteile des MV Agusta-Firmenverbunds.

1974 Agostini wechselt zu Yamaha, Read wird MVs Fahrer Nummer Eins. Gewinn der letzten 500 cm³-Weltmeisterschaft (Read). Ende der ununterbrochenen Erfolgsreihe von 17 Titeln in dieser Klasse. Der 350 cm³-Titel geht an Yamaha verloren (Agostini). Gianfranco Bonera als Team-Neuzugang. Er gewinnt zum 17. Mal in 17 Jahren die 500 cm³-Klasse beim belgischen Grand Prix. Gus Kuhn Motors Ltd in London neuer Importeur für MV Agusta in Großbritannien.

1975 Team-Manager Arturo Magni feiert seine 25jährige Zugehörigkeit zu MV.

1976 MV Agusta-Rückzug vom Rennsport. Read frei für andere Fabrikate, Agostini als »Privat-Fahrer« wieder auf MV.

1977 Gus Kuhn Motors Ltd beenden Importeur-Vertrag. Vollständige Aufgabe des Rennsports bei MV Agusta. Verschmelzung der Firma mit dem bereits von der Regierung kontrollierten Ducati-Konzern. Import der MV Agusta-Motorräder nach England durch eigens gegründete Firma (Agusta Concessionaires).

1978 Schließung dieser Firma.

1979 Bemühungen der neugegründeten italienischen Motorradfabrik Cagiva (ehemals Aermachi/Harley-Davidson), die Namensrechte MV und Reste des Rennstalls zu übernehmen.

Der Weg zum Motorrad –
Les Graham wird zum Wegbereiter

In den ersten Jahren nach dem Zweiten Weltkrieg gönnte kaum jemand dem Dorf Verghera in der Nähe des Städtchens Gallarate überhaupt einen zweiten Blick. In Norditalien gab es viele ähnliche Dörfer, etwas verfallen, armselig. Hier aber stand, geschützt durch einen Wald, der direkt an den Flughafen Malpensa grenzt, und nur wenige Kilometer von Mailand entfernt, die Fabrik Meccanica Verghera. Als Chef der Firma regierte Graf Domenico Agusta, ein willensstarker Dogmatiker.

Hier ließ der Graf in einem abgelegenen Winkel seines Fabrikgeländes die zuverlässigsten und erfolgreichsten Renn-Motorräder bauen, die es auf der Welt gab.

Die erste MV Agusta-Rennmaschine erschien erst 1948. In der auch nach dem Krieg noch von den britischen Velocette- und Norton-Maschinen beherrschten Rennsport-Szene vermochte sie zunächst kaum Eindruck zu hinterlassen. Bald aber überrundeten die vielzylindrigen italienischen Rennmaschinen von Moto Guzzi und Gilera die englischen Einzylinder in den großen Hubraumklassen. Zwar bedeutete die erste Weltmeisterschaft — gewonnen 1952 mit dem Engländer Cecil Sandford — für den Grafen Agusta den Silberstreif am Horizont, doch sollte es weitere vier Jahre dauern, ehe der Name Agusta wirkliche Bedeutung erlangte. 1958, nach dem unvorhergesehenen und schlagartigen Rückzug der berühmten italienischen Werke Gilera, Guzzi und Mondial vom Rennsport, war MV bereit, deren Erbe anzutreten. In den 20 Jahren seit 1958 errangen die Renn-Maschinen aus der Werkstatt des Grafen in Verghera die astronomische Anzahl von 33 Fahrer- und 37 Marken-Weltmeisterschaften.

Erstaunlicherweise waren Motorräder dennoch kaum jemals mehr als ein Hobby für den Grafen, obgleich sein Interesse schon an Besessenheit grenzte. Verglichen mit der Produktion etwa von Norton oder auch mit den Japanern, die dann kamen, war der Ausstoß von MV-Straßen-Modellen verschwindend gering, die internationalen Verkäufe auch in den besten

Am Anfang der Geschichte standen Zweitakter: MV-Rennmaschine mit 125 cm³ aus dem Jahr 1949.

Die MV-Vierzylinder-Rennmaschine von 1950.

Jahren ausgesprochen mager. Tiefste Befriedigung schöpfte der Graf dagegen aus seinen Erfolgen bei den internationalen Großen Preisen und den Rennen um die nationale italienische Meisterschaft. Er war höchst selten persönlich bei Rennen anwesend, war auch niemals auf der Isle of Man, aber trotzdem leitete er den Einsatz seiner scharlachrot und silbern lackierten Maschinen auf den Rennpisten Europas und der Welt aufmerksam, berechnend und mit der Sorgfalt eines Kapitäns, der sein Schiff durch ein Minenfeld steuern muß.

Die Firma MV existierte seit 1923, als Giovanni Agusta, der Vater von Domenico, in Verghera eine Flugzeugfabrik errichtete. Vier Jahre später starb der Firmengründer, die Geschäfte übernahm seine Witwe Guiseppina. Zwar wäre Domenico schon alt genug zur Mitarbeit gewesen, aber die Zeitläufe und Italiens Kriegsbeteiligung hatten die Firma — Construzioni Aeronautiche Giovanni Agusta — an den Rand des Ruins getrieben und zwangen die Familie, andere Geschäftszweige aufzunehmen. Unterstützt durch seine drei jüngeren Brüder wandte sich Domenico u.a. der Herstellung von Motorrädern zu.

Diese Hinwendung zum Motorrad war gar nicht so seltsam. Schließlich besaß Italien hier ein stolzes Erbe, das bis in die Anfänge der Motorisierung zurückging. Außerdem war da das gleissende Beispiel der Gilera-Werke ganz in der Nähe, deren erfolgreiche Geschichte im Rennsport der 30er Jahre als Vorbild gelten konnte. Über allem aber dürfte der Wunsch der stolzen Agusta-Familie gestanden haben, sich in der Geschäftswelt wieder einen guten Platz erobern. »Denn«, so sah es der frühere MV-Werksfahrer Bill Lomas, »nach dem Krieg ließ sich in Europa alles, was sich auf zwei Rädern vorwärts bewegte, verkaufen. Es gab zu dieser Zeit in Italien wahrscheinlich an die 150 verschiedene Motorrad-Hersteller. In jedem Dorf wurden Motorräder gebaut.«

Damals wurde der Name der Firma in Meccanica Verghera Agusta geändert, später sprach man nur noch von MV Agusta oder einfach von MV. In Italien gab es einen riesigen Markt für hubraumkleine Zweitakter, und MV Agusta wollte sich mit einer 98 cm³-Maschine an diesem profitablen Geschäft beteiligen. Dieses erste, historische Modell war ein sehr simples Maschinchen, wie sie eben damals alltäglich und üblich waren. Es vermochte kaum zu überzeugen, seine Sport-Version jedoch — vorgestellt 1946 — war bei den Fahrern der damals in Italien neu eingeführten 125 cm³-Klasse sehr beliebt. Sie hatte drei Gänge sowie Teleskop-Vordergabel, und es hieß, ihre Spitzengeschwindigkeit betrage fast 100 km/h.

Wie schon vor dem Krieg war es auch damals allgemein üblich, kommerziellen Erfolg über Renn-Erfolge zu suchen. Graf Agusta machte da keine Ausnahme und trieb deshalb Pläne für eine reine Rennmaschine voran.

Motorradfahren an sich war ja schon sportlich, und Rennen zu fahren bedeutete, jedenfalls in England, einen wichtigen Beitrag zu leisten bei dem Bemühen, der nach dem Krieg teilweise recht ungenügenden Wiederaufbau-Moral neue Impulse zu vermitteln. Wahrscheinlich dachte man in Italien genau so. Weiteren Anstoß gab die Tatsache, daß — während man Deutschland offiziell die Teilnahme am internationalen Sport mit dem Hinweis auf seine Rolle im Krieg verweigerte — Italien ohne weiteres in die neugegründete FIM aufgenommen wurde. Die Neu-Strukturierung des internationalen Rennsports und die Schaffung einer Weltmeisterschaft (statt der früheren Europameisterschaft) im Jahr 1949 waren weitere wichtige Faktoren beim Wiederaufblühen des Sports.

Aus Publicity-Gründen also stellte der Graf 1948 seine erste echte Rennmaschine vor, einen Einzylinder-Zweitakter mit Viergang-Getriebe. Diese Maschine brachte ihm auf Anhieb sichtbaren Erfolg: Der Italiener Bertoni löste in der MV-Fabrik einen Freudenausbruch aus, als er beim italienischen Grand Prix das 125 cm³-Rennen gewann. Es blieb jedoch eine Eintagsfliege, denn Mondial baute unter dem Konstrukteur Alfonso Drusiani, einem Mann von enormen Fähigkeiten und großem Weitblick, ganz ausgezeichnete Rennmaschinen mit zwei obenliegenden Nockenwellen, die aller Konkurrenz überlegen und trotz ihres Hubraums von nur 125 cm³ schneller als manche 250 und sogar 350 cm³-Maschine waren.

Die kleinste Hubraum-Klasse, der bis dahin niemand besondere Bedeutung beigemessen hatte, gewann diese schlagartig, nachdem die exzellenten Mondial-Maschinen die 125er Weltmeisterschaftsläufe absolut beherrschten. Die MV-Zweitakt-Maschine war dagegen schlicht deklassiert, obwohl Cavaccuiti in der Schweiz Dritter und Bertoni Sechster und Clemencigh in Holland hinter Nello Pagani auf der Mondial Zweiter geworden war.

Die Überlegenheit der Mondial zwang MV zu neuerlicher Entwicklungsarbeit — ein ganzes Jahr konzentrierte man sich darauf, Anschluß an die Konkurrenz zu finden. Anfang 1950 war die neue 125er Rennmaschine fertig. Sie hatte einen Motor mit zwei obenliegenden Nockenwellen, der eine erstaunliche Ähnlichkeit mit dem der 250 cm³-Benelli aufwies. Aber auch dieses Modell war den Mondials, die vier der ersten fünf Plätze belegten nicht gewachsen. Benaseda brachte die MV nur auf Rang sechs. In Belfast kamen von sieben Startern nur zwei Mann ins Ziel — beide auf Mondial, und in Monza, beim Endlauf, belegten die Mondial die ersten sechs Plätze.

Dennoch sollte 1950 für MV ein besonderes Jahr werden. Der scharfsichtige Graf Agusta hatte bereits ein Auge auf die schweren Maschinen geworfen und wandte sich während des Winters an Ing. Pieto Remor, den Schöpfer einer der bedeutungsvollsten Nachkriegs-Maschinen, der luftge-

MV Agusta, ein neuer Name im Rennsport, beim **Grand Prix von Italien 1950**; der Fahrer ist Reg Armstrong.

kühlten Vierzylinder-Gilera. Agusta bewog ihn, sich von Gilera zu trennen, wo er — im benachbarten Arcore — noch als Berater tätig war, und mit MV einen neuen Anfang zu machen. Mit Remor kam auch der ehemalige Chefmechaniker von Gilera, Arturo Magni, zu MV. Zwar war Magni noch sehr jung, er verfügte aber bereits über erstaunliche Kenntnisse. Er arbeitete später, als die schweren MV entstanden, erfolgreich mit Les Graham zusammen und erlebte die Glanzzeit des Werks bis zum bitteren Ende. Magni und Remor standen zusammen an der Spitze eines Entwicklungsteams, das den ersten MV-Vierzylinder innerhalb von nur sechs Monaten auf die Räder stellte.

Inzwischen hatte sich MV voll dem Viertakt-Prinzip zugewandt und verteidigte es bis zuletzt, als in den sechziger und frühen siebziger Jahren die japanischen Zweitakt-Maschinen zur großen Herausforderung wurden. Diese erste, inzwischen historische 500 cm^3-MV — denn in der am meisten beachteten Halbliter-Klasse sollten die MV ihre größten Erfolge erzielen — erlebte ihr Debut 1950 beim Grand Prix von Belgien: hinter zwei Gileras, einer AJS und einer weiteren Gilera belegte Arciso Artesiani den fünften Platz. Auf heimatlichem Boden, beim Endlauf in Monza, wurde die MV dann sogar Dritte hinter einer Norton unter Geoff Duke, der in jenem Jahr seinen ersten Weltmeisterschafts-Titel errang, und der Gilera von Umberto Masetti.

Ohne Frage ähnelte die 500er MV stark der Gilera, aber Remor hatte in ihr auch eine ganze Reihe neuer Ideen verwirklicht. Die Basis war ein Reihen-Vierzylinder mit Viergang-Getriebe und — anders als die Gilera — Kardanwellen-Hinterradantrieb, mit ungewöhnlicher Rad-Abfederung, einer Trapezgabel mit geschlossenen Preßstahl-Scheiden vorn und Preßstahl-Doppelschwinge hinten — beide arbeiteten auf Torisionsstäbe. Bohrung und Hub betrugen 52×58 mm, und die Leistung wurde mit 52 bhp bei 9 500 U/min angegeben. Eine Besonderheit war die Getriebeschaltung: auf jeder Seite gab es einen Schalthebel. Der Fahrer trat mit dem Absatz auf das linke Pedal zum Hochschalten, mit dem rechten Fuß betätigte er den Hebel beim Herunterschalten, Zuerst hatte die Maschine vier lange gerade Auspuffrohre, wurde aber mit zusätzlichen Megaphonen bestückt, nachdem Artesiani — ein ehemaliger Gilera-Fahrer — in Belgien den Grand Prix gefahren hatte. Nachfolgend einige technische Daten der Maschine:

Motor: Quer eingebauter Reihen-Vierzylinder, 500 cm³, mit zwei obenliegenden Nockenwellen, von der Kurbelwelle über Zahnräder zwischen den mittleren Zylindern angetrieben, zwei Vergaser an gegabelten Einlaßstutzen;
Zündung: Magnetzünder;
Kraftübertragung: Fünfgang-Getriebe im Block mit Motorgehäuse, Hinterradantrieb über Kardanwelle und Kegelradgetriebe;
Rahmen: Doppelschleifen-Rohrrahmen mit zentralem Oberrohr, Hinterradaufhängung in Parallel-Doppelrohrschwinge, torsionsstabgefedert;
Vordergabel: Trapezgabel mit geschlossenen Preßstahl-Gabelscheiden, torsionsstabgefedert.

Fahrttests zeigten eine außergewöhnliche Leistungsstärke, die Fahreigenschaften jedoch dämpften den Optimismus etwas. Drei der neuen Maschinen sollten planmäßig auf der Isle of Man unter dem Fahrer-Trio Artesiani, Bertoni und Magni debütieren, sie wurden jedoch nicht rechtzeitig fertig. Nach Artesianis fünftem Platz in Belgien hielt man die Leistung der MV zunächst nur für mittelmäßig — aber das war nicht der Fall. Auf der Hochgeschwindigkeitsstrecke von Spa erreichte die Maschine einen Schnitt von 167 km/h und war damit weniger als eine Minute langsamer als die Gilera-Siegermaschine von Umberto Masetti. Während dieses Rennens ereignete sich übrigens auch der Unfall, in den der regierende 500er Weltmeister Les Graham und Artie Bell auf der Norton verwickelt waren; Bell wurde so schwer verletzt, daß er seine Laufbahn beenden mußte.
Die MV war eine saubere Konstruktion, litt aber trotz ihres Leistungspotentials an erheblichen Fahrwerksmängeln. Noch in der Saison 1950 erfuhr die Maschine mancherlei Modifikationen.
Wenig Befriedigung fand Ing. Remor in der 125er Klasse, für die er auch

eine Neu-Entwicklung gebaut hatte — eine Einzylindermaschine mit einer obenliegenden Nockenwelle. Zwei in Holland eingesetzte Maschinen hatten keinen Erfolg; Benasedo fuhr schließlich die frühere Zweitakt-Maschine auf Platz fünf ins Ziel — mehr konnte er nicht erreichen.
Trotz allem aber war MV Agusta auf dem Weg zum Erfolg.
Hatte schon der Wechsel der Gilera-Asse Remor und Magni für MV einen ganz wichtigen Schritt in Richtung auf das gesetzte Ziel bedeutet, so war die Verpflichtung des britischen Fahrers Les Graham die nächste wichtige Entscheidung. Rennfahrer gab es in Italien zwar viele, nur wenige aber zählten zur Weltspitze. Zu diesen gehörten z.B. 1950 Bruno Ruffo und Carlo Ubbiali, damals noch am Anfang seiner Karriere, die ihn in den folgenden zehn Jahren zu sieben Weltmeisterschafts-Titeln und 31 Grand Prix-Siegen brachte und ihn damit zu einem der besten Lightweight-Piloten machte, die es je gab. Beide, Ruffo und Ubbiali, standen bei Mondial unter Vertrag, Ruffo fuhr aber auch Guzzi-Maschinen. Der Vize-Weltmeister der 250 cm³-Klasse, Dario Ambrosini, fuhr für Benelli, Umberto Masetti und Nello Pagani gehörten zum Gilera-Team.
Obwohl Gilera dank der Anstrengungen von Masetti in diesem Jahr Weltmeister wurde (mit einem Punkt vor Geoff Duke auf der Norton), waren englische Fahrer und Maschinen in der Halbliterklasse keine leichte Konkurrenz in der Kategorie, in der Graf Agusta sich anschickte, Fuß zu fassen. Er glaubte deshalb, die beste Erfolgs-Chance durch die Anwerbung eines britischen Fahrers zu haben. Er liebäugelte, besonders gegen Ende der Saison 1950, mit Duke, als dieser sich in seinem ersten Jahr als Norton-Werksfahrer als ganz großartig zeigte und seinen Siegen bei der Senior-TT und beim 500 cm³-Ulster Grand Prix einen bemerkenswerten 350/500 cm³-Doppelsieg in Monza folgen ließ. Artie Bell (dieser bis zu seinem Sturz in Holland), Bob Foster, Bill Lomas, Reg Armstrong, Dickie Dale und Cecil Sandford wären ebenfalls Kandidaten gewesen, aber schließlich bot der Graf beim Grand Prix in Monza Ende der Saison 1950 Les Graham (bis dahin Werksfahrer bei AJS) einen Vertrag an.
Les war eine excellente, in mancher Beziehung sogar die einzig mögliche Wahl. Er besaß mehr Erfahrung in der Rennmaschinen-Entwicklung als die meisten anderen Fahrer und war außerdem als harter Kämpfer auf der Piste bekannt — nicht von ungefähr hatte er 1949 die Weltmeisterschaft errungen. Und MV brauchte damals nicht nur einen Spitzenfahrer, sondern auch einen Mann mit technischem Verständnis und Durchblick außer der praktischen Rennerfahrung.
Schon vor dem Krieg hatte sich Graham bei Rennen auf dem engen Cadwell Park-Kurs einen guten Namen in England geschaffen. Im Krieg diente er bei der Luftwaffe als Bomberpilot und wurde mehrfach deko-

Erste Vorstellung der 500-cm³-MV beim Grand Prix von Belgien 1951. Der junge Mechaniker an der Maschine ist Arturo Magni, der spätere Team-Manager.

Zum Grand Prix von Italien 1951 erschien diese 125-cm³-Rennmaschine, mit der Matucci Sechster wurde.

riert. Nach dem Krieg setzte er seine Laufbahn fort und gehörte zum AJS-Werksteam. In die Rekord-Listen ging er als erster Nachkriegs-Halbliterklasse-Weltmeister ein, nachdem er mit der temperamentvollen AJS Porcupine 1949 nach der Reorganisation des internationalen Rennsports den Titel errungen hatte. Er konnte zwei der sechs Großen Preise gewinnen und sich auch fast seinen größten Wunsch — einen Sieg bei der Senior-TT — erfüllen; doch hier machte ihm ein defekter Magnet einen Strich durch die Rechnung. Als er sich bereits eine beachtliche Führungsposition aufgebaut hatte, mußte er ins Ziel schieben.

Les Graham war mit Leib und Seele Rennfahrer und hatte sich dem Motorrad voll und ganz verschrieben. Die guten Zeiten der britischen Werke waren jedoch vorüber, und als Profi sah er bei AJS für sich höchst düstere Zukunftsaussichten. Italien dagegen schien voll lebendiger Motorrad-Aktivität — Graham konnte sich über diese Entwicklung nicht genug wundern. Also ging er voll Begeisterung zu MV und fing sofort mit seiner Arbeit an. Innerhalb kürzester Zeit baute er die Halblitermaschine um. Er gab ihr ein konventionelleres Aussehen durch Verwendung einer Schwingen-Vordergabel und hydraulisch gedämpfte Federbeine an der hinteren Doppelschwinge. Den Wellentrieb des Hinterrades behielt er bei, ersetzte aber die ungewöhnliche Schaltung durch eine herkömmliche Anordnung. kömmliches System.

Im damaligen Italien war es üblich, daß die Fahrer generelle Allround-Talente waren: Rennfahrer, Mechaniker in der Werkstatt, Testfahrer und Versuchsingenieur in einer Person. Für die kleineren Rennställe mochte dieses System auch gut sein, im Kampf um die Weltmeisterschaft allerdings wurde noch viel mehr verlangt. Für das Jahr 1951 stand Les Graham an der Spitze eines Teams, das ursprünglich aus drei Fahrern bestand: dem früheren Gilera-Fahrer Bandirola, Artesiani und ihm selbst. Beim Saisonauftakt der 500er Meisterschaft in Spanien heizten Artesiani und Bandirola die Emotionen im MV-Lager an und erweckten mit einem dritten bzw. fünften Platz einige Hoffnungen. Doch MV wollte ja die Vormacht der Gileras brechen und die großartigen Leistungen eines Geoff Duke auf der Norton übertreffen. Es bestand kein Zweifel, daß die Gileras noch immer schneller als die MV waren; abgesehen davon vermochten selbst das erstaunliche Beschleunigungsvermögen und die hohe Spitzengeschwindigkeit der besten Vierzylindermaschinen die ausgereift-überragenden Fahreigenschaften der englischen Einzylindermaschinen nicht zu kompensieren — ganz besonders die der Norton von Duke.

In diesem Jahr fiel Graham auf der Isle of Man im 125er und im 500er Rennen aus (die Halblitermaschine war da schon auf Teleskop-Vordergabel umgestellt).

Es wurde überhaupt ein schlechtes Jahr für MV, sogar mit der neuen Version der 125 cm³-Maschine gab es nur wenig Erfolg. Die beste Leistung brachte Graham, der im Grand Prix von Holland Dritter hinter den Italienern Leoni auf einer Mondial und Zinzani auf einer Morini werden konnte. Zu oft mußten sich die MVs zufolge technischer Probleme geschlagen geben.

Neue Überlegungen waren also notwendig, und Graham machte sich wieder ans Werk. Er schuftete unermüdlich. Graf Agusta hatte ihm in punkto Entwicklung freie Hand gegeben; unbedingt verbessert werden mußten Fahrwerk und Straßenlage, aber auch andere technische Schwierigkeiten mußten ausgemerzt werden. Neue Rahmen und Motoren wurden für 1952 entwickelt, wozu Graham einen alten Mitarbeiter aus seiner Velocette-Zeit anheuerte, Ernie Earles, dessen Spezialität Rahmen und Federung waren. Die Leistung wurde auf 55 PS bei 10 000 U/min angehoben — der Motor hatte nun 53 × 56 mm Bohrung/Hub, für jeden der vier Zylinder einen Vergasser (im Renneinsatz wurden dann aber doch wieder nur zwei verwendet), Fünfgang-Getriebe und Kettenantrieb zum Hinterrad. In Saison-Mitte erschien die MV mit konventioneller Hinterradschwinge und einer Earles-Vordergabel; die Seitenflächen des Tanks waren der Position des Fahrers und seiner Arme und Knie angepaßt. Zwei Auspuffrohre auf jeder Seite mündeten in ein gemeinsames Megaphon.

Nun sah es um die Chancen schon viel besser aus. Bandirola beendete den Grand Prix der Schweiz in Bern als Dritter, und Graham setzte sich anschließend auf der Isle of Man ganz groß in Szene. Nachdem er sich vier Runden lang hinter Dukes Norton gehalten hatte, verwickelte er Reg Armstrong (auf einer weiteren Norton) in einen brillanten Kampf. Schließlich aber zwangen ein Ölfleck und ein Getriebedefekt Graham zu einem Boxenaufenthalt, wodurch Armstrong auf seinen Platz vorrücken konnte. Wäre das Rennen nur noch wenig länger gewesen, hätte MV doch noch siegen können, denn kurz vorm Ziel riß an Armstrongs Norton die Primärkette.

Trotzdem erlebte MV auf der Insel eine erfolgreiche Woche. Man hatte Cecil Sandford auf eine Werksmaschine gesetzt, mit der er mit einem Schnitt von 126,15 km/h die 125 cm³ Lightweight TT gewann. Dieser Sieg war von großer Bedeutung: es war nicht nur der erste MV-Sieg auf der Isle of Man überhaupt, sondern auch der Auftakt zur Weltmeisterschaft, die Sandford in jenem Jahr gewann.

Weiteres Pech in der 500er Meisterschafts-Konkurrenz verhinderte einen Doppelerfolg von MV. Weder in Holland noch in Belgien konnte die 500er MV Punkte holen, und beim Grand Prix von Deutschland auf der Solitude lief Graham an vierter Stelle ein. Masetti auf der Gilera, der Sieger von

1951 erschien MV zum ersten Mal auf der Isle of Man. Les Graham, hier auf der 500-cm³-Maschine, schied sowohl in der Senior- wie der 125er-Lightweight-TT aus.

Die MV mit der modifizierten Earles-Gabel.

Holland und Belgien, führte die Meisterschaft an, und daran änderte sich nichts mehr, weil er es war, dem Fortuna hold war. Grahams letzte Chance war der Ulster Grand Prix: die MV führte sechs Runden lang, und Les Graham fuhr eine neue phantastische Rekordrunde mit 176,92 km/h, ehe er ausscheiden mußte — auf dem holprigen Clady-Kurs scheuerte das Schutzblech den Reifen durch. So blieb es dem MV-Neuzugang, dem ehemaligen AJS-Fahrer Bill Lomas, überlassen, bester MV-Mann in Irland zu werden; hinter der Gilera von McCandless und der AJS von Coleman wurde er Dritter.

Die zwei letzten Läufe der 500er Weltmeisterschaft (in Monza und Barcelona) gewann Les Graham in überragender Form auf der MV. Beim italienischen Grand Prix führte er vom Start bis ins Ziel und setzte auch die neue Rekordrunde, im Rennen der 125 cm³-Klasse wurde er darüberhinaus Dritter. Außer seinem Sieg in der Halbliterklasse in Spanien brachte Graham die 125er MV auf den zweiten Platz.

Mit diesen zwei Siegen erreichten Graham und MV den zweiten Platz in der Weltmeisterschaft der Halbliterklasse, nur drei Punkte hinter dem Titelträger Umberto Masetti auf Gilera. Wenn Graf Agusta wohl auch darüber enttäuscht war, zwar so weit vorgedrungen zu sein, aber eben nicht weiter, so hatte er immerhin die Befriedigung, daß seine Marke durch Cecil Sandford die erste Weltmeisterschaft errungen hatte.

Les Grahams Entschluß, AJS zu verlassen, und zu MV überzuwechseln, hatte sich als Erfolg erwiesen — für ihn persönlich und auch für das Team. Die britischen Teams lebten selbstzufrieden von vergangenen Ehren. Die Geldangebote an die Werksfahrer waren dürftig, und selbst von den größten Spitzenfahrern der englischen Nation erwartete man, daß sie Ruhm und Ehre über den Verdienst stellten. Die einst unvergleichliche Norton war von der Gilera überrundet worden, und sogar der Patriot Geoff Duke hatte einsehen müssen, daß der einzige Weg zur Weltmeisterschaft der war, seinen britischen Stall zu verlassen und »fremdzugehen«, d.h. bei Gilera einen Vertrag zu unterschreiben.

Den größten Teil seiner Zeit verbrachte Les Graham nun in Italien, im Werk bei MV, und bei den kontinentalen Grand Prix-Rennen, deshalb entschloß er sich 1953, mit seiner Frau und den zwei Söhnen nach Italien umzusiedeln. Graf Agusta besaß in den Bergen, nicht weit von Verghera entfernt, ein Ferienhaus und bot es Graham, mit dem ihn längst auch persönliche Freundschaft verband, die weit über das normale Verhältnis eines Chefs zu seinem Angestellten hinausging, als Wohnsitz an. Die Familie Agusta wohnte in Cascina Costa in einer luxuriösen Villa nahe beim Werk.

Die Aussichten für die Zukunft waren prächtig, ganz offensichtlich hatte

Graham testet die 500-cm³-Maschine mit Earles-Gabel 1952 in Monza.

Beim Grand Prix der Schweiz 1952 brachte Carlo Bandirola diese 500-cm³-MV auf den dritten Platz.

die Kombination MV Agusta/Les Graham noch einiges zu bieten. Graham stand am Beginn einer schönen Karriere in Italien, denn zu jener Zeit begannen sich bereits Pläne einer Zusammenarbeit mit der amerikanischen Hubschrauber-Marke Bell abzuzeichnen. Als Les 1952 in Monza siegte, war Larry Bell unter den Zuschauern. Laut Bill Lomas hatte Graham einen nicht geringen Anteil an der ersten Kontaktnahme gehabt und sollte deshalb, wenn er seine Laufbahn als Rennfahrer einmal beendet haben würde, eine führende Position in diesem neuen Zweig des Werkes übernehmen.

Dieses Ende aber kam viel früher als erwartet. Zu Beginn des Jahres 1953 sah es zunächst recht erfolgreich für MV aus. Cecil Sandford, der stolze MV-Weltmeister, sollte außer auf seiner 125er auch in der 500er Klasse eingesetzt werden, und außerdem hatte Carlo Ubbiali einen Vertrag bei MV unterschrieben — ein höchst bedeutungsvoller Wechsel, wie seine Erfolgskette auf MV-Maschinen in den folgenden Jahren beweisen sollte. Das Team war also voller Optimismus. Auf seinem geliebten Isle of Man-kurs errang Les Graham einen überragenden Sieg in der 125er Lightweight-TT. Für das Senior-Rennen am nächsten Tag galt er als einer der Favoriten. An zweiter Stelle liegend, verlor er jedoch in der zweiten Runde nach Bray Hill die Kontrolle über die große MV, stürzte und war auf der Stelle tot.

Dieser Verlust traf Graf Agusta so hart, daß er sein Team sofort aus der 500er Weltmeisterschaft zurückzog und erst wieder in Monza erschien, am Ende der Saison.

Graf Agustas seinerzeitige Abwerbung Grahams von AJS hatte inzwischen gute Früchte getragen. Immer zuversichtlich, freundlich und beliebt, wie Les war, hatte er keine Mühe gescheut, um die MV zum höchsten Standard zu bringen. Dabei hatte er es nicht immer leicht, denn manchmal war mit dem Grafen schwer auszukommen, am Anfang war auch das Sprachproblem ein Handicap gewesen. Les Grahams völlige Hingabe, seine Geradlinigkeit und sein Humor schufen jedoch innerhalb kurzer Zeit ein gutes Verhältnis zwischen ihm und seinem italienischen Chef, der sein Talent und sein Fachwissen bewunderte. Schon damals regierte der Graf sein Unternehmen mit eiserner Knute; war er einmal nicht im Hause, wagte niemand eine Entscheidung zu treffen. Erst Graham änderte das schließlich. Sowohl Cecil Sandford wie Bill Lomas betonten oft das von gegenseitigem Respekt gekennzeichnete Verhältnis zwischen dem Grafen und Graham: Les war die Seele des Rennstalls, ohne ihn ging gar nichts.

Stuart Graham, einer der Söhne von Les und ebenfalls Rennfahrer, meinte dazu: »Ich war damals noch sehr jung, aber ich wußte, daß Vater zu den Agusta-Brüdern ein viel engeres Verhältnis hatte als je ein Fahrer vorher oder nach ihm. Als wir noch in Italien lebten, waren wir fast ein Teil der Familie Agusta. Es war einfach so, daß Agusta auf Vater mindestens ebenso angewiesen war wie er auf MV. Später waren sie dann ja sehr an den Erfolg gewöhnt und nahmen eine eher distanzierte Haltung an. Aber damals brauchte Domenico Agusta lange, ehe er diesen Schlag verwand«.

In der 125 cm³-Klasse fuhr MV auch nach Grahams Tod ohne Unterbrechung weiter. Carlo Ubbiali (der schon früher mit MV-Maschinen an der Internationalen Sechstage-Fahrt teilgenommen hatte) und Cecil Sandford jagten nach MVs zweitem Weltmeisterschafts-Titel. Mondial stellte keine allzustarke Konkurrenz für MV mehr dar, ihre Konzeption war überholt und mußte neu überarbeitet werden. An ihre Stelle trat jedoch NSU, deren Werksfahrer Werner Haas sich als fast unschlagbar zeigte. Der Bayer gewann drei der sechs 125er Grand Prix jener Saison, ebensoviel wie MV, in deren Erfolge sich aber drei Fahrer teilten: Les Graham siegte auf der Isle of Man, Ubbiali in Deutschland und Copeta in Spanien. NSU wurde mit zehn Punkten Vorsprung Weltmeister, aber MV plazierte sich wenigstens auf den vier Rängen dahinter: Sandford (Zweiter) vor Ubbiali, Copeta und Graham. In der 500er Klasse setzte sich MV in Italien mit Cecil Sandford und dem Deutschen H. P. Müller auf die Plätze fünf und sechs. Beim Finale der Saison in Spanien verbesserte Bandirola die Plazierung durch einen zweiten Rang hinter der Guzzi von Anderson.

Das so zuversichtlich und hoffnungsvoll begonnene Jahr war für MV tragisch ausgegangen. Die Hoffnung auf eine Wiederholung des Erfolgs in der 125er Klasse hatte sich nicht verwirklichen lassen, und das von Graham sich selbst gegebene Versprechen, den 500er Titel zu holen, machte sein Tod zunichte. Zudem hatte MV ja nicht nur seinen Rennleiter verloren, sondern auch den Chef der Entwicklungsarbeiten an den Vierzylinder-Rennmaschinen.

Fahrer-Weltmeisterschaften waren also 1953 für MV nicht zu holen gewesen, immerhin aber konnte der Marken-Titel erfolgreich verteidigt werden. Und noch etwas war zu verzeichnen, bedeutungsvoll vor allem im Hinblick auf die späteren großen Rennerfolge der MV in dieser Klasse: aus der Halblitermaschine wurde eine kleinere Version mit 350 cm³ Hubraum entwickelt. Mit 47,5 × 49 mm Bohrung/Hub leistete der Motor 40 PS bei 10550 U/min. Zu jenem frühen Zeitpunkt ihres Entwicklungsstadiums war die 350er jedoch noch kein Erfolg. Les Graham fuhr sie bei der Junior-TT des Unglücks-Jahres, mußte aber mit einem Motordefekt bald ausscheiden. Es sollte noch vier Jahre dauern, bis MV wieder den Anschluß an die Weltspitze im Grand Prix-Sport finden konnte. Es wäre jedoch ungerecht, sich nicht der unbestreitbaren Leistung Cecil Sandfords zu erinnern, der 1952 den ersten Weltmeisterschafts-Titel für MV errang.

1952 – die erste Weltmeisterschaft

Cecil Sandford fuhr die MV zum WM-Sieg, geistiger Urheber war Les Graham — beider Bemühungen schlugen sich im überhaupt ersten TT-Sieg und der ersten Weltmeisterschaft für MV nieder. Es war der Auftakt einer langen Liste von WM-Erfolgen, die die italienische Fabrik in den folgenden 25 Jahren verzeichnen konnte.
Cecil selbst hielt sich keineswegs für den Favoriten auf den 125er TT-Sieg jenes Jahres. Carlo Ubbiali auf der leichten Mondial war stark im Vorteil und hatte viel bessere Aussichten. Doch am Renntag gab es keinen Besseren als Sandford, der nach absolut problemloser Fahrt für MV den Sieg errang und sich damit beim Saisonauftakt der Weltmeisterschafts-Serie die Punkthöchstzahl holte.
Sandford hatte sich erst 1949 dem Straßenrennsport zugewandt, nachdem er zwei Jahre lang auf der Grasbahn und im Gelände gefahren war. Sein Debut auf der Isle of Man gab er 1950; auf einer Velocette wurde er im Junior-Rennen Dreiunddreißigster in der Senior fiel er aus. Im Jahr darauf konnte er sich nicht verbessern und schied wiederum in der Senior aus. Obwohl er in England als Talent galt, speziell auf den kleineren Maschinen, sollten ihm seine besten Jahre noch bevorstehen. In den drei vorausgegangenen Jahren hatte er auf der internationalen Bühne der Weltmeisterschaftskämpfe kaum Eindruck hinterlassen: Fünfter in der 350er Klasse beim Ulster GP, Sechster in dieser Kategorie beim Italien-Grand Prix 1950, Fünfter der 250er und sogar Zweiter der 350er Klasse beim GP der Schweiz 1951, jeweils auf Velocette, und schließlich im gleichen Jahr, wieder auf Velocette, Vierter im 350er Rennen beim Grand Prix von Belgien.
Sandfords Chance, die MV bei der TT 1952 zu fahren, ergab sich ganz zufällig. Les Graham war zwar damals bei MV unter Vertrag, aber als Profi-Rennfahrer war er interessiert, mehr Rennen zu bestreiten, als ihm das mit dem italienischen Werk möglich war, speziell auf der Isle of Man,

die ja für britische Fahrer und Marken immer von ungeheurer Wichtigkeit war. Les unterhielt deshalb nach wie vor gute Beziehungen zu Velocette, für die er und Cecil früher gefahren waren — tatsächlich setzte er noch zu Beginn der Saison seine private 350er Velocette KTT ein.

Es war klar, daß die alten Einzylinder-Maschinen mit ihrem Vorkriegskonzept, mit dem die Briten lange die Führung inngehabt hatten, nun am Ende ihrer Entwicklungsmöglichkeiten waren. Die vielzylindrigen Motoren, hauptsächlich die in Italien gebauten, schickten sich an, ihnen den Rang abzulaufen, und 1952 spürte die britische Motorradindustrie schon den Eishauch einer Depression. Velocette mußte am Ende des Jahres kapitulieren und den Rennstall auflösen — Maschinen und Teile standen zum Verkauf. Auf der Insel wollte man aber noch einmal triumphieren und gab deshalb eine 348 cm^3 KTT-Werksmaschine an Cecil Sandford (der zusätzlich mit einer BSA für das Senior-Rennen genannt hatte) und eine 250er Werksmaschine an Les Graham. Graham hatte ebenfalls eine zweite Nennung, er wollte seine private 350er Velocette, mit der er im Vorjahr in der Schweiz den Grand Prix-Sieg und einen zweiten Platz in Spanien errungen hatte, im Junior-Rennen einsetzen.

Angesichts von vier möglichen TT-Starts erschien Graham eines Tages völlig überraschend bei Sandford in Shipston. Er bot ihm seine 125er MV an, weil er schlanker sei und besser auf die kleine Maschine passe. So könne er, Graham, sich besser auf die großen Maschinen konzentrieren, die MV in der 500er und auf die Werks- bzw. privaten Velocette in der 250 und 350 cm^3-Klasse. Auf diese Weise hätte jeder drei Starts.

Es gab keinen Vertrag, nichts Geschriebenes. Sandford erinnert sich: »Les kam und fragte mich, ob ich nicht gern die MV fahren würde. Ich sagte ja, und das war's. Das Rennen selbst war auch nicht besonders spannend. Ich hatte gar keine Konkurrenz. Es war einfach so, daß ich lediglich das Gas richtig dosieren mußte.« Vor dem Rennen hatten er und Graham ihre Taktik fürs Rennen besprochen und den Kurs miteinander umrundet. Sandford: »Wir haben uns viele Gedanken gemacht. Weil es recht windig war, überlegten wir, welche Linien wir nehmen sollten, um dem Winddruck möglichst zu entgehen, zum Beispiel indem wir uns dicht an Mauern und Hecken hielten, wenn der Wind aus jener Richtung kam«.

Vor seinem TT-Sieg war Cecil noch nicht einmal in Italien im Werk gewesen. Das ganze Arrangement war so »zufällig«, daß man ihm auch später keinen schriftlichen Vertrag anbot. »Ich ging einfach immer mit Les. Er sagte mir, was ich zu tun hätte (wie er es auch mit den MV-Leuten machte). Les hatte im Rennstall völlig freie Hand, und was er sagte, das galt.«

Nach dem TT-Sieg kehrte Graham nach Italien zurück und nahm Sandford mit, um Graf Agusta Bericht zu erstatten. Dann stand die Dutch TT auf dem Programm, wo Sandford wieder bemerkenswerten Eindruck hinterließ. Er wehrte nicht nur Ubbialis starke Attacken mit der Mondial glatt ab, er schlug auch drei weitere Italiener — einer saß auf einer Morini, die beiden anderen auf MV-Maschinen.

In Deutschland lief es dann nicht so gut. Werner Haas, Speerspitze der NSU-Streitmacht, siegte vor Ubbiali, Sandford wurde Dritter. Trotzdem hatte er noch gute Chancen auf den Titel. Mit zwei Siegen aus drei Rennen führte er die Weltmeisterschafts-Punktetabelle an und baute seinen Vorsprung mit einem Sieg in Irland weiter aus. Beim Ulster Grand Prix jenes Jahres waren in der 125er Klasse nur acht Fahrer am Start, von denen drei ins Ziel kamen — alle auf MV. In Italien erwies sich die Morini von Mendogni als unschlagbar; Graham belegte als bester MV-Fahrer in der 125er Klasse Platz drei, aber Sandfords dritter Platz im letzten Grand Prix der Saison (in Spanien) reichte aus, um ihm und MV die Fahrer- und die Markenweltmeisterschaft zu sichern. Vier Punkte trennten ihn von seinem Rivalen Ubbiali.

Nachdem die Renneinsätze britischer Firmen kaum noch der Rede wert waren, auf der anderen Seite aber eine Reihe von Fahrern auf Werksverträge scharf waren, zögerte Sandford keine Sekunde, als ihm MV endlich das begehrte Dokument offerierte. Der Kontrakt lief über zwei Jahre, 1953 und 1954, und Cecil versichert heute, daß es für die damalige Zeit ein hervorragendes Angebot war: »Man bekam eine bestimmte Summe

Sandford mit der 125-cm³-MV auf dem Weg zur Weltmeisterschaft (vorher war er auf Velocette und Moto Guzzi erfolgreich gewesen).

Der britische Fahrer Cecil Sandford brachte 1952 MV die erste Weltmeisterschaft.

garantiert, alle Auslagen wurden vergütet, und was man gewann, durfte man außerdem behalten«.
Wie schon gesagt, begann die Saison großartig für MV mit dem 125er TT-Sieg auf der Isle of Man durch Cecil Sandford — Les Graham wurde Dritter. MV Agusta-Maschinen belegten fünf der ersten sechs Plätze. Dann kam Grahams Todessturz, und Sandford sowie die anderen Mitglieder des Teams samt allen Maschinen und Reserveteilen wurden per Schiff nach Italien gebracht. Graf Domenico gab Order, daß alle Anstrengungen gemacht werden sollten, um die Ursache für Grahams Sturz herauszufinden. In Monza wurden Dutzende von verschiedenen Rahmen getestet. Erinnert sich Cecil: »Wir fuhren in Monza mit allen nur denkbaren 500er Versionen, um zu erforschen, was bei Les falsch gelaufen war. Fast gruben wir Furchen in die Monza-Bahn, so oft umrundeten wir den Kurs. Aber Monza ist nicht die Isle of Man, und so konnten wir nicht den geringsten Hinweis darauf finden, was den Sturz ausgelöst haben könnte. Ich hatte das Gefühl, daß es eventuell an der Vordergabel liegen könnte, aber wir entdeckten auch hier nichts«.
Für das Jahr 1953 verpflichtete Graf Agusta Carlo Ubbiali; der Italiener sollte zusammen mit Sandford in der 125 cm³-Klasse in den Kampf gehen. In Holland wurden sie Zweiter und Dritter, anschließend errang Ubbiali in Deutschland einen schönen Sieg. Sandford wurde Zweiter in Irland und nochmals Zweiter beim Finale in Spanien; Ubbiali holte sich noch den dritten Platz in Monza. Werner Haas aber auf der NSU wurde Weltmeister, vor Sandford mit zehn Punkten Abstand und Ubbiali mit weiteren zwei Punkten dahinter.
Cecil Sandford bestritt während seiner Laufbahn viele schöne Rennen, aber für den Mann, der MV den ersten Weltmeisterschafts-Titel errang, war jenes Rennen, mit dem alles begann — die 125er Lightweight TT auf der Isle of Man 1952 — das Rennen, das er nie vergessen konnte.

Kampf um höchste Rennsport-Ehren

In den Jahren 1954 und 55 erhielt der Rennsport bei MV neuen Schwung. In der Rennabteilung war Grahams Verlust noch nachhaltig zu spüren, und obwohl den Winter über die Maschinen modifiziert wurden, erschien MV am Anfang der neuen Saison 1954 doch mit dem gleichen Material. Nummer Eins-Mann auf der 125er war jetzt Carlo Ubbiali, der noch eine große Zukunft vor sich haben sollte, denn Cecil Sandfords beste Zeit bei MV war vorbei, obwohl auch er eine Maschine zur Verfügung gestellt bekam.
Während der Saison verließ Ing. Remor das Werk, Magni aber blieb, und des Grafen Agusta Enthusiasmus war ungebrochen. Auf der Isle of Man setzten sich Ubbiali und Sandford mit einem zweiten bzw. dritten Platz bei der Lightweight TT wieder ins Bild. Damit war aber die MV-Schau in der 125er Klasse auch schon abgezogen — erst in Monza machte man wieder von sich reden: vier italienische MV-Fahrer unter den ersten fünf im Ziel! Tarquinio Provini auf der Mondial wurde Zweiter hinter Sala und vor Ubbiali; der Deutsche Scheidhauer brachte seine MV auf den sechsten Platz. Am Ende des Jahres lag Ubbiali in der Weltmeisterschaft hinter dem Titelgewinner Rupert Hollaus auf NSU.
Inzwischen interessierte sich MV auch für die 350 cm³-Klasse, behielt aber die Aktivitäten in der 125 und 500 cm³-Klasse bei. Einen Rückschlag der Hoffnungen in den größeren Hubraumkategorien mußte MV hinnehmen, als der draufgängerische Bandirola zu Beginn der Saison sich beide Arme brach. Unverzüglich holte sich daraufhin Graf Agusta die Engländer Dickie Dale und Bill Lomas, um das Team zu verstärken, aber insgesamt verlief die Saison doch recht enttäuschend. Auf der 125er Szene mußte man sich NSU beugen, in der 350er Klasse konnte man die Guzzi nicht halten, und in der 500er Klasse gelang MV nur ein einziger Grand Prix-Sieg, nämlich beim letzten Lauf in Spanien, wo Dale vor Kavanagh auf Guzzi einlief.

Bill Lomas, ein Fahrer mit hervorragenden Erfolgen und eine Persönlichkeit mit geradlinigem, freimütigem Charakter, wurde mit einem Dreijahres-Vertrag von NSU zu MV gelockt. Er und Les Graham waren gute Freunde gewesen (zusammen mit Cecil Sandford waren sie ein überall gern gesehenes Trio), seine ersten Kontakte mit MV datierten noch zu Grahams Lebzeiten, als auch er auf den Kontinent umgesiedelt war und für NSU fuhr. Eine ganze Weile wohnten die beiden im Ambassador-Hotel in Mailand. Lomas hatte schon 1950 begonnen, sich einen Namen zu machen, als er mit Bob Foster das Velocette-Werksteam bildete; nach einem Zwischenspiel bei AJS unterschrieb er dann bei NSU.
Auf einer MV saß er zum ersten Mal 1952, als er eine 125er beim Ulster Grand Prix auf den zweiten Platz brachte; aber in Monza erlitt er einen Motordefekt, und in Spanien riß das Gasseil. Graham hatte in Lomas für das Jahr 1953 seinen Partner bei MV gesehen, und so erschien auch nach Grahams Tod Lomas' Aufnahme ins Team nicht überraschend.
Lomas' Zeit bei MV sollte jedoch nur kurz und wenig erfolgreich sein. Schon nach einem Jahr kündigte er seinen Vertrag auf und beschuldigte den Grafen Agusta, seine Verbesserungsvorschläge nicht einmal angehört zu haben. »Der Graf war manchmal ausgesprochen eigensinnig«, kommentierte Bill noch nach Jahren, »Ich kam einfach mit der Earles-Gabel nicht zurecht, aber er bestand darauf, daß wir sie fuhren, weil Les mit ihr Monza gewonnen hatte. Schließlich mußte er sie dann doch auswechseln. Auch die Organisation war manchmal ziemlich chaotisch. Ich erinnere mich, daß sie 1954 viel zu spät auf der Isle of Man ankamen, drei völlig verschiedene Typen von Rahmen im Gepäck, die dann in drei Tagen durchgetestet werden sollten«. Bill betonte dabei ausdrücklich, daß sein Weggang von MV in bestem Einvernehmen geschah; in der Tat saß er schon im folgenden Jahr wieder auf einer MV, als man ihm bei der TT eine der neuen 250er Maschinen anbot.
Für MV war 1954 ein besonders schwaches Jahr. Den in der 125er Klasse alles schlagenden NSU-Maschinen hatte MV nichts entgegenzusetzen, und in der großen Klasse konnte man den schweren Guzzis nicht Paroli bieten. Sowohl NSU wie auch Guzzi konnten auf eine lange und ruhmreiche Vergangenheit zurückblicken. Guzzi beteiligte sich seit den frühen zwanziger Jahren am Rennsport und setzte konstant auf den ungewöhnlichen horizontalen Einzylinder-Motor. Der große Stan Woods sammelte Mitte der dreißiger Jahre TT-Siege auf Guzzi, und nach dem Krieg dominierte Guzzi in der 250er Klasse, noch immer mit dem liegenden Einzylindermotor. 1953 sorgte Guzzi für eine Überraschung, als das Werk in die 350er Klasse einstieg und auf Anhieb mit dem Engländer Fergus Anderson die Weltmeisterschaft gewann.

Nach Les Grahams Tod führte der Süd-Rhodesier Ray Amm den MV-Kampf weiter. Auch er starb später den Rennfahrertod. Hier schiebt er auf der Isle of Man 1952 seine Norton zur Abnahme der Senior-TT-Maschinen, ehe er zu MV wechselte.

Rechte Seite:
Carlo Bandirola 1963 in Grand-Prix-Aktion auf der MV.

NSU beteiligte sich sogar noch eher am Rennsport, seit dem ersten Jahrzehnt bis zum Ausbruch des Ersten Weltkriegs erschien NSU regelmäßig bei der TT. Ab 1930 beteiligte sich die deutsche Firma wieder regelmäßig in Rennen. Ende der dreißiger Jahre entwickelte das Werk Kompressor-Zweizylindermaschinen mit 350 bzw. 500 cm³ Hubraum, und nachdem Deutschland 1950 wieder in die FIM aufgenommen, Kompressoren aber verboten waren, brachte NSU einen 500er Vierzylinder-Saugmotor. NSU stellte darüberhinaus wichtige Weltrekorde auf: auf einer vollverkleideten 500er Zweizylinder mit Kompressor erreichte Wilhelm Herz als Erster mit einem Zweirad eine Geschwindigkeit von über 300 km/h.

Gegen diese illustren Marken konnte MV 1954 wenig ausrichten; am Ende des Jahres mußte der Graf einsehen, daß er unbedingt einen neuen Fahrer von Format als MV-Fackelträger und Graham-Ersatz brauchte. Diesen Mann fand er in Ray Amm, dem Talent aus Süd-Rhodesien. Ray war 1951 nach England gekommen, um sein Glück im Rennsport zu versuchen.

Auf seinen eigenen Norton-Maschinen zog er rasch die Aufmerksamkeit von Norton-Boß Joe Craig auf sich, der ihm sofort einen Werksvertrag anbot. Ein Jahr später rückte er zum Team-Kapitän auf und gewann auf der Isle of Man die Junior- und die Senior-TT; damals war das erst das fünfte Mal, daß ein Fahrer das im gleichen Jahr schaffte.

Als ausgesprochener Patriot lehnte Ray Amm alle Offerten aus dem Ausland ab und schwor auch noch 1954 auf britisches Material. Trotz vieler Widrigkeiten gelang es ihm auch tatsächlich, die Senior-TT auf der Norton zu gewinnen und sowohl in der 350er wie in der 500er Klasse Vize-Weltmeister zu werden. Respektvoll und gottesfürchtig, galt er als mutiger Fahrer mit der innerlichen Besessenheit, zu siegen — einem Zwang, der eine Reihe haarsträubender Rennsituationen verursachte.

1955 fiel bei Norton die Entscheidung, sich nicht mehr voll an der Weltmeisterschaft zu beteiligen, und Amm hatte keine andere Wahl, als seine Karriere bei einem nicht-britischen Werk fortzusetzen. Der Graf sah seine

Chance und bot ihm einen guten Vertrag. Sein bei einer britischen Marke erworbenes Know-How war für die Italiener ein zusätzlicher Bonus.

Auf die Enttäuschungen des Jahres 1954 reagierte Graf Agusta mit einer charakteristischen Geste. Er entschied, nun alle vier Solo-Klassen zu beschicken und sorgte in der Rennabteilung, wo aus der 125er eine 250er entwickelt werden sollte, für äußerste Hektik. Die Arbeit an der 350er wurde inzwischen gestoppt, weil die neue, leichtere Maschine Vorrang hatte. Es entstand ein Modell, das mit ca. 90 kg nur wenig mehr als die 125er wog und mit 63 × 69 mm Bohrung/Hub (215 cm^3 Hubraum) als hervorragende Chance für MV erschien, den Titel zu holen, besonders weil die berühmten »Rennmax«-Werksmaschinen von NSU in der neuen Saison nicht mehr teilnehmen sollten, nachdem das Werk sich vom Rennsport zurückgezogen hatte.

Ubbiali war nun MVs bester Lightweight-Fahrer, während Sandfords Vertrag offiziell am Ende des Jahres auslief und er sich deshalb bei DKW und Guzzi bewarb. Graf Agusta indessen komplettierte sein Team mit dem Italiener Remo Venturi und dem Schweizer Luigi Taveri.

Nachdem er MV den ersten Welt-Titel gebracht hatte, stimmte Sandfords Ausscheiden manchen traurig. Sein Ansehen bei MV hatte niemals wieder den Höhepunkt wie 1952 erreicht, und nach Grahams Tod wurde die Situation für ihn immer ungemütlicher. In der Erinnerung sah Sandford es so: »Anfangs war die Fabrik armselig und klein. Alles steckte noch in den Kinderschuhen und sah kaum anders als ein Armee-Stützpunk aus. Die Rennabteilung war etwas besser dran. Aber als ich das erste Mal dort war, schien recht wenig zu laufen, und große Stückzahlen wurden ganz bestimmt nicht produziert. Aber irgendwann änderte sich das, und von da ab rollte es wie eine Lawine. Während meiner Zeit begann gerade das Helikopter-Geschäft; einmal hatten sie einen Spezialisten aus Amerika da, der ihnen zeigte, wie die Arbeit gemacht werden müsse«.

Sandford beschreibt den Grafen als »immer sehr beschäftigt und schwierig zu erreichen«. Er ist auch sicher, daß Les Graham der einzige Mensch war, der je ohne anzuklopfen des Grafen Büro zu betreten wagte, und daß die beiden sich glänzend verstanden. »Les stellte den MV-Rennstall überhaupt erst auf die Beine. Der Graf leitete alles und hatte wohl das letzte Wort, aber bei der Entwicklung der 125er MV, die die TT gewann, mischte er sich nicht groß ein.« Nach Grahams Tod mußte sich Sandford direkt mit Graf Agusta auseinandersetzen. »Zuweilen konnte er richtig zornig werden, und dann gab es großes Geschrei. Aber er war ein cleverer Mann und lebte für seine Firma. Er war ein typischer Italiener, sehr nett und generös«.

Inzwischen hatten sich die italienischen Fahrer profilieren können und be-

Bill Lomas (links) und Dickie Dale (rechts), zwei britische Fahrer in der MV-Anfangszeit. Das Portrait von Lomas wurde 1972 in Imola aufgenommen.

kamen auch die besten Maschinen, was die englischen Fahrer natürlich wenig entzückte. Besonders Ubbiali zeigte sich in exzellenter Manier, und Sandford begann, seine Fühler verstärkt zu DKW und Guzzi auszustrekken. Er meinte dazu: »MV konnte auch brutal sein. Sobald sie einen besseren Mann gefunden hatten, schmissen sie einen raus«.
Während also Cecil Sandford dabei war, sich abzusetzen, hob MV Ray Amm auf den Schild, er sollte die Speerspitze im Kampf der großen Klasse sein. Doch wieder schlug das Unheil zu: im ersten Rennen für seinen neuen Stall, einem nationalen Lauf der 350er Klasse in Imola, stürzte er, wurde an einen Pfosten geschleudert und war auf der Stelle tot. Für MV Agusta war es ein entsetzlicher Schlag — anschließend wurden nur noch Italiener eingesetzt, die in der 500er Klasse fahren sollten: Bandirola, Masetti, Pagani und Forconi.
Immerhin gestaltete sich der Auftakt in Spanien recht vielversprechend, denn Bandirola und Masetti wurden Zweiter und Dritter, aber im Verlauf der Saison erwiesen sich die Gileras unter Reg Armstrong und Geoff Duke als überlegen, und MV konnte nur einen einzigen Grand Prix-Sieg erringen, den beim Endlauf in Monza, wo Masetti Armstrong und Duke schlug.

Gilera wurde Weltmeister und holte sich auch den Vize-Titel, Masetti konnte nur den dritten Platz belegen, 13 Punkte hinter dem Titelträger.
Der erste Lauf der 250er Saison war auf der Isle of Man, und obwohl Dickie Dale und Bill Lomas Ende 1954 von MV zu Guzzi gewechselt hatten, akzeptierte Lomas das Angebot, die neue, leichtere 215 cm³-Maschine bei der TT zu fahren. Er siegte in großartigem Stil und sorgte damit für einen nicht besser denkbaren Auftakt für MV. »Die 215er war eine feine Maschine und schneller als die 350er Werks-AJS«. Sein Renn-Durchschnitt betrug 71,37 mph, mit 73.13 mph fuhr er auch neuen Rundenrekord. Dieser Erfolg gab den Ausschlag dafür, so weiß Bill heute, daß Graf Agusta ihn wieder haben und auch in den anderen Klassen auf MV einsetzen wollte. Bill jedoch war daran nicht interessiert, fuhr aber immerhin den Rest der Saison mit der 250er zu Ende. »Ein leeres Blatt Papier lag vor uns auf dem Tisch, und ich hätte leicht meinen eigenen Preis verlangen können«, erzählt Bill. Aber Lomas sah zu dieser Zeit eine viel größere Chance, mit der 350er Guzzi den Titel erringen zu können, und mit vier glatten Siegen gelang ihm das dann auch. Allerdings mußte er im ersten Lauf der Saison eine unverhoffte Niederlage einstecken und sich mit dem zweiten Platz begnügen, hinter einem jungen, unbekannten Italiener namens Agostini (aber nicht Giacomo!).
Auch in Holland brachte Lomas die neue MV als Erster über die Ziellinie, die internationale Jury setzte ihn jedoch auf den zweiten Platz, weil er nachgetankt hatte, ohne den Motor abzustellen, und sprach den Sieg seinem Teamkameraden Taveri zu. Durch Masetti, der seine MV als Dritter

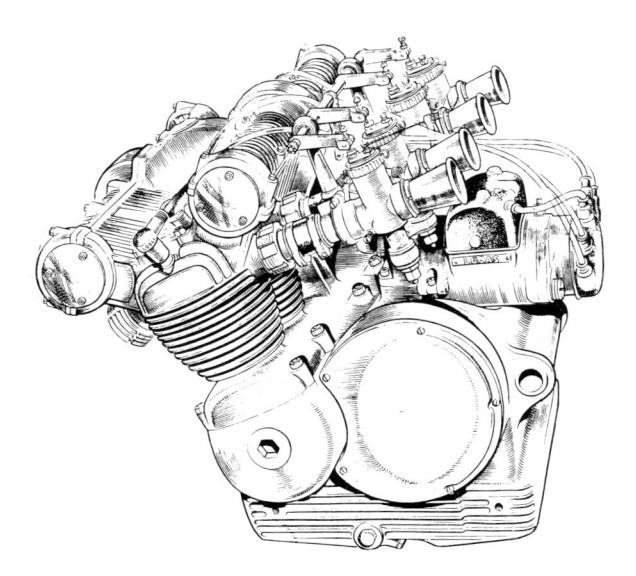

Links: Die Vierzylinder-MV mit den beiden obenliegenden Nockenwellen aus dem Jahr 1953. Die späteren Versionen, speziell die ab 1965, begründeten die sagenhafte Erfolgskette; ihnen folgten später die Dreizylinder-Maschinen.

Rechte Seite: Die 500-cm³-MV beim Grand-Prix von Holland (der Dutch TT) 1954, mit der Bandirola Dritter wurde.

ins Ziel brachte, kam MV so trotzdem zu einem 1-2-3-Erfolg und stellte in dieser Klasse eine beachtliche Streitmacht dar. Trotzdem gelang es keinem der MV-Fahrer, die Weltmeisterschaft zu erreichen, die etwas überraschend von H. P. Müller auf einer im NSU-Werk präparierten Einzylinder-Produktions-Rennmax gewonnen wurde. Bill Lomas lag am Ende mit Müller punktgleich und hätte sich den Titel geholt, wäre er nicht in Assen disqualifiziert worden.

In der 125er Klasse, in der sich NSU nicht beteiligte, hatte MV leichtes Spiel und dominierte erstmals in dieser Kategorie durch Siege bei allen sechs Grand Prix-Läufen. Ubbiali erlebte eine grandiose Saison und gewann in Frankreich, auf der Isle of Man, in Deutschland, Holland und Italien, nachdem er im ersten Lauf der Saison (in Spanien) nur Dritter gewesen war. Mit dieser Leistung erreichte MV die zweite Weltmeisterschaft und darüberhinaus noch den zweiten und dritten Platz durch Luigi Taveri und Remo Venturi.

Eine zweite Fahrer-Weltmeisterschaft plus der Markenweltmeisterschaft in den Klassen 125 und 250 cm^3 — das war schon etwas wert. In der 500er Klasse sah es dagegen trotz des riesigen Aufwands für MV traurig aus: In dieser Kategorie fehlte dem Werk einfach ein Klasse-Fahrer.

Wie schon 1949, als er Les Graham zu sich holte, schaute sich Graf Agusta nun doch wieder unter den Engländern um. Für die Saison 1956 entdeckte er einen jungen Mann namens John Surtees. John unterschrieb bei MV — ein neues spannungsgeladenes Kapitel in der MV-Renngeschichte stand unmittelbar bevor.

Surtees unter Vertrag – weitere Weltmeisterschaften

In den fünfziger und sechziger Jahren betrieb Bill Webster in Crewe ein Motorradgeschäft, nachdem er in seiner Jugend einmal begeisterter Rennfahrer gewesen war. Er und Les Graham trafen gelegentlich bei Renn-Veranstaltungen zusammen, und als Les nach Italien umgezogen war, besuchte Bill die Familie dort und wurde mit der Zeit ein guter Freund. In seiner »aktiven« Zeit galt Webster als fanatischer Privatfahrer, der sich auf die 125 und 250 cm³-Klasse konzentrierte. Er war freilich auch ein gewiefter Geschäftsmann mit dem richtigen Blick für das Wichtige, und als anfangs der Fünfziger die 125er MV als Nonplusultra galt, gelang es Bill, eine dieser Produktions-Rennmaschinen, die der Graf damals verkaufte, zu bekommen. Sofort erkannte er den wirtschaftlichen Wert dieser Maschinen, und wurde bald eine Art inoffizieller MV-Importeur für England. In der Tat war er der erste, der eine der frühen 125er MV in England fuhr. Obwohl er keinen Vertrag mit MV hatte, besuchte er das Werk in Italien regelmäßig und baute so nach und nach auch eine persönliche Verbindung zu Graf Agusta auf. Durch ihn erfuhr der Graf jeweils die Namen neuer britischer Talente. 1965 starb Webster während eines Rennens in England nach einem Herzinfarkt. Er war es, der John Surtees bei MV empfahl und ihm so zu seiner großen Chance verhalf.

1955 hatte John auf einer 250er NSU den Ulster Grand Prix gewonnen und war anschließend nach Italien eingeladen worden, um in Monza den einzigen Werksfahrer von NSU, Hermann Müller, zu unterstützen. Im Training fuhr er einige gute Zeiten, fiel aber im Rennen nach einem Kolbenklemmer aus. Bill Webster war auch in Monza, ebenso wie Johns Vater, Jack Surtees, der früher ein bekannter Seitenwagenfahrer gewesen und seit damals ein Freund Bill Websters war. Nach einer der Trainings-Sessions fuhr Bill mit den beiden Surtees-Männern hinüber ins nahe Gallarate, um den Grafen Agusta zu treffen, der jemanden suchte, welcher den verunglückten Ray Amm ersetzen sollte.

Das MV-Lightweight-Team von 1957; von links nach rechts: Carlo Ubbiali (mit Sonnenbrille), Roberto Colombo und Luigi Taveri. In der zweiten Reihe, zwischen Colombo und Taveri, steht Bill Webster.

Das erfolgreiche MV-Team von 1956; von links nach rechts: John Surtees, Umberto Masetti, Carlo Ubbiali, Carlo Bandirola, Graf Domenico Agusta, Angelo Copeta, Remo Venturi, Luigi Taveri und Tito Forconi. Nicht im Bild, aber zum Team gehörig ist Fortunato Libanori.

Zu dieser Zeit war Surtees bereits ein Fahrer von Weltklasse. Nach ersten Erfolgen auf Manx-Nortons wurde er 1955 ins offizielle Norton-Werksteam aufgenommen und hatte mit den Fabrik-Racern eine großartige Saison. Auf den britischen Kurz-Strecken war er so etwas wie ein Superstar, die Zuschauer in Brands Hatch nannten ihn ihren »King«. John war ehrgeizig und hoch talentiert, und während der Saison 1955 wurde ihm klar, daß ein erfolgreicher Versuch in der Weltmeisterschaft einen Wechsel von Norton voraussetzte. Die Zeichen bei Norton standen schlecht, besonders nachdem der außerordentlich fähige Entwicklungschef und Teammanager Joe Craig sich zur Ruhe gesetzt hatte — sein Ausscheiden bedeutete nicht nur symbolisch den Schlußpunkt des einstmals so stolzen Norton-Werks.

Auch Gilera hatte Interesse an Surtees bekundet, aber Bill Websters Arrangement des Besuchs der beiden Surtees bei Graf Agusta bedeutete schon die Entscheidung. Die Besucher wurden herzlichst begrüßt, bekamen die Maschinen gezeigt und wurden durch die Rennabteilung geführt. Sich voll auf Websters Empfehlung verlassend, legte der Graf dem jungen Surtees sofort einen unterschriftsreifen Vertrag vor, den John unterschrieb, nachdem er sich noch einmal vergewissert hatte, daß es für ihn bei Norton keine Zukunft gab (Direktor Gilbert Smith teilte ihm mit, daß Norton 1956 nicht mehr um die Weltmeisterschaft fahren werde) und als er sich überzeugt hatte, daß ihn bei MV potentes Material erwartete.

Als MV Agusta-Fahrer schuf sich Surtees in den nächsten fünf Jahren einen großen Namen im Motorradrennsport. Zusammen wurden er und die Marke MV zu einem speziellen Begriff während einer der glanzvollsten Perioden in der gesamten Geschichte des Hauses MV.

Als Surtees bei MV unterschrieb, war es keineswegs so, daß man sich darum riß, die Rennmaschinen dieses Werks zu fahren. Die Erinnerung an die Todesstürze von Les Graham und Ray Amm und die Sturz-Serien von Carlo Bandirola hatten die MV in den Verruf gebracht, das Verhalten der Maschine bei Höchstgeschwindigkeit sei gefährlich, und besorgte Freunde warnten Surtees dringend, sich auf die MV zu setzen. Aber er ließ sich nicht beeinflußen, sondern fing gleich an, die Maschinen eingehenden Tests zu unterziehen.

Von der Motorleistung war er beeindruckt, monierte aber die zu starke Unruhe des Rahmens. Für die kommende Saison verlangte er die Abstellung der Rahmenprobleme.

John testete in Monza und in Modena. In Monza erreichte er mit der unverkleideten Maschine und bei schmierigem, naßem und mit Herbstlaub bedecktem Belag ständig Rundenzeiten von einer Minute und 58 oder 59 Sekunden. Er lag damit nur vier Sekunden unter dem Rekord vom vorhergehenden Grand Prix im September. In Modena lag seine schnellste Zeit nur eine Sekunde unter dem Rekord.

Graf Agusta war begeistert und legte ihm einen langfristigen Vertrag vor, nach dem Surtees MV-Maschinen in der 350er und der 500er Weltmeisterschaft sowie bei anderen internationalen Rennen fahren sollte.

Für 1956 plante der Graf eine massive Offensive und wollte mit einer Crew aus Spitzenfahrern alle vier Solo-Klassen beschicken. In den großen Klassen sollte Surtees von Umberto Masetti und Carlo Bandirola unterstützt werden, Tito Forconi war als Reserve vorgesehen. Carlo Ubbiali führte den Kampf in den Lightweight-Klassen an, seine Rückendeckung sollte aus Remo Venturi, Luigi Taveri und Angelo Copeta bestehen. Nello Pagani fungierte als Team-Manager — ein typisches Beispiel der italienischen Gepflogenheit, den Testfahrer und Entwicklungsingenieur gleichzeitig in der Rennabteilung als Team-Chef einzusetzen.

Angesichts der großangelegten Offensive war es erstaunlich, daß man an den Rennmaschinen nur wenige Änderungen vornahm. Alles, was geändert wurde, geschah auf Initiative von John Surtees: der Rahmen wurde neu überarbeitet, Drehmoment und Motorleistung bei mittlerer und höchster Drehzahl verbessert. Die 500er wurde dadurch noch konkurrenzfähiger. Der Motor mit 52 × 58 mm Bohrung und Hub brachte bei perfekter Abstimmung über 250 km/h und leistete dabei ca. 65 bhp bei 10 500 U/min. Die Earles-Gabel war durch eine Teleskop-Gabel ersetzt worden. Selbst gegen die machtvolle Kombination Geoff Duke/Gilera hatte die große MV gute Aussichten. In der 350er Klasse dagegen sah es nicht so gut aus, die MV war gegen die Guzzi um einiges zu schwer.

Mit Arturo Magni kam John übrigens von Anfang an glänzend aus, und die Mechaniker sahen in ihm sowieso ihr Idol.

Seine Feuertaufe mit den MV-Maschinen hätte nicht besser ausfallen können. Er gewann seine beiden ersten Rennen im Crystal Palace und gleich darauf zwei weitere in Silverstone. Domenico betrachtete die Resultate als gutes Omen und schickte sein Team voll hoffnungsfroher Zuversicht zur Isle of Man. Seit 1951 hatte MV keine TT mehr bestritten, aber 1956 sorgten sie fast für eine Sensation. Nur enormes Pech verhinderte einen Junior/Senior-Doppelsieg von MV.

Surtees schickte sich gerade an, das Junior-Rennen zu gewinnen, als ihm — nur eine Viertelrunde vor dem Ziel — das Benzin ausging. Dieser Fehler beim Nachtanken zwang ihn oben in den Bergen zur Aufgabe und kostete ihn den Sieg. Von einem Zuschauer bekam er etwas Treibstoff, wurde aber deshalb disqualifiziert.

In der Senior passierten solche Fehler natürlich nicht noch einmal., in neuer Rekordzeit (mit 96,57 mph) und mit der schnellsten Runde (97,79

Mit dieser Maschine errang John Surtees auf der Isle of Man 1956 in der Senior seinen ersten TT-Sieg.

mph) holte sich Surtees den Sieg. Abgesehen von Dukes 97,93 mph vom Vorjahr stellte die Durchschnittsgeschwindigkeit der MV den bisherigen Rekord dar.

Im zweiten WM-Lauf in Holland gelang MV wiederum ein glatter Sieg im 500er Rennen und der zweite Platz in der 350er Klasse. Surtees sah sich im Halbliterlauf zunächst heftigen Attacken von Walter Zellers BMW mit Einspritzmotor ausgesetzt, siegte aber dann leicht, nachdem er Geoff Dukes Runden- und Renn-Rekorde vom Vorjahr gebrochen hatte. In der kleineren Kategorie konnte Surtees die MV jedoch nicht an der Guzzi des bravourös fahrenden Bill Lomas vorbeibringen.

Ein Großteil des Aufsehens, das Surtees Wechsel zu MV hervorrief, resultierte aus der alten Rivalität zwischen Gilera und MV. Nach dem Niedergang von Norton war der damalige Spitzenstar des Rennsports, Geoffrey Duke, zu Gilera gegangen und hatte dem Werk drei Jahre hintereinander die Weltmeisterschaft gebracht. Mit seinen 22 Jahren stilisierte man nun Surtees als den neuen aufgehenden Stern hoch, der schon in England alles in Grund und Boden gefahren hatte. Das zu erwartende Duell zwischen Duke und Surtees, zwischen Gilera und MV, brachte neue Dimensionen in die WM-Serie. Vielmehr — hätte sie bringen sollen. Enttäuschenderweise wurden nämlich Duke und sein Teamkamerad bei Gilera, Reg Armstrong, für die ersten Läufe der Saison gesperrt, weil sie sich in Holland für die Privatfahrer eingesetzt hatten, die aus Protest wegen des ihnen zu geringen Startgelds den Start verweigert hatten.

Das Duell zwischen Gilera und MV konnte also erst beim nächsten Lauf in Belgien beginnen. Duke hatte sich hier fest vorgenommen, zu beweisen, daß die Gilera nach wie vor die bessere Maschine sei, Surtees dagegen konnte mit der Zuversicht ins Rennen gehen, daß er punktemäßig bereits im Vorteil war.

Laut Surtees Rück-Betrachtung des Rennens zeigte schon das Training, wie schwierig es für die MV war, die Gilera zu halten, die eine modifizierte Getriebeabstufung mit einem speziellen vierten Gang für die lange Gerade von Stavelot erhalten hatte. Nach dem Start übernahm Surtees sofort die Spitze und hielt sie mit der MV fünf Runden lang. Dann zog die Gilera an ihm vorbei, und Surtees stand vor der Wahl, entweder alles zu riskieren und den Motor bei dem Überholvorgang zu überdrehen, oder sich mit dem zweiten Platz und sechs Weltmeisterschaftspunkten zu begnügen. Er hatte sich eben zu letzterem entschlossen — als der unglückliche Duke in der 13. Runde mit Ventilschaden ausscheiden mußte.

Dieser Tag in Belgien im Sommer 1956 wurde für den Grafen Agusta und sein gesamtes Team zu einem Jubelfest, denn MV stellte in allen vier Soloklassen den Sieger — damals etwas ganz Außergewöhnliches. Surtees siegte auch in der 350er Klasse, und Ubbiali wurde Doppelsieger der 125 und 250 cm³-Kategorie, Taveri beide Male Zweiter.

Als das MV-Team sich zum Aufbruch zum nächsten Grand Prix auf der Solitude bereit machte, war seine Position in der Weltmeisterschaft so stark wie nie zuvor. Ubbiali hatte in den beiden kleinen Klassen reinen Tisch gemacht und alle sechs Rennen auf der Isle of Man, in Holland und Belgien gewonnen. Surtees führte in den beiden großen Kategorien, wobei er in der Halbliterklasse besser als in der 350er lag, denn er hatte 24 Punkte und sein nächster Verfolger, Walter Zeller, erst 14. Da zur Weltmeisterschaft nur die vier besten Ergebnisse aus sechs Rennen gewertet wurden, wußte er, daß ihm zum Titel nur noch ein Sieg fehlte. In der 350er Klasse führte er nur mit fünf Punkten vor August Hobl auf einer DKW und dem unverwüstlichen Bill Lomas auf der noch immer schlagkräftigen Guzzi.

Es geht nie gut, wenn man sich zu große Hoffnungen macht, das sollte MV bald lernen müssen. Das 350er Rennen ging Surtees recht zuversichtlich an und führte vor Bill Lomas das Feld an. Dann schob Lomas sich vorbei und begann davonzuziehen. Er fuhr hervorragend und brach auch gleich noch den Rekord mit 156,19 km/h. Aber Surtees gab sich noch nicht geschlagen und schob sich wieder näher an Lomas heran, bis er in der siebten Runde wieder direkt hinter ihm lag. In einer der Kurven winkelte er die Maschine herunter — und innerhalb eines Sekundenbruchteils waren MVs Hoffnungen dahin: das Vorderrad schlitterte auf losem Sand weg, die Maschine geriet außer Kontrolle und schleuderte quer über die Piste, Surtees schlug schwer auf und war sofort ohne Besinnung. Er wurde in eine Stuttgarter Klinik gebracht, und obwohl sich dort glücklicherweise herausstellte, daß er nicht sehr schwer verletzt war, kostete dieser Sturz MV die Chance einer Doppel-Weltmeisterschaft.

Wegen des mehrfach gebrochenen Arms, der später permanent genagelt werden mußte, konnte Surtees zum Finale nicht mehr antreten; er durchlitt eine nervenzerfetzende Zeit beim Warten, ob Bill Lomas, der neue Favorit auf die 350er Weltmeisterschaft, genug Punkte sammeln würde, um ihn zu überholen. Lomas hatte nach Surtees Sturz in Deutschland gewonnen, anschließend in Irland, und bestätigte seine Form auch beim letzten Lauf in Monza, wo er vor seinem Guzzi-Teamkameraden Dickie Dale siegte.

Immerhin war MV der Titel in der 500er Klasse sicher — zum ersten Mal. Surtees hatte sich in den drei Runden vor seinem Sturz einen so großen Vorsprung geschaffen, daß er am Ende noch immer acht Punkte vor Walter Zeller mit der BMW lag.

In diesem Jahr heimste MV drei Weltmeisterschaften ein und errang darüberhinaus noch die Markenweltmeisterschaften in drei der vier beschickten Klassen — lediglich in der 350 cm³-Kategorie mußten sie Guzzi den Vortritt lassen. Carlo Ubbiali hatte in seinen Klassen die Konkurrenz völlig weggefegt und blieb in zwölf Rennen der beiden Kategorien 125 und 250 cm³ elfmal unbesiegt. Taveri rundete den MV-Erfolg mit dem zweiten Platz in der 250er Meisterschaft und dem dritten bei den 125ern ab.

Mit seinen drei 1956 gewonnenen Titeln hatte der Graf allen Grund, die Saison 1957 voll Zuversicht zu erwarten. Doch noch ehe sich MV auf seinen Lorbeeren ausruhen konnte, begann sich das Blatt schon wieder zu wenden. Wie sich im Laufe der Saison herausstellte, waren die kleinen MV langsamer als die neuen Mondial, und auch die großen MV kamen an die Gilera nicht mehr heran, nicht zuletzt wegen ihrer noch immer schlechten Straßenlage. Surtees verletzter Arm heilte unendlich langsam und hinderte den Weltmeister daran, vor der Saison ordentlich zu trainieren. Trotzdem siegte er beim Saisonauftakt in Spanien vor seinem Team-Kollegen Carlo Bandirola und mußte anschließend im MV-Camp fast Spießruten laufen. MV hätte nämlich lieber den Italiener auf dem Siegerpodest gesehen,

Die MV-Vierzylindermaschine von 1957.

wenn sie direkte Order hätten geben können, weil Bandirola bei den Zuschauern im Montjuich-Park ungeheuer populär war. Aber Surtees hielt davon natürlich gar nichts, und so forderte er seinen Rivalen zu einem echten Zweikampf heraus: erst führte er weit vor dem Italiener, ließ ihm aber dann noch einmal den Vortritt — und entriß ihm schließlich die Führung.

Für Surtees war dies die einzig mögliche Taktik gewesen, denn sein Arm verursachte starke Schmerzen, und schon nach den ersten drei Runden fühlte er sich ziemlich ausgepumpt. Deshalb ließ er Bandirola den Vortritt und erholte sich dabei ein wenig, bis er wieder Kraft genug hatte, um den Italiener zu überholen. Am Ende stach er den Italiener clever aus: während Bandirola wohl annahm, daß der Brite sich auch die letzten drei Runden hinter ihm halten würde, beschleunigte der plötzlich voll an ihm vorbei in Führung. Als Bandirola merkte, daß er ausgetrickst worden war, drehte er noch einmal voll auf, überschätzte sich dabei aber offensichtlich und stürzte; Surtees gewann dann problemlos.

Der zweite Lauf der WM-Serie war die TT auf der Isle of Man. Im Junior-Rennen verhinderten ein Defekt und im Senior-Rennen eine taktische Fehlkalkulation einen MV-Sieg. Im 350er Lauf wurde Surtees nur Vierter, weil er wegen Kerzenschadens zweimal an die Boxen gemußt hatte. Für die Senior wurde — wegen schlechter Wettervorhersage — angeordnet, daß Surtees seine MV ohne Verkleidung fahren solle. Das Wetter wurde jedoch ganz wunderschön — die nackte MV aber war nun der vollverkleideten Gilera unter Bob McIntyre klar unterlegen. In diesem Rennen gelang es dem großartigen schottischen Fahrer zum ersten Mal, die 100-Meilen-Grenze zu durchbrechen. Surtees kam ein paar Minuten nach ihm ins Ziel.

Obgleich in Holland, der nächsten Runde, Surtees das 500er Rennen in neuer Rekordzeit gewann, hatte er andererseits Pech: im 350er Rennen mußte er wegen Federungs-Defekt aufgeben. Am folgenden Wochenende in Belgien kam es noch schlimmer: Kolbendefekt in beiden Läufen. Damit waren alle Chancen auf einen Titelgewinn in der Halbliterkategorie endgültig dahin. Beim Ulster Grand Prix setzte Surtees mit der großen MV erst den neuen Runden-Rekord auf 95,69 mph, ehe ihn wiederum ein Kolbendefekt zur Aufgabe zwang. Beim Finale in Monza erreichte er dann mit Mühe den vierten Platz, nachdem Motorprobleme ein mitreißendes Duell mit dem Gilera-Mann Liberati bei Halbdistanz beendet hatten.

In Monza wurde offensichtlich, daß der Graf über den miserablen Verlauf der Saison betroffen war, er schickte deshalb Pagani mit der neuen Sechszylinder-Maschine ins Training, die aber im Rennen dann doch nicht eingesetzt wurde.

MV, noch im Vorjahr Sieger in drei von vier Soloklassen, stand 1957 mit völlig leeren Händen da. Nicht einmal eine Markenweltmeisterschaft hatte das Werk holen können. Mit wunderschönen verkleideten dohc-Einzylindermaschinen war ihnen Mondial in den beiden kleinen Klassen auf und davon gefahren, auch das Fahrer-Talent Ubbialis hatte daran nichts ändern können. Guzzi gewann mit Keith Campbell den Titel in der 350 cm³-Klasse, und Gilera dominierte in der Halbliterklasse mit dem italienischen Fahrer Libero Liberati.

Trotz der Betrübnis im MV-Lager bei der Betrachtung des WM-Endstands schöpfte man gegen Ende der Saison doch wieder Hoffnung. Gleich zu Beginn der Saison hatte Surtees darauf hingewiesen, daß das Fahrverhalten der MV-Vierzylinder bei hoher Geschwindigkeit alles andere als zufriedenstellend sei, und verlangte vom Grafen, daß die komplette Konzeption der Vordergabel ausgewechselt werde. Es geschah jedoch nichts, bis Surtees nach seinem Ausfall in Belgien den Grafen mit der Zeichnung einer seiner Meinung nach besseren Vordergabel sowie eines neuen Rahmens konfrontierte. Mit der neuen Gabel zeigte die MV schon in Irland besseres Fahrverhalten, auch in Monza lief sie stabiler. So durfte MV also der Zukunft wieder hoffnungsvoller entgegensehen, besonders nachdem den Winter über hart an der Beseitigung der Mängel gearbeitet wurde, die vorher zu Ausfällen geführt hatten.

Während dieser Wintermonate lief bei MV ein hektisches Programm von Experimenten und Tests, innerhalb einer »konzentrierten Aktion« versuchte man, durch Ausprobieren verschiedener Kolben und Ventilfedern die 1957 erlittenen Motordefekte auszuschalten. Auch ein neuer Duplex-Rahmen wurde probiert, den John größtenteils selbst gebaut hatte. Schließlich war er der Überzeugung, daß die Fünfhunderter für 1958 in wirklich tadellosem Zustand und eine echte Konkurrenz für alles sei, was bei Gilera entstanden sein mochte.

Leider kam es nie mehr dazu, daß diese beiden italienischen Größen sich im Duell messen konnten, denn Gilera — wie auch Guzzi und Mondial — zogen sich zu diesem Zeitpunkt aus dem Rennsport zurück, weil die finanzielle Belastung zu hoch geworden war.

Aus technischer Sicht war das Jahr trotzdem interessant, denn die Maschine, die Surtees 1956 einsetzte, blieb, von kleineren Modifikationen an Rahmen und Verkleidung abgesehen, bis 1960 unverändert. Der Antrieb der beiden obenliegenden Nockenwellen saß zwischen den inneren Zylindern, der Motor hatte ein Fünfgang-Getriebe und einen Lucas-Magnetzünder, Hinterradantrieb mit Kette. Das Fahrverhalten war durch die Teleskop-Vordergabel stark verbessert. Hinten hatte der Duplex-Rahmen eine Federbein-Schwinge konventioneller Bauart. Sonstige technische Daten:

Motor:	Quer eingebauter Reihen-Vierzylinder, 500 cm^3, zwei obenliegende Nockenwellen, angetrieben von der Kurbelwelle zwischen den mittleren Zylindern über Zahnräder, vier Vergaser;
Zündung:	Lucas Magnetzünder;
Kraftübertragung:	Zahnrad-Primärtrieb zum Fünfgang-Getriebe, Hinterradantrieb über Kette;
Rahmen:	Doppelschleifen-Rohrrahmen mit federbeinabgestützter Hinterradschwinge;
Vordergabel:	Teleskop-Gabel.

MV beherrscht die Grand-Prix-Szene

Nachdem die drei großen Rivalen aus dem Rennsport ausgeschieden waren, gab es für MV in den drei Jahren nach 1958 kaum Konkurrenz. In einer der bemerkenswertesten Erfolgsserien der gesamten Geschichte des Rennsports errang MV drei Jahre nacheinander alle vier Solo-Welttitel — ein sensationeller Rekord und etwas nie vorher Dagewesenes. Die MV-Maschinen stellten zahllose Runden- und Streckenrekorde auf, und von den 76 Weltmeisterschaftsläufen der vier Soloklassen in jenen drei Jahren stellte MV bis auf 13 Ausnahmen jeweils den Sieger — einige nur deshalb, weil die Weltmeisterschaft schon entschieden war und der Graf sein Team nicht mehr einsetzte, andere, weil er es sich einfach leisten konnte, ein oder zwei Rennen gar nicht zu beschicken und statt dessen anderwärts internationale oder nationale Rennen zu bestreiten.

Kritiker weisen gern darauf hin, daß die Weltmeisterschaft in jenen drei Jahren für MV ein Kinderspiel gewesen sei. Sicher, der Rückzug von Mondial, Guzzi und Gilera machte es für MV leichter; doch nicht nur John Surtees war davon überzeugt, daß seine und der Mechaniker Arbeit an den Maschinen erfolgreich gewesen war, und er stand nicht allein mit seinem Bedauern, daß durch die Abwesenheit der Konkurrenten nun ein Kräftemessen nicht mehr möglich war.

Nicht außer Betracht durften übrigens 1958 die inzwischen beträchtlich schneller gewordenen Norton und AJS bleiben, ebenso wenig wie Geoff Duke auf seiner Werks-BMW, und auf der Isle of Man mußte man zusätzlich mit Bob McIntyre und Joe Pott, beide auf Norton, rechnen.

Für die Saison 1958 hatte MV John Hartle verpflichtet, der als Surtees Unterstützung in den schweren Klassen eingesetzt werden sollte.

Nach einem vergleichsweise leichten Sieg in Spanien reiste das MV-Team zur Isle of Man. Im Junior-Rennen führte Surtees ununterbrochen und siegte mit einem Schnitt von 93,97 mph; Hartle dagegen fiel mit Kolbendefekt aus. Geoff Duke und Bob McIntyre galten vor dem Start zum

Senior-Rennen als hohe Favoriten, doch Duke schied schon nach der ersten Runde aus. McIntyre absolvierte einen sensationellen Start, schob sich dann zwischen die MVs von Surtees und Hartle und kam bis auf weniges an die erste Hundertmeilen-Runde auf einer Norton heran, als auch ihn ein Motorschaden zur Aufgabe zwang. Die vierte der sieben Runden sah die MVs unter Surtees und Hartle bequem an erster und zweiter Position, ausgangs der langen Haarnadelkurve bei Governor's Bridge jedoch fing Hartles Maschine Feuer und verbrannte.

Surtees Doppelerfolg auf der Isle of Man war der Auftakt einer ganz erstaunlichen Periode im Rennsport. In Holland, Belgien, Deutschland, Nordirland und Italien pilotierte Surtees die 350er und 500er MV jeweils zum Erfolg, sodaß er in sechs Läufen sechsmal Doppelsieger wurde. Er sicherte sich beide Weltmeisterschaften mit der erreichbaren Maximalpunktzahl. Nur in Schweden, das 1958 erstmals einen WM-Lauf zur Ausrichtung bekommen hatte, fehlte MV in den Ergebnislisten, denn da stand Surtees schon als neuer Titelträger beider Klassen fest, und der Graf hatte deshalb wegen der hohen Kosten darauf verzichtet, teilzunehmen.

In den 125er bzw. 250er Klasse hatte es MV schwerer. Graf Agusta hatte sich wieder der Dienste Carlo Ubbialis versichert, der noch immer der Welt bester Lightweight-Fahrer war; er und Tarquinio Provini teilten sich acht Siege in 13 WM-Läufen. Ubbiali errang nach Siegen auf der Isle of Man, in Holland, Deutschland und Nordirland den Titel in der 125 cm³-Klasse, und Provini wurde 250er Weltmeister durch Siege auf der Isle of Man, in Holland, Deutschland und Nordirland.

Bei den Weltmeisterschaftsläufen in Monza wollten die italienischen Fabriken seit jeher Besonderes leisten, und obwohl MV die Bühne ja fast für sich allein hatte, wollte man nicht darauf verzichten, im 500er Rennen versuchsweise eine Sechszylindermaschine einzusetzen. Die Arbeiten an dieser Maschine hatten schon während des Winters begonnen, und Surtees und Hartle hatten sie bereits vor Saisonbeginn getestet. Sicher hätte der Graf ihre Weiterentwicklung beschleunigt vorangetrieben, wären die Achtzylinder-Guzzi und die Gilera noch angetreten; aber so versteifte er sich auf seinen Vierzylinder. Das Interesse, mit dem das Erscheinen der Sechszylinder beachtet wurde, ließ übrigens schnell nach, denn die von Hartle pilotierte Maschine fiel bereits nach wenigen Runden durch Motorschaden aus.

Was könnte vier Weltmeisterschaften, errungen in den vier beschickten Kategorien, noch steigern? Das war für 1959 die Herausforderung für MV. Einige Kritiker bedauerten natürlich, daß der Grand Prix-Sport banal geworden sei und wegen der Überlegenheit der MVs seine Spannung verloren habe. Andererseits wird niemand leugnen, daß erst die Teilnah-

Links: Ein noch jugendlich aussehender John Surtees im März 1958 während Testfahrten in Monza mit jener 500-cm³-MV-Sechszylindermaschine, die nie zu befriedigender Reife gebracht wurde. Rechts: 1958 brachte Tarquinio Provini MV in der 250-cm³-Klasse den zweiten Weltmeisterschaftstitel. Hier ist er beim Ulster Grand Prix jenes Jahres auf dem Weg zum Sieg, den er mit der Rekordrunde von 80,71 mph und 77,41 mph Gesamtschnitt erreichte.

me eines Werksteams dem Rennsport die besondere Bedeutung verschafft, die auch noch so viele Privat-Nennungen nie wettmachen können. Man braucht nicht darüber zu streiten, ob die Weltmeisterschaft dieses spezielle Extra nötig hat, das eben nur durch werksseitigen Einsatz dazu kommt, und ob sonst der Weltmeisterschaft ein Großteil des Glanzes, der Spannung und des Status fehlt, die man von dieser Serie erwartet.

Die Herausforderung der Ducati in der 125er Klasse verpuffte, doch die Form Gary Hockings auf einer neuen 250er MZ verblüffte den Grafen, der besorgt die Niederlagen Ubbialis in Schweden und beim Ulster Grand Prix zur Kenntnis nahm. Die Endwertung sprach jedoch wieder zu MVs Gunsten. Surtees zeigte sich ein weiteres Mal in den Klassen 350 und 500 cm³ überlegen, und so endete die Saison für MV mit vier neuen Weltmeisterschaften, wobei MV-Fahrer auch die zweiten Plätze in allen vier Kategorien belegen konnten.

Die Isle of Man wurde in diesem Jahr für John Surtees zu einem persönlichen Meilenstein. In den 48 Jahren der Geschichte der TT war es nur dem legendären Stan Woods gelungen, in zwei aufeinander folgenden Jahren (1932 und 33) Doppelsieger des Junior- und des Senior-Rennens zu werden. 1959 nun hatte Surtees die Möglichkeit, mit Woods gleichzuziehen.

Nach dem Junior-Lauf, den er mit neuen Rundenrekorden von 95,38 mph und dann 97,08 mph gewonnen hatte, hatte Surtees die besten Aussichten. Am Freitag der TT-Woche, traditionsgemäß dem Renntag der Senior, erforderte schlechtes Wetter eine Verschiebung um 24 Stunden, das Rennen fand also am Samstag statt. Inzwischen hatte Gary Hocking die Insel verlassen, weil er ein Rennen in Schweden bestreiten mußte. Bei guten Wetterbedingungen hätte die motorische Überlegenheit der MV den anderen Bewerbern wenig Chancen gelassen, doch unter den herrschenden Verhältnissen galt das nicht mehr — und außerdem war da noch Bob McIntyre mit seiner Norton, der gerade auf der Insel of Man in seinem Element war.

Surtees erinnert sich an dieses Rennen als das kälteste und ungemütlichste seines Lebens. Trotz der denkbar ungünstigen Bedingungen fuhr er mit der MV gleich in der ersten Runde mit 101,18 mph die schnellste Runde. John Hartle auf der zweiten MV jagte hinter Surtees her, doch das Wetter, das sich inzwischen durch orkanartigen Wind zusätzlich verschlechtert hatte, forderte seine Opfer: Dickie Dale, Mike Hailwood und dann John Hartle, der nach einem Sturz bewußtlos ins Krankenhaus transportiert werden mußte. Alastair King auf einer Norton entwickelte sich nun zum nächsten Verfolger der MV, während McIntyre, durch die unsauber arbeitende Kupplung seiner Maschine gehandicapt, zurückfiel. Erst in der fünften Runde gelang es dem Schotten nach grandioser Anstrengung, im strömenden Regen vom zwölften auf den siebten Platz vorzustoßen. Die Nässe machte sich natürlich auch bei Surtees Rundenzeiten bemerkbar, doch gewann er souverän und heimste damit den Doppelsieg ein.

In der 500er Klasse erlebten Surtees und MV eine großartige Saison. Er siegte nicht nur in allen sieben Weltmeisterschaftsläufen, sondern stellte bei jedem auch noch neue Rekordzeiten auf — sogar bei der unter miserabelsten Wetterbedingung ausgetragenen TT, wo er als Fahrer die Fabelzeit einer Runde mit 101,18 mph erreichte. Die vielleicht interessantesten Auseinandersetzungen erwartete die MV jedoch gegen Ende der Saison 1959, beim Ulster Grand Prix und in Monza zum Großen Preis der Nationen.

Ehe Surtees sich als der neue Champion profilierte, war Geoffrey Duke der Publikumsliebling auf allen Strecken, der smarte Brite mit dem ausgefeilten, bis ins letzte kontrollierten Stil. Jahre hindurch hielt sich die Hoffnung vieler Fans, daß Duke und Surtees einmal in der 500er Klasse auf gleichwertigem Material gegeneinander antreten würden, natürlich Duke möglichst mit einer Gilera und Surtees mit der MV. Als dies noch möglich

Das MV-Team 1958; von links nach rechts: Team-Manager Nello Pagani, Fortunato Libanori, John Hartle, Remo Venturi, Tarquinio Provini, Graf Domenico Agusta, Carlo Ubbiali, Gilberto Milani, Ernesto Brambilla und John Surtees.

Mit 84,5 mph Schnitt bringt John Hartle die 500-cm^3-Vierzylinder beim Ulster Grand Prix 1958 hinter Surtees und McIntyre auf den dritten Platz.

gewesen wäre, kam es, wie schon erwähnt, nicht dazu, das erste Mal wegen Dukes Ausschluß und später wegen Surtees Verletzung.

1959 aber machte sich Duke mit zwei außergewöhnlich schnellen Nortons im Gepäck auf die Reise nach Belfast, um sich der Kombination Surtees/ MV zu stellen. Der ehemalige Weltmeister galt noch immer als grandioser Fahrer, und auf dem harten, kurvigen Dundrod-Kurs bedeutete die Mehr-Leistung der MV keinesfalls den gleichen Vorteil wie beispielsweise in Francorchamps in Belgien. Das 350er Rennen hatte großartige Namen im Programm, darunter Mike Hailwood und Bob McIntyre, beide auf AJS. Surtees übernahm nach dem Start sofort die Führung und McIntyre plazierte sich dahinter, John Hartle auf der zweiten MV blieb zunächst im Mittelfeld hängen. In der dritten Runde aber stürmte Hartle wie eine Rakete vor, lauerte kurz hinter McIntyre an dritter Position und überholte den Schotten nach heftiger Gegenwehr in der Runde darauf. In der siebten radierte er mit 93,35 mph noch den alten Rekord aus, dann beendete er seine Fahrt durch Sturz, als er eine Abgrenzung berührte. Indessen fuhr Surtees an der Spitze ein einsames Rennen, das er in neuer Rekordzeit mit 91,32 mph als Erster beendete. Duke konnte nicht an ihn herankommen und wurde hinter Bob Brown auf einer Norton Dritter.

Doch das echte Duell in der 500er Klasse stand ja noch bevor. Bedauerlich für die vielen Fans, ließ es sich jedoch auch hier nicht realisieren. Allen Unkenrufen zum Trotz erwies sich die große MV doch als die weit schnellere Maschine, und Surtees rauschte einem überlegenen Sieg entgegen, während Duke wieder nur als Dritter einlief, diesmal hinter McIntyre. Das Gleiche spielte sich auch beim letzten Lauf der Saison in Monza ab. Surtees und Remo Venturi belegten auf MV den ersten und den zweiten Platz in der 350er Klasse und wiederholten dieses Ergebnis auch im Halbliterlauf, in dem Surtees den neuen Rekord auf 198,91 km/h schraubte. Für Graf Agusta war das ein besonderer Leckerbissen, denn seit 1957 hatte sein Nachbar und Rivale Gilera durch Libero Liberati mit 197 km/h den Rekord innegehabt.

Jeden Sieg über Gilera genoß der Graf besonders, denn die Rivalität zwischen den benachbarten Werken war schon immer groß gewesen. Unter diesem Gesichtspunkt war es besonders bedauerlich, daß sich Gilera damals zurückziehen mußte, denn die 1958er Gilera waren wirklich konkurrenzfähige Maschinen und hätten sicher für manch spannendes Duell gesorgt. Die zwischen den beiden Firmen bestehende Spannung war wahrscheinlich völlig normal. Gilera, sowohl als Motorrad-Hersteller wie als Rennstall ein Name mit langer Tradition, führte den Angriff der vielzylindrigen Maschinen gegen die vorherigen Herrscher, die britischen Einzylinder, und war viermal nacheinander 500er Weltmeister gewesen, als

MV sich dazugesellte. MV dagegen konnte weder Tradition noch Erfahrung aufweisen und mußte sich erst hochkämpfen. Die Abwerbung von Ing. Remor durch Domenico Agusta hatte das Verhältnis der beiden Firmen zueinander auch nicht gerade verbessert, das fortan von einer gewissen Nebenbuhlerschaft gekennzeichnet war, deren unter der Oberfläche schwelende Verbitterung die beiden Aristokraten-Familien in traditionellem italienischem Stil herunterzuspielen trachteten.

Es bedeutete immer zusätzliche Spannung, wenn Gilera und MV gemeinsam Rennen bestritten, dann wurde der Graben zwischen den beiden Firmen offen sichtbar. Bill Lomas ist einer derjenigen, die sich noch an Les Grahams sensationellen Monza-Sieg 1952 erinnert, wo er vor den Gileras von Masetti und Pagani einlief. Seit 1949 die Weltmeisterschaft eingeführt worden war, war Gilera in dieser Klasse von keiner italienischen Marke besiegt worden, nur einmal — 1950 — hatte Geoff Duke mit der Norton sie schlagen können. Gilera war so verwirrt, daß sie einen Protest einbrachten und die Sieger-MV nachmessen ließen. Domenico antwortete mit einem Gegenprotest und ließ die zweit- und drittplazierte Gilera nachmessen!

Während dieser Jahre der absoluten MV-Vorherrschaft stand größtenteils Surtees im Rampenlicht. Als Nummer Eins-Fahrer der beiden großen Klassen 350 und 500 cm^3, die die meiste Aufmerksamkeit auf sich zogen, war es unvermeidlich, daß sich auch John Hartle ihm unterordnen mußte. Hartle war ein ausgesprochenes Talent, stürzte aber leider etwas oft und ließ sich von Ausfällen deprimieren; in seinen zwei Jahren bei MV wurde er aber auch neunmal bei WM-Läufen Zweiter hinter Surtees.

Links: Provini mit der 250-cm³-Zweizylinder in Assen im Juli 1959.

Linke Seite: Start zum 250-cm³-Rennen der Dutch TT 1959, das Provini (2) und Ubbiali (1) als Erster bzw. Zweiter beendeten.

Unten: 1959 brachte Ubbiali MV die Doppelweltmeisterschaft der Klassen 125 und 250 cm³; hier fährt er die 125-cm³-Maschine.

Hartle hatte seinen großartigen Einstieg 1954 in Scarborough, 14 Jahre später endete seine Karriere auf dieser Strecke auf tragische Weise, als er zu Tode stürzte. In diesen 14 Jahren war er nacheinander Werksfahrer bei Norton, Gilera und MV; einem Welttitel kam er 1967 am nächsten, als er mit einer 500er Matchless Vize-Weltmeister wurde. Seinen ersten Grand Prix gewann er 1956 in Ulster auf einer Norton. John Surtees, der 1955 zusammen mit Hartle im Norton-Team gewesen war, bezeichnete ihn immer als außergewöhnliches Talent. Als Ende 1956 Graf Agusta John Surtees nach einem zweiten Fahrer für das MV-Team befragte, nannte der auf Anhieb Hartle.

Es ist wenig bekannt, daß auch Bob McIntyre als Kandidat für diesen freien Werks-Teamplatz galt. Er rückte zur ersten Wahl auf, als bekannt wurde, daß Hartles Verpflichtungen in England ihn daran hindern würden, oft genug auf dem Kontinent fahren zu können. Es schien als sicher, daß der Schotte bei MV unterzeichnen würde, als Surtees und Bill Webster bei einem Saison-Abschlußrennen in England McIntyre einen Vertrag vorlegten. Erst im letzten Moment rückte McIntyre damit heraus, daß er bereits bei der Gilera-Konkurrenz unterschrieben hatte!

Hartles zwei Jahre bei MV waren nicht besonders glücklich oder befriedigend für ihn. Immer die zweite Geige neben Surtees zu spielen, quälte ihn, und als er durch Verletzungen nicht starten konnte, fiel er beim Grafen in Ungnade. Ihr Verhältnis verschlechterte sich Ende des Jahres 1959 rapide; 1960 verließ Hartle MV und fuhr privat auf Norton-Maschinen.

Inzwischen war Gary Hocking zum MV-Team gestoßen, der seit seinen grandiosen Erfolgen 1959 mit der bemerkenswert schnellen 250er MZ erklärter Liebling des Grafen war. Bedauerlicherweise brachten gerade Hartles letzte Rennen für MV seine besten Ergebnisse — einen großartigen ersten und zweiten Platz in der Junior bzw. Senior TT und den zweiten Platz beim Ulster Grand Prix in der 350er Klasse. Ihm blieb es auch vorbehalten, der einzige Fahrer zu sein, der die 500er MV-Sechszylinder im Renneinsatz bewegte: beim Grand Prix von Italien, wo sie ausfiel.

✱

Manche Kritiker, die MVs Rennerfolge 1958 und 59 wegen Fehlens echter Konkurrenz bekritteln, haben vielleicht nie registriert, wie nahe MV einer viel schlimmeren Alternative Ende 1957 gewesen war. Der Rennsport ohne Gilera, Guzzi und Mondial war schlimm genug. Ohne die andauernde Präsens von MV wäre die Weltmeisterschaft mit Sicherheit eine Farce gewesen. So enttäuschend ihr Rückzug für die Rennsportanhänger auch war, so wenig überraschend kam der Abschied der Gileras von den europäischen Rennstrecken. Ihre Vierzylindermaschinen hatten enorme Entwicklungskosten verschlungen, die sich eine so kleine Firma eigentlich gar nicht leisten konnte. Vom kaufmännischen Standpunkt aus gesehen war der Rückzug die einzig mögliche Entscheidung. Auch Guzzi, mit seiner Tradition technischer Hochleistungen, hatte über Jahre hinweg Unsummen in den Sport investiert, während Mondial, trotz aller Erfolge, beträchtliche Schwierigkeiten, vor allem auf finanziellem Gebiet voraussah, auch künftig erfolgreich zu sein.

Der geschlossene Rückzug von Gilera, Guzzi und Mondial — der selbst die Teammitglieder schockte, weil sie von der dramatischen Entscheidung vorher keine Ahnung gehabt hatten — waren unbestreitbar ein konzentrierter Protest gegen die ständig und unermeßlich steigenden Kosten im

Rennsport. Der FIM wurde Untätigkeit vorgeworfen — sie solle endlich etwas dagegen tun, etwa durch die Limitierung der technischen Vorschriften, und eine Zeit lang war sogar die Frage einer weiteren Teilnahme von MV ungeklärt. Da die FIM einem solchen Schritt aber durchaus abgeneigt zu sein schien und nichts unternahm, konnte man den Rückzug der drei größten und wichtigsten Werke als Demonstration ihrer Stärke betrachten. Würde aber die Weltmeisterschaft auch ohne ihre Unterstützung existieren können? Eine Weile schien die ganze Struktur des Grand Prix-Sports in Frage gestellt; als aber offenkundig wurde, daß die FIM am bisherigen Modus festhalten und die Serie 1958 wie geplant durchführen wolle, auch ohne die Teilnahme der großen Namen, da lagen die Weltmeisterschaften quasi auf dem Servierbrett, und Graf Agusta entschloß sich, tüchtig zuzugreifen.

Nach zahlreichen Unfällen entschied die FIM, Vollverkleidungen und solche, die das Vorderrad oder den Fahrer umschlossen, zu verbieten.

Obwohl die Rennleidenschaft des Conte Agusta unbestreitbar war, gab es auch kommerzielle Gründe für das weitergeführte Engagement von MV im Grand Prix-Sport. In den folgenden zwei Jahren nutzten sie nämlich ihre 350er bzw. 500er Erfolge als Verkaufshilfe für die Lightweight-Maschinen, die den Hauptanteil der Produktion von MV bildeten. Heute mutet es seltsam an, daß MV trotz ihrer sensationellen Erfolge in den großen Hubraumklassen keine Maschinen dieser Kategorie für den Alltagsgebrauch herstellte.

Ein anderes der strikten Prinzipien des Hauses MV war es, das John Surtees bewog, nach einem weiteren Jahr aus dem Zweirad-Rennsport auszusteigen. Der Graf war überzeugt, daß seine Marke allein durch die Teilnahme an der Weltmeisterschaft und einigen ausgesuchten internationalen Großveranstaltungen die gewünschte Werbewirkung erzielte. Es war Surtees untersagt, bei weiteren Rennen — an denen er persönlich aber stark interessiert war — an den Start zu gehen. Diese Tatsache, zusätzlich der Mangel an echter Konkurrenz für die MV und die nachlassende Befriedigung, nachdem er mehrere Doppelweltmeisterschaften und TT-Rennen gewonnen hatte, beschleunigten Surtees Wechsel zum Automobilsport.

Dessen ungeachtet sah er im Jahr 1960 erst noch die Chance, die vor ihm nur der legendäre Stan Woods gehabt hatte: die Möglichkeit, als Erster in drei aufeinanderfolgenden Jahren Doppelsieger der Junior/Senior-TT zu werden.

Wie sich zeigte, war dies ein Vorhaben, das er nicht zu realisieren vermochte. Und der Mann, der Surtees Traum vereitelte, war kein anderer als Surtees alter Freund und Teamkamerad John Hartle. Das Junior-Rennen gedachte Surtees mit Leichtigkeit hinter sich zu bringen; er startete perfekt und stellte gleich in der ersten Runde mit 98.26 mph einen neuen Rekord auf. In der zweiten Runde steigerte er auf 99,20 mph, doch kurz darauf machten ihm Defekte einen dicken Strich durch seine Doppelsieg-Rechnung. Erst ließ sich der untere Gang nicht mehr schalten, dann der vierte, und schließlich — gegen Ende des Rennens — verlor der Motor Kompression. Hartle indessen rauschte wie entfesselt um die Strecke, übernahm in der vierten Runde die Spitze und siegte mit 96,70 mph Durchschnitt.

Im Senior-Rennen peitschte Surtees die MV gleich vom Start weg weit in Führung und stellte den bestehenden Rekord mit 103,03 mph ein. Mit der zweiten MV im Schlepptau fuhr er in der zweiten Runde wieder neue Rekordzeit (diesmal mit 104,08 mph), vergrößerte dann den Abstand zwischen sich und Hartle enorm und gewann in neuer Rekordzeit mit 102,44 mph.

Wenn er auch Stan Woods Rekord von Doppelsiegen damit nicht geschafft hatte, so hatte Surtees immerhin noch die Befriedigung, als Erster dreimal hintereinander Senior TT-Sieger gewoden zu sein — außerdem zog er mit Woods Rekord von vier Siegen in dieser Klasse gleich.

Beim Saisonauftakt in Clermont-Ferrand hatte Gary Hocking die 350er MV zum Sieg geführt, während Surtees im 500er Lauf siegreich war. In Holland, direkt anschließend an die TT, drehte Surtees den Spieß um und schlug ihn in der 350er Klasse mit der Zeit von 139,49 km/h, blieb jedoch im 500er Rennen glücklos und gab nach mehreren Boxenstops mit Motorschaden auf. Remo Venturi kam das Verdienst zu, die MV-Flagge hochhalten zu dürfen: er heimste vor der Norton von Bob Brown einen klaren Sieg ein. Der in Ungnade gefallene John Hartle war inzwischen aus dem MV-Team ausgeschieden und trat in Holland nicht für die Italiener an. In neuer Rekordzeit (mit 201,28 km/h) und mit der Rekordrunde von 204,85 km/h steuerte Surtees die MV in Belgien, wo die 350er Klasse nicht gefahren wurde, zum Sieg. Auch auf der Solitude beim Grand Prix von Deutschland war MV erfolgreich, denn Surtees, Venturi und Mendogni belegten die ersten drei Plätze der Klasse bis 500 cm^3. Auch hier wurde kein 350er Lauf ausgetragen. In trauriger Erinnerung blieb dieser Grand Prix deshalb, weil im Training Bob Brown auf einer Honda zu Tode stürzte.

Beim Ulster Grand Prix in Irland sicherte sich Surtees mit dem Sieg in der 350er Klasse ein weiteres Mal die Doppelweltmeisterschaft. Das war eine bedeutende Leistung: im dritten aufeinanderfolgenden Jahr errang Surtees den Doppel-Titel — in der elfjährigen Geschichte der Weltmeisterschaft war er damit der Erste. In Monza, am Ende der Saison 1960, beendete John Surtees dann seine Zeit bei MV und seine Karriere als Motorrad-

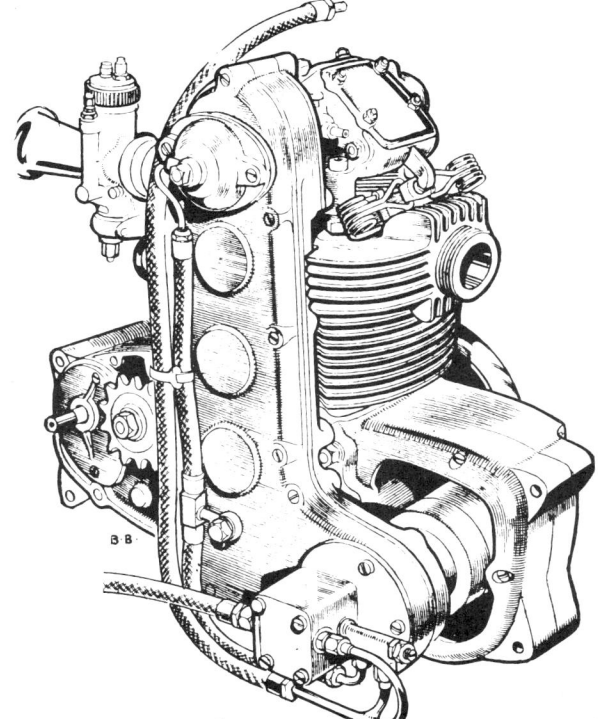

Links: Noch ein Sieg für Ubbiali und MV: hier steht er in Hockenheim auf dem Siegerpodium, nachdem er das 125-cm³-Rennen gewann. MV siegte in jenem Jahr in allen Klassen des Großen Preises von Deutschland (Surtees dominierte in den beiden großen Hubraumklassen).
Rechts: Die wunderschön gemachte 125er Production-MV mit dem massiven Gehäuse und Zahnradtrieb zur obenliegenden Nockenwelle.

Rennfahrer mit einem Sieg im 500er Rennen und mit dem Ausfall in der 350er Klasse.

Sein grandioser Kampf gegen John Hartle während des 500er Rennens beim Ulster Grand Prix in diesem letzten Jahr ist noch immer in lebhafter Erinnerung. Nachdem er sofort die Spitze an sich gerissen hatte und vor Alan Shepherd auf der Matchless und John Hartle auf der Norton lag, brach der Schalthebel der MV. Surtees rollte im ersten Gang zur Boxe und ließ einen neuen Hebel montieren. Das brauchte natürlich seine Zeit, und als er wieder ins Rennen ging, war er ziemlich abgeschlagen. Bob McIntyre hatte inzwischen die Führung übernommen, ihm folgte ein Pulk Spitzenkönner: Hailwood, Shepherd, Redman und Hartle. Surtees lag an 42. Position, und über drei Minuten trennten ihn von der Spitze — aber noch hatte er 18 Runden vor sich, als er sich wieder ins Kampfgetümmel stürzte. Das Glück kam ihm zu Hilfe: McIntyre mußte wegen starker Vibrationen aufgeben, und Hailwood zwang ein Zünddefekt lange an die Boxe. Hartle hieß nun der neue Spitzenreiter, zu dem Surtees immer näher aufschloß, nachdem er der MV absolute Leistung abverlangt und mehrere neue Rekordrunden aufgestellt hatte. Bis ins Ziel hatte Surtees den gesamten Vorsprung Hartles eingeholt und wurde ganz knapp hinter ihm abgewinkt — eine bemerkenswerte Demonstration von menschlichem Mut, Willen und Können, aber auch der Leistungsfähigkeit und des Durchhaltevermögens der MV unter schwersten Bedingungen.

Auf dem Motorradsektor hatte Surtees nun fast alles Machbare erreicht. Immer stärker lockte ihn eine Karriere auf vier Rädern, und da lieferte ihm Graf Agustas Verbot, außer den offiziellen Werks-Starts an anderen Rennen teilzunehmen (nicht einmal auf privatem Maschinenmaterial) einen willkommenen Vorwand, um auszusteigen. So sah Surtees seine Haltung später: »Ich konnte seine Gründe schon verstehen, die Vierzylinder nur für die WM-Rennen einzusetzen und so zu schonen, aber warum er uns andere Starts schlicht verbot, konnte ich nicht einsehen«. Der Grund war natürlich einfach der, daß seine Fahrer ein unnötiges Verletzungs-Risiko liefen.

Im dritten aufeinanderfolgenden Jahr hatte MV in allen vier Soloklassen die Weltmeisterschaft gewonnen, und die Marke konnte Ende 1960 einen ganz phänomenalen Rekord vorweisen: In nur zehn Jahren ernsthaft betriebenen Rennsports hatte MV 17 Fahrer-Weltmeisterschaften und 82 Grand Prix gewonnen, dazu 19 Markenweltmeisterschaften!

Ein solch überragender Erfolg mag zu der Annahme verleiten, Surtees habe es kinderleicht gehabt. Sicher, wäre Gilera mit dabei gewesen, wäre es für Surtees härter gewesen, aber auch so war Johns Beitrag bei MV ohne Abstriche enorm. Seine unaufhörliche Entwicklungsarbeit an Rahmen und Federung hatten aus den MV weit bessere Maschinen gemacht, während die Vierzylindermaschinen — gerade aus höchst respektvoller Sicht — geradezu nach einem überragenden Fahrer verlangten, um das beste aus ihnen herauszuholen.

In vielerlei Hinsicht sollte 1960 ein Wendepunkt sein. John Hartle hatte sein Ansehen verloren und verließ MV. Surtees wechselte zum Automobil. Carlo Ubbiali entschloß sich zur Beendigung seiner Karraiere. Gary Hocking signierte einen MV-Vertrag. Die aufsehenerregendste Entwicklung jedoch zeichnete sich in den Klassen 125 und 250 cm^3 ab, wo MV sich der Herausforderung von Honda gegenübersah, einem relativ unbekannten Werk aus einem Land von der anderen Seite der Welt, aus Japan. Niemand mochte damals annehmen, daß MV innerhalb eines Jahres beider Titel dieser Kategorien verlustig gehen würde und noch ein Jahr später nur noch den 500er Titel auf seinem Konto verzeichnen könnte. Ihre lange Herrschaft in der 500er Klasse sollte ungebrochen und innerhalb der ungewöhnlichsten Erfolgskette bestehen bleiben, die im Rennsport einmalig ist, aber ihr Monopol in den kleinen Klassen war dahin — für immer.

Es ist interessant, in dieser letzten Saison der totalen Überlegenheit der MV auch die Männer zu betrachten, die dazu beitrugen, daß die Maschinen einen unsterblichen Ruf bekamen. In der 125er Klasse war Carlo Ubbiali der Star, er gewann vier der fünf Grand Prix. Er wurde unterstützt von Taveri, Hocking und Spaggiari. Auch in der 250er Klasse war Ubbiali die Nummer Eins, hier gewann er vier von sechs Grand Prix. Taveri und Hocking hatten als seine Rückendeckung zu fungieren. Surtees, Hocking und Hartle teilten sich auf MV in die Siege der 350er Klasse. In der 500er Klasse spielte natürlich Surtees die erste Geige, Venturi profilierte sich mit einem Sieg in Holland und drei weiteren zweiten Plätzen. Mendogni eroberte sich Platz zwei in Italien und den dritten in Deutschland.

Surtees hatte nun insgesamt sieben Welt-Titel auf seinem Konto, Ubbiali sogar neun. Wäre es Carlo Ubbiali gestattet worden, von den leichteren auf die schweren Maschinen umzusteigen, die ja viel mehr Ansehen genossen, hätte er wahrscheinlich noch mehr Erfolge und noch größere Berühmtheit erlangen können. Zweifelsohne war er einer der brillantesten Fahrer, die Italien je hervorbrachte. Er war ein ausgezeichneter Taktiker, hatte ein ganz seltenes technisches Einfühlungsvermögen und die ideale Figur für die kleinen Maschinen. Ubbiali hatte es auf den MV nicht immer leicht. Anfangs waren die deutschen NSU den MV weit überlegen, da konnte selbst Ubbialis Fahrstil die Differenz nicht wettmachen. Auch später sah er sich immer stärker werdender Konkurrenz ausgesetzt, besonders die be-bemerkenswert schnellen Zweitakter von MZ aus der DDR machten es ihm oft schwer. Er gilt noch heute als außergewöhnliches Fahrertalent, und Graf Agusta war gut beraten, ihn so lange in seinem Team zu behalten. Ubbialis großartige Erfolge auf den kleineren MVs werden leider immer von Surtees Leistung auf den großen, viel leistungsfähigeren Maschinen überschattet. Ubbialis letzter Auftritt auf der Isle of Man 1960 brachte ihm seinen vierten 125 cm^3-TT-Sieg. Auf dem Mountain Circuit, der den vorher gefahrenen Clypse- Kurs abgelöst hatte, führte er vom Start bis ins Ziel und stellte dabei zwei neue Rekorde auf: Den Rundenrekord schraubte er auf 86,13 mph und den über die Distanz auf 85,60 mph. Hier sind einige technische Angaben dieser 125 cm^3-Rennmaschine, die sich kaum von den Vorjahresmodellen unterschied:

Motor:	Einzylindermotor mit zwei obenliegenden, zahnradgetriebenen Nockenwellen, 125 cm^3 Hubraum;
Zündung:	Spulenzündung, Unterbrecher vom Steuertrieb angetrieben;
Transmission:	Zahnrad-Primärtrieb zum Sechsgang-Getriebe, Hinterradantrieb über Kette;
Rahmen:	Doppelschleifen-Rohrrahmen mit Federbeinschwinge hinten;
Vorderradgabel:	Teleskopgabel.

Der 1929 in Bergamo geborene Ubbiali begann mit 20 Jahren Rennen zu fahren und wurde sofort von Mondial »entdeckt«, für die er in der 125er Klasse fuhr. Drei Jahre blieb er bei Mondial und gewann in dieser Zeit (1951) als 22jähriger seine erste Weltmeisterschaft. Als überlegener Taktiker und gänzlich unitalienisch-besonnen und ruhig, war er überall beliebt und geschätzt. Auf die Isle of Man kam er zum ersten Mal 1951, damals mit Mondial; seinen ersten Sieg dort errang er aber erst 1955 mit MV.

Der Züricher Luigi Taveri war einer der besten Rennfahrer, die je aus der Schweiz kamen. Obgleich er Werksfahrer bei MV und Ducati gewesen war, gelangte er erst in den sechziger Jahren zur Berühmtheit, als er nämlich in den Jahren 1962, 64 und 66 Weltmeister auf der 125er Honda wurde. Auch er besaß die ideale Jockey-Figur für die kleineren Hubraumklassen, verfügte aber vor allem auch über ausgezeichnetes fahrerisches Können.

John Hartle galt als couragiert und ehrgeizig und ließ trotz einiger schwerer Unfälle nicht vom Rennsport. Nach seiner MV-Zeit fuhr er privat gesponsorte Nortons, hatte aber kein großes Glück. Ein Sturz 1961 in Scarborough zwang ihn zu zweijähriger Pause, 1963 versuchte er dann als Mitglied der Gilera-Streitmacht von Geoff Duke ein Comeback. Auf der Isle of Man glänzte er im Senior-Rennen mit Platz zwei hinter Mike Hailwood und einer Rundenzeit mit 105,56 mph. 1964 erlitt er bei einem Sturz in Imola einen Schädelbruch, wagte aber zwei Jahre später — mit ärztlicher Erlaubnis — einen neuen Versuch. Er verzeichnete drei drama-

John Hartle bringt die 350-cm³-MV-Vierzylindermaschine 1960 zum Sieg in der Junior-TT.

tische Siege in Oulton Park, auf der Isle of Man und bei den Hutchinson 100. Ende 1967 brach er sich in Mallory Park den Arm, ließ aber nicht locker und wurde trotz der Verletzung Dritter beim Ulster Grand Prix im gleichen Jahr.

Hartle gelang es als Zweitem, eine TT-Runde mit einem Schnitt von über hundert Meilen pro Stunde zu absolvieren — noch vor Surtees. Im Rennsport sah Hartle seine Berufung. Er hatte großes Talent und fuhr einen glatten Stil, und obwohl er 1968 zweimal auf der Isle of Man gestürzt war, plante er bereits die neue Saison auf dem Kontinent, als er am Ende der Saison in Scarborough tödlich verunglückte.

Die größten Schlagzeilen machte jedoch John Surtees mit seinen Erfolgen, und sein Aufhören stellte Graf Agusta vor das nicht geringe Problem, schnellstens Ersatz für ihn aufzutreiben. Speziell für die britischen Rennsport-Anhänger war Surtees zum Grand Prix-Idol geworden, obwohl er keineswegs der populärste der Champions war. Er erfreute sich nur beschränkter Unterstützung durch die Zuschauer, wurde niemals so vergöttert wie zum Beispiel Hailwood in den Sechzigern, man schätzte aber seine ehrliche Einstellung zum Sport und bewunderte sein Talent. Seit jeher wurde darüber gestritten, ob Surtees oder Duke der bessere Fahrer sei, aber diese Frage kann unmöglich korrekt beantwortet werden. Beide erreichten ihre Höhepunkte zu verschiedenen Zeiten und auf verschiedenen Marken und konnten sich kaum je auf auch nur annähernd vergleichbarem Maschinenmaterial messen.

John Hartle und John Surtees, beide frühere Norton-Fahrer, jetzt im MV-Team, besprechen vor dem Ulster Grand Prix 1960 ihre Taktik fürs Rennen; Surtees gewann den 350-cm³-, Hartle den 500-cm³-Lauf — auf einer Norton!

John wurde 1934 in Surrey geboren und fand schon frühzeitig Unterstützung durch seinen Vater Jack, der in Croydon ein Motorradgeschäft besaß und in seiner Jugend erfolgreich mit Seitenwagengespannen Grasbahnrennen gefahren war. In seiner Anfangszeit fungierte John beim Vater als Beifahrer, doch als er während seiner Lehrzeit als Techniker bei Vincent in Stevenage einmal die berühmte Einzylinder-Vincent Grey Flash gefahren hatte, kam für ihn nur noch die Rennerei als Solofahrer in Frage. Er kaufte sich eine 500 cm³ Norton Manx und eine NSU und bewegte diese Maschinen bald recht beeindruckend. Er zeigte solches Talent, daß er schon 1955 ins Norton-Team aufgenommen wurde.

In diesem Jahr siegte er bei 65 von 72 Rennen, in denen er am Start war. Ein stiller und bescheidener Charakter, dessen Fähigkeiten auf handwerklichem Gebiet lagen: Surtees kannte sich mit Motoren aus wie kaum ein Zweiter, war ein hervorragender Mechaniker und hatte die seltene Gabe des Erkennens der technischen Zusammenhänge. 1958 und 1959 wurde er bei der jährlichen Leserumfrage der englischen Zeitung *Motor Cycle News* zum »Mann des Jahres« gewählt und für seine Verdienste um den Motorradrennsport von der Königin mit dem Orden MBE ausgezeichnet.

Für Graf Agusta war er von unschätzbarem Wert gewesen, und als er zum Automobil überwechselte, mußte MV wieder einmal nach einem Mann Ausschau halten, der fähig war, dem Haus MV seine Vorrangstellung im Grand Prix-Sport zu erhalten.

Das war der typische Stil von John Surtees (hier auf der 350-cm³-MV-Vierzylinder in Silverstone im April 1959).

Versäumnisse bei Nutzung der Rennerfolge

Verkaufspolitisch bedeuteten Rennerfolge für MV nichts — in all den Jahren der Vormachtsstellung im Grand Prix-Sport tat das Werk kaum etwas, um diese Tatsache hervorzuheben, etwa um auf den Exportmärkten den Verkauf der Straßenmodelle anzukurbeln. Tatsächlich unternahm die italienische Industrie — mit Ausnahme der Roller-Marken Vespa und Lambretta — nie besondere Export-Anstrengungen in England, und hätte es nicht direkte Import-Verbindungen britischer Händler gegeben, wären wohl nur vereinzelte italienische Motorräder in England auf den Markt gekommen.

MV Agusta war hier nicht weniger schuld als alle anderen, eigentlich sogar besonders schuld! Als nämlich Graf Domenico 1949 seine Motorradfabrik gründete, stieg er zwei Jahre später mit seinem Werksteam mit dem einen ausdrücklichen Vorhaben in den Rennsport ein, über dessen Erfolge seine Marke bekanntzumachen und, noch wichtiger, die Zuverlässigkeit seiner Produkte verkaufsfördernd unter Beweis zu stellen.

Die ursprüngliche Flugzeugfabrik seines Vater bot von der Ausstattung und von der Belegschaft her hochgradige Qualität, die plötzlich völlig brach lag, als nach dem Krieg der Flugzeugbau in Italien verboten wurde. Domenico Agusta erkannte sofort seine Bedeutung als potentieller Hersteller hubraumkleiner Motorräder — Italiens »nationalem Transportmittel«. Vergleichsweise billig, sowohl in den Herstellungs- wie auch den Unterhaltskosten, hatten die kleinen Zweitaktmaschinen einen weiteren wichtigen Pluspunkt im vorteilhaften südlichen Klima — im Nachkriegs-Italien erlebten Kleinkrafträder einen rapiden Aufschwung, und Graf Agusta beeilte sich, hieran teilzuhaben.

Dem ersten Zweitakt-Modell mit 98 cm³ folgte rasch ein breites Angebot an Zwei- und Viertakt-Entwicklungen, auch ein Modell mit obenliegender Nockenwelle, die Normalversion der 125er Rennmaschine. Obgleich MV einen Zweizylinder mit 350 cm³ baute, war jahrelang das Mythos von

Diese 125-cm³-Maschine wurde Ende 1954 auf der Mailänder Ausstellung vorgestellt.

Gallarate das Versprechen, einen Vierzylinder-Roadster zu bringen — der übrigens nie erschien. Eine Vierzylinder-Fünfhunderter mit Kardanantrieb und Doppelscheinwerfer war immerhin bereits 1951 auf dem Mailänder Salon vorgestellt worden. Eine echte Produktions-Version erschien jedoch erst Mitte der sechziger Jahre — die englische Zeitung *Motor Cycle News* kaufte damals die erste Maschine für ein Preisausschreiben zum Preis von (damaligen) 600 Pfund ab Werk plus Import-Steuer.

Mit Blickrichtung auf das ständig steigende Wachstum in den großen Hubraumklassen brachte MV den Vierzylinder-Roadster als 600er Maschine, überraschenderweise aber bot deren eigenwilliges Äußeres — manche nannten sie schlicht häßlich — wenig Ähnlichkeit oder gar Verwandtschaft mit der berühmten »Feuerwehr«-Rennmaschine.

Graf Agusta folgte mit seiner Politik genau der von Gilera, nach deren fester Überzeugung eine extreme, eine »unschlagbare« Rennmaschine der beste und überzeugendste Verkaufsanreiz für die Serienmodelle sei. Während Gilera jedoch niemals die Produktion einer Renn- oder Touren-Version ihrer Vierzylinder-Rennmaschine in Betracht zog, kam MV schon drei Jahre nach dem Einstieg des Werks mit 125er Einzylindern in den Rennsport mit einem Roadster-Modell heraus.

Heute, wo die Zweitakt-Entwicklung der des Viertakters überlegen ist, mutet es recht kurios an, daß in den Jahren 1948 bis 1950 die 125er Zweitaktmotoren umgehend von Einzylinder-Viertaktern mit obenliegenden

Nockenwellen abgelöst wurden und daß aus dieser Konstruktion die vielzylindrigen Motoren weiterentwickelt wurden. Es waren jedoch hubraumkleine Maschinen, die MV hauptsächlich herstellte und mit denen die Firma die größte und populärste in Italien und Spanien, wo ein Zweigwerk errichtet wurde, werden sollte. Abgesehen davon gab es so gut wie keinen Export, die paar renninteressierten Händler nicht mitgerechnet.
Verkaufsschlager der Anfangszeit war ein 125er Motorroller mit Pressstahlrahmen, hinterer Schwingenfederung und — ungewöhnlich — einem Viergang-Getriebe. Anfang der Fünfziger wurde die 175er ohc-Einzylinder-MV zum beliebtesten Modell, nachdem sie 1952 und 1953 auf dem Mailänder Salon ausgestellt gewesen war. 1954 brachte MV dann die »Turismo Rapido« heraus, ein Einzylindermodell mit 125 cm³ auf der Basis des 175er Modells.
Die erste MV-Straßenmaschine brachte 1956 das ehemalige Brooklands-As Ron Harrs nach England, der dann in der Regent Street in London die MV-Distributors Limited gründete; als Verkaufs-Repräsentanten fungierten die Rennfahrer Michael O'Rourke und Derek Minter, sowohl auf der Piste wie auch im Laden. Dieses Abenteuer mußte ein Mißerfolg werden, denn obwohl die Fahrer, besonders O'Rourke, bei nationalen Rennen recht erfolgreich abschnitten, stießen die MV-Straßenmaschinen auf nur geringe Gegenliebe und ließen sich nicht verkaufen. Zu jener Zeit (vor mehr als zwanzig Jahren) trafen die hubraumschwachen kleinen Maschinchen mit dem Renn-Look den britischen Geschmack überhaupt nicht, und außerdem lagen die fünf Modelle der MV-Palette im Preis viel zu hoch.
Die billigste Maschine war die 125er Einzylinder-Zweitakt, die »Super-Pullman«, zum Preis von 165 Pfund einschließlich Steuer. Die ohv-125er kostete Lstg. 193, und die zwei Sport-Modelle mit zwei obenliegenden Nockenwellen mit 175 cm³ 233 Pfund bzw. Lstg. 254. Die »Competizione« mit ohc, Fünfganggetriebe und 175 cm³ kam auf Lstg. 434.
Heute mögen diese Zahlen niedrig scheinen, wenn man aber die Preise des Jahres 1957 vergleicht — die 125 cm³-BSA Bantam kostete 94 Pfund, die 650er Triumph Thunderbird 245 und die 500er Manx Norton nur 481 Pfund —, dann waren die MV indiskutabel überteuert.
Bis zum Ende der fünfziger Jahre änderte sich wenig an der MV-Modellpalette in England, anfang 1960 wurden nur noch drei Standard-Produktions-Modelle angeboten: Eine ohv-Einzylinder mit 175 cm³, die sog. »Tavere«, die ursprünglich als 250er geplant war, die »Raid« mit 250 cm³, die schon 1957 erstmals vorgestellt worden war, und ein Motorroller mit 150 cm³.
Ungeachtet des Erfolgs, den er durch seine britischen Fahrer — John Surtees, John Hartle, Gary Hocking und bis 1965 Mike Hailwood — errang,

machte Graf Agusta keinen Versuch, sich in England einen Markt zu schaffen. Das in die gespannt erwartete 600er Vierzylinder-Roadster hinein interpretierte Verlangen der Käufer stellte sich nicht ein, als die Maschine 1965 endlich vorgestellt wurde. Der Grund dafür waren das enttäuschende Styling der Maschine, das nüchterne Aussehen und natürlich der extrem hohe Preis.

In den folgenden beiden Jahren mühte sich MV, dieser Maschine mehr Appeal zu geben; der Doppelschleifenrahmen wurde niedriger und durch den Austausch der zwei Sitze in eine Sitzbank auch bequemer zu fahren. Der Scheinwerfer wurde geändert, eine andere Auspuff- und Dämpfer-Anordnung gefunden und das Batteriegehäuse verbessert. Die Leistung des Motors (56 × 60 mm) wurde besonders im unteren Bereich angehoben, Maximalleistung 52 bhp bei 8000 U/min. Die 29 mm-Doppelvergaser sollten für sauberere Beschleunigung sorgen und, ausgerüstet mit Elektrikstarter, 12 Volt-Lichtmaschine und Metzeler-Sportreifen, hieß es, daß die MV-Four knapp 200 km/h erreichen könne. 1967 wurde sie mit Kardanantrieb und Fünfganggetriebe als »super luxuriöse« Touring-Version der leistungsstarken 350er und 500er Rennmaschine angeboten und kostete in England 1000 Pfund.

Die Bemühungen, auf internationaler Ebene mit den Straßenmaschinen an die Leistungen anzuknüpfen, die MV im Rennsport vorzuweisen hatte, hinkten also gewaltig nach, und als einige Jahre später — schon in der Aera Corrado Agusta — schnelle Abhilfe geboten schien, hatten die Zeit, der Fortschritt und die Konkurrenz die italienische Firma längst überholt.

Hocking und Hailwood — vier Jahre Überlegenheit

Als Ende 1960 Surtees und Ubbiali aufhörten und MV sowieso schon alles gewonnen hatte, was zu gewinnen war, entschloß sich Graf Agusta, sich aus der Weltmeisterschaft zurückzuziehen und nur noch die italienische Meisterschaft zu bestreiten. Damit saß der Süd-Rhodesier Gary Hocking unverhofft auf der Straße. Er war erst kurz zuvor für MV verpflichtet worden und in der Saison 1960 in den Klassen 125, 250 und 350 cm³ Vize-Weltmeister gewesen.
Graf Agustas Entscheidung traf Hocking wie ein Keulenschlag. Sofort bemühte er sich bei Honda um einen Vertrag, die damals gerade immense Anstrengungen im Grand Prix-Sport unternahmen. Die Japaner antworteten ihm jedoch nicht einmal, und als der Graf sich dann doch noch umstimmen ließ und ihm je eine 350er und 500er Maschine für die Weltmeisterschaft überließ, sogar einige Mechaniker abstellte — da jubelte Hocking wieder über diese Chance.
Agusta wies strikt darauf hin, daß seine Maschinen aber keineswegs mehr voll unterstützte Werksmaschinen wie früher seien, wahrscheinlich eine ärgerliche Reaktion auf die nie ganz verstummten Kritikerstimmen über seine sogenannten »geschenkten« Weltmeisterschaften, die ihm konkurrenzlos in den Schoß gefallen seien — ziemlich unfaire Anschuldigungen. Nun also klebte auf dem Tank von Hockings Maschinen der Aufkleber »MV Privat«, doch konnte die Maskerade mit fortschreitender Saison kaum noch jemanden irritieren — die Mechaniker kümmerten sich wie gewohnt um die Racer.
Graf Agusta sah sich damals mit einigen Schwierigkeiten konfrontiert. Der italienische Motorrad-Markt war rückläufig. Die FIM hatte die Anzahl der WM-Läufe in der 350er Klasse von fünf auf sieben und in der 500er Klasse von sieben auf zehn erhöht. Die daraus resultierenden zusätzlichen Kosten mögen mit ein Grund gewesen sein, daß MV sich aus den kleinen Klassen völlig zurückzog. 1961 gab es — in der 125er Klasse erst-

mals seit 1949 und in der 250er Klasse erstmals seit 1955 — überhaupt keine werksseitige Nennung von MV Agusta. Noch heute steht die Frage im Raum, ob Honda, die ja 1960 den ersten Eindruck im Rennsport hinterließen, die 125er Weltmeisterschaft 1961 so leicht — oder gar überhaupt — hätten gewinnen können, wenn MV noch dabei gewesen wäre. Ähnliche Spekulationen hatte es schon einmal gegeben, damals aber drehte es sich um die Möglichkeiten von MV in den schweren Klassen, nach dem Rückzug von Gilera und Guzzi!

Gary Hocking erwies sich als würdiger Nachfolger von John Surtees, blieb aber nur 18 Monate, bis Mitte 1962, bei MV. Dem Beispiel seiner Landsleute Ray Amm und Jim Redman folgend war er seinerzeit nach England gekommen, wie sie auf der Suche nach Erfolg und Ruhm auf den Rennstrecken Europas. 1959 fuhr er seine erste TT und wurde mit einer Norton Zwölfter im Junior-Rennen. In seinem ersten Jahr bei MV hatte er die zweiten Plätze in den kleineren Klassen quasi »gepachtet«. Als aber Agusta Mike Hailwood fest unter Vertrag genommen hatte, wurde Hocking seines Lebens bei MV nicht mehr froh. Er sah in Hailwoods Anwesenheit eine Gefahr für seine eigene Position im Team. Sein Verhältnis zum Grafen wurde schlagartig gespannt, seine Auseinandersetzungen mit Hailwood gerieten zusehends schärfer. Zum Höhepunkt kam es während ihres unvergeßlichen Duells während der Junior-TT 1962. Nach der TT gab Hocking den Rennsport unvermutet auf und kehrte, nachdem er noch die Senior gewonnen hatte, in seine Heimat zurück. Völlig desillusioniert äußerte er sich über seine MV-Zeit. Den letzten Ausschlag für seinen Rückzug aber hatte wohl der Tod seines besten Freundes Tom Phillis während der Junior TT gegeben, der bei dem Versuch gestürzt war, sich mit seiner schwächeren 350er Honda vor den MVs unter Hailwood und Hocking zu behaupten. Wörtlich sagte er, daß er fertig mit dem Motorradrennsport sei, der das Leben seiner Freunde Ray Amm und Tom Phillis gekostet habe. Die persönliche Tragik Hockings war, daß er selbst später im Jahr, während des Natal Grand Prix in Südafrika, mit einem Formel 1-Rennwagen tödlich verunglückte.

Startaufstellung zur Dutch TT 1961. In der ersten Reihe Gary Hocking (1) auf der MV, neben ihm die beiden Norton unter Mike Hailwood (2) und Frank Perris (24). Hocking siegte vor Hailwood und Bob McIntyre.

1961 aber bewegte Hocking die »privaten« MVs recht erfolgreich; mit der 350er verbuchte er Siege in Holland, Ost-Deutschland, Nord-Irland und Italien. Auf der 500er MV gerieten seine Erfolge sogar exzellent: er siegte in West-Deutschland, Frankreich, Holland, Belgien, Ost-Deutschland, Nord-Irland und Schweden und wurde so mit acht Punkten vor Hailwood, der gegen Ende der Saison MV-Maschinen gefahren hatte, Weltmeister.

Herausragende Ereignisse der Saison waren Hockings 350er Rennen bei der Dutch TT in Holland, wo er sich wegen seiner aggressiven Taktik einen Verweis von Graf Agusta einhandelte, und seine beiden Duelle mit Hailwood beim Grand Prix von Italien in Monza. In Holland wollte Hocking unbedingt gewinnen, nachdem ihn Phil Read auf der vorangegangenen TT mit einer Norton auf den zweiten Platz verwiesen hatte. Bald entspann sich ein Zweikampf zwischen Gary auf der MV und Bob McIntyre, der hier eine Bianchi fuhr. Eine halbe Runde vor dem Ziel hatte McIntyre die Führung, Hocking lag knapp dahinter. In der letzten Runde preßte der Rhodesier die MV nach einem Gewaltakt neben die Bianchi, bremste den Schotten klar aus und donnerte dann ungehindert dem Sieg entgegen. Hocking entschuldigte sich anschließend zwar bei McIntyre, aber der Graf war über den Vorfall sehr zornig und sparte bei seinem Fahrer nicht mit Schelte.

Auf der Isle of Man mußten die MV-Anhänger 1961 ein totales Desaster erleben: nicht ein einziger Sieg war MV vergönnt. Die 250er MV konnte die Vierzylinder-Honda nicht halten, die 350er gab den Geist auf, und in der 500er Klasse war Hailwood auf der Norton Manx souverän überlegen.

1961 in Monza ereignete sich der erste große Zusammenprall zwischen Hocking und Hailwood. Die Beiden hatten sich zwar schon früher duelliert, zum Beispiel 1959, als Hailwood Ducati und Hocking MZ fuhr. Als Agusta Hailwood in Monza Maschinen anbot, schockte er damit gleichzeitig Hocking, der nun alles daran setzte, seinem Boß zu zeigen, daß er Hailwood schlagen könne. Das gelang ihm auch in der 350er Klasse; aber im 500er Rennen fochten die zwei ein gnadenloses Duell aus, das erst Hockings Sturz beendete, dessen Fußraste beim Abwinkeln den Boden gestreift hatte — Hailwood siegte daraufhin mit Leichtigkeit.

Früher waren die beiden Männer gut miteinander ausgekommen, aber Hailwoods Rekrutierung nahm Hocking übel. Dabei war es gar nicht überraschend, daß Mike das Interesse Agustas erweckt hatte. In seiner Anfangszeit beschwor Mike seinen Vater, ihn Rennen fahren zu lassen und debütierte schließlich zu Ostern in Oulton Park — auf einer Einzylinder-MV! Seit Anfang der fünfziger Jahre wurden MV-Rennmaschinen in Eng-

Gary Hocking, Doppelsieger der beiden großen Klassen, hier mit der 350-cm³-Maschine vor McIntyre bei der Dutch TT 1961.

land verkauft, ab 1955 mühte sich Ron Harris, ehemaliger Brooklands-Fahrer, die italienischen Racer in Großbritannien an den Mann zu bringen. Wie schon erwähnt, stellte er dazu Derek Minter und Michael O'Rourke als Verkäufer während der Woche ein; es war auch tatsächlich eine MV, auf der Minter sein erstes Rennen bestritt. 1957 allerdings waren es die zwei MV-Maschinen im Besitz von Bill Webster, die die Aufmerksamkeit von Hailwood Senior erregten. Graf Agusta hatte sie Webster mit der ausdrücklichen Auflage überlassen, sie nur Spitzenleuten anzuvertrauen, weil er sein Image nicht durch schlechte Ergebnisse oder Niederbrüche ankratzen lassen wollte. Aber Stan Hailwood war einer von Websters Freunden und seit jeher von großer Überzeugungskraft. Am Ende überließ Webster Hailwood die eine Einnocken-Maschine und brachte sie zusammen mit Stan auch noch in Renn-Trimm. Webster hatte mit der zweiten Maschine für dasselbe Rennen wie Hailwood genannt und konnte so Mike Hailwoods Talent aus nächster Nähe begutachten.

Bill Webster war auch beteiligt, als 1961 der Conte Mike Hailwood Maschinen anbot. Webster besaß damals schon einen Ruf als Talentsucher für MV und hatte Domenico auf Hailwoods Fähigkeiten aufmerksam gemacht. In Aktion auf der MV sah der Graf Hailwood zum ersten Mal in Monza, als Mike die 500 cm³-Klasse gewann und in der 350er Zweiter hinter Hocking wurde; da gab es für ihn keinen Zweifel mehr, daß er Mike unter Vertrag nehmen sollte. Mike wollte gern in die große Klasse aufsteigen, und da kein anderer Werksstall mehr existierte, standen die Fahrer bei MV Schlange. Hailwood erinnert sich, daß der Graf ihm damals schlicht mitteilte, daß er einen Vertrag unterzeichnen solle und daß er die Möglichkeit einer eventuellen Absage Hailwoods nicht einmal in Betracht gezogen hätte.

Für 1962 bildete Hailwood also zusammen mit Hocking das MV-Team. Von Honda wurde in der 350er Klasse stärkste Konkurrenz erwartet, denn die Japaner setzten erstmals ihre neuen modifizierten Versionen der erfolgreichen 250er Vierzylinder-Rennmaschinen ein. Bald wurde klar, daß von den beiden MV-Fahrern wenig Zusammenspiel zu erwarten war und — welche Teamorder Agusta auch geben mochte — sowohl Hocking wie auch Hailwood jeder für sich auf Sieg fuhren. Die Junior-TT wurde zu einem herausragenden Zweikampf zwischen den beiden MVs, die fast die gesamte Distanz von 226 ½ Meilen eng zusammen liegend absolvierten, ehe Hailwood mit einem Siebensekunden-Vorsprung und 99,59 mph Durchschnittsgeschwindigkeit siegte. Das Spitzen-Duell begann, als Hailwood zehn Sekunden vor Hocking gestartet wurde, der ihn dann fast das ganze Rennen beschattete. Sogar an die Boxen kamen sie gleichzeitig, wodurch sich die Spannung noch erhöhte. In der fünften Runde begann Mike, sich von seinem Verfolger abzusetzen, am Grandstand trennten beide schon fünf Sekunden, acht waren es bei Ramsey. Hocking ließ aber nicht locker und holte wieder bis auf fünf Sekunden auf. Zu diesem Zeitpunkt begannen beide MV unter Zündaussetzern zu leiden, dennoch konnte Hailwood wieder die Initiative ergreifen und nach einer neuen Rekordrunde mit 101,58 mph den Sieg für sich verbuchen.

Eine Wiederholung dieses klassischen Duells stand noch in der gleichen Woche auf dem Programm: die Senior-TT. Hocking startete diesmal als Erster, Hailwood 30 Sekunden danach. Die Spannung erlebte schon nach der ersten Runde ihren Höhepunkt, als Hailwood nur noch eine Sekunde zurücklag — doch zu dem erhofften Duell kam es nicht. Hailwoods MV erlitt einen Kupplungsschaden, und Hocking gelangte zu einem bequemen Sieg, nachdem er mit 105,75 mph die neue Rekordrunde gesetzt hatte.

Der tragische Unfall von Tom Phillis beendete dann Hockings Karriere und damit auch einen weiteren internen MV-Positionskampf zwischen Hailwood und Hocking. Ersterer sollte nun allein auf sich gestellt die MV-Farben vertreten. Gegenüber der inzwischen veralteten 350er, der verkleinerten Ausgabe der Halblitermaschine, waren die neuen Hondas im Vorteil, und Jim Redmann war ein viel zu guter Rennfahrer, um das nicht ausgiebig zu nutzen. Er schlug Hailwood in Holland und Ost-Deutschland und gewann vier der sechs Grand Prix, womit er sich den 350er Titel sicherte. Zum ersten Mal in vier Jahren hatte MV nicht die 350 cm^3-Weltmeisterschaft gewonnen, aber wenn auch Graf Agusta sich die Niederlage recht zu Herzen nahm, hatte er doch immerhin die Befriedigung über die

Die Weltmeisterschaft der 350-cm³-Klasse ist greifbar nahe — Gary Hocking erringt mit der MV-Vierzylindermaschine den Sieg in dieser Kategorie beim Ulster Grand Prix 1961.

MV-Duell: Mike Hailwood (3) überholt Hocking in der Ramsey-Haarnadelkurve und holt sich den Sieg in der Junior TT 1962.

überragende Leistung, die Hailwood in der Halbliterklasse gezeigt hatte. Gegen die etwas schwache Konkurrenz siegte die mächtige Vierzylinder-MV bei den ersten sechs Grand Prix; Hailwood stand dabei fünfmal auf dem Siegerpodest.
Ehe Hailwood am Ende der Saison 1961 erstmals die MV bestiegen hatte, hatte er seine Erfolge alle auf Einzylindermaschinen errungen. Daß er auf Anhieb so perfekt mit der Vierzylinder-MV zurecht kam, sagt viel über sein außergewöhnliches Talent aus.
Als Mike zu MV kam, konnte er bereits auf eine beachtliche »Vergangenheit« hinweisen: 1961 war er auf einer privaten Honda Weltmeister der 250 cm³-Klasse geworden, und vorher hatte er zahllose Erfolge auf britischen Strecken eingeheimst. Als 18jähriger gewann er 1958 drei der vier ACU-Stars, also drei nationale Meisterschaftsläufe. Im folgenden Jahr gewann er alle vier und wiederholte diesen Erfolg 1960. Nach seinem ersten Weltmeistertitel in der 500 cm³-Klasse und der Vize-Weltmeisterschaft in der 350er Klasse als Werksfahrer bei MV Agusta stand Hailwood am Beginn einer gewaltigen Erfolgs-Serie. Während der nächsten drei Jahre dominierte MV mit Hailwood weiterhin in der Halbliter-Weltmeisterschaft. Sogar nach MV-Maßstäben darf der Rekord der Ära Hailwood als außergewöhnlich bezeichnet werden. In den vier Jahren von 1962 bis 65 brachte Hailwood die 500er MV zu der astronomischen Zahl von 27 WM-Siegen, fast immer mit neuem Runden- und Streckenrekord. Tauchte Hailwoods Name einmal nicht in den Ergebnislisten auf, dann deshalb, weil er nicht teilgenommen hatte, weil die Meisterschaft bereits entschieden war oder er wegen Verletzung pausieren mußte. Obwohl die 350er MV in diesen Jahren keine Konkurrenz für die überlegene Honda unter Jim Redman sein konnte, errang Hailwood 1962 und 1963 jeweils die Vize-Weltmeisterschaft hinter Redman und 1965 den dritten Platz. 1963 war die MV bis auf vier WM-Punkte an die Honda herangekommen.
1963 zerrte der Ex-Weltmeister Geoff Duke die längst eingemotteten Gileras aus dem Jahr 1957 wieder ans Tageslicht, er versprach sich davon einen großen sportlichen und gleichzeitig kommerziellen Erfolg. Doch die alten Werksmaschinen waren längst nicht mehr konkurrenzfähig und konnten sich mit den MV nicht mehr messen. 1964 siegte Hailwood in sechs Rennen sechsmal. In USA wurde zum ersten Mal ein Grand Prix ausgetragen, Hailwood stellte dabei auf dem Speed-Oval von Daytona einen neuen Einstunden-Rekord auf, ehe er am Nachmittag des gleichen Tages den WM-Lauf gewann. Siege bei der Senior TT, in Holland, Belgien, West-Deutschland und Ost-Deutschland sicherten Hailwood mit 15 Punkten vor Jack Ahearn die Weltmeisterschaft. Hailwood sah sich zwar in manchen Rennen einer starken Konkurrenz anderer Fahrer, wie

Phil Read, John Hartle und Derek Minter, gegenüber, aber seine MV war deren Norton- und Matchless-Maschinen weit überlegen.

Eine besonders interessante Herausforderung kam zu Anfang der Saison von einem der wenigen südamerikanischen Rennfahrer, die je in die Weltelite vordringen konnten: Benedicto Caldarella. Der Argentinier hatte sich eine der im Vorjahr von Duke ausgegrabenen Vierzylinder-Gileras beschafft, und mit dieser Maschine griff er Hailwood und seine MV an. Beim Saisonauftakt sorgte er bei MV für einiges Herzklopfen, denn 14 lange Runden verfolgte er Hailwood durch das Daytona-Speedbowl wie ein Schatten, ehe ein Getriebedefekt seine Attacke beendete.

Im Juni, in Holland, machte Caldarella der MV wiederum das Leben sauer. Der Argentinier hielt sich so dicht bei Hailwood, daß beide wie ein Tandem um den Kurs zirkelten. Ausgangs der langgezogenen Kurve vor der Zielgeraden verlor jedoch Caldarella die Kontrolle über die Gilera und touchierte nach einer haarsträubenden Kapriole über den grasbewachsenen Seitenstreifen die Strohballenbegrenzung. Es gelang ihm zwar nach einem zirkusreifen Gewaltakt, die Maschine wieder zurück auf die Piste zu bringen, aber die MV hatte inzwischen den Sieg sicher.

Einer der Gründe für die jahrelange Erfolgskette der MV war, daß sie zwar nicht unbedingt immer die schnellste Maschine des Rennens war, aber doch zuverlässiger als die meisten ihrer Konkurrentinnen, manchmal auch leichter zu fahren. Natürlich verfügte sie, verglichen mit den Einzylinder-Nortons und Matchless, über viel mehr Leistung, was auf Strecken wie Francorchamps in Belgien von ausschlaggebender Wichtigkeit war. Die kurzen britischen Strecken dagegen forderten das Talent und das Können des Fahrers, und in Brands Hatch und Mallory Park riß Hailwood die Zuschauer von den Plätzen, wenn er die schwere Vierzylinder-Maschine gekonnt und souverän beherrschte.

Hailwood schätzt, daß er in sechs Renn-Jahren bis 1962 mindestens 14 verschiedene Marken fuhr, variierend von Zweitaktern mit nur 50 cm^3 bis zur 500er MV, zwei- und vierventilige, auch desmodromisch gesteuerte Viertakter mit einem, zwei oder vier Zylindern. Von der großen Vierzylinder-MV behauptet er, daß er sie am liebsten von allen fuhr, besonders deswegen, weil sie ihm am meisten abforderte. »Die MV entwickelt so viel Leistung, daß ich mir überhaupt nicht vorstellen kann, daß jemand sie schon einmal bis an die Grenze ausgefahren hat — einfach deshalb, weil die Grenzen der Fahrer viel eher erreicht sind als die der Maschine«, sagte er einmal.

Bis 1965 durfte sich MV der uneingeschränkten Beherrschung der Halbliterklasse rühmen, in sieben aufeinander folgenden Saisons hatten sie die Fahrer- und die Markenweltmeisterschaft erringen können. In der 350er

Klasse war jedoch dieses Monopol, das MV seit 1958 vier Jahre lang innegehabt hatte, an Honda verlorengegangen, die mit ihrem großen Fahr-Talent und Taktiker Jim Redman den Italienern das Wasser abgegraben hatten. Graf Agusta betrachtete die 350 cm³-Kategorie aber ebenso wie die große Klasse als seine persönliche Domäne, umso mehr ärgerte ihn die Stärke Hondas. Für 1965 führte MV deshalb eine neue Waffe und einen neuen Fahrer ins Gefecht. Eine brandneue Dreizylindermaschine sollte die schwere Vierzylinder ablösen, sie wies eine schmalere Frontpartie auf und lag besser: in den Händen einer in Italien gewachsenen »Eigenzucht« mit Namen Giacomo Agostini verfehlte sie den Titel nur knapp.

Hondas Stärke war nach wie vor Jim Redman, während Yamaha mit Phil Read einen ernst zu nehmenden Gegner aufbaute, der schon im Vorjahr den 250er Titel für sich hatte verbuchen können. Zum Saisonauftakt auf dem Nürburgring rissen jedoch die MV-Fahrer Agostini und Hailwood mit den Plätzen eins und zwei die Lorbeeren an sich. Für den jungen, blendend aussehenden Italiener war sein Sieg so etwas wie ein Schock, doch der Graf war sofort überzeugt, daß die neuen Maschinen den 350er Titel zurückholen würden.

Agostini bereitete sich inzwischen intensiv auf sein Isle of Man-Debut vor. Zwei Wochen vor den Rennen kam er auf die Insel und prägte sich während endloser Fahrten mit einer Royal Enfield den Streckenverlauf ein. Hailwood war zwar nach wie vor Fahrer Nummer Eins bei MV, aber trotz seines Senior-Sieges verdrängte ihn Agostini, der in der Junior hinter Redman und Read Dritter wurde und dadurch eine phantastische Publicity bekam, fast völlig aus dem Rampenlicht. Redman indessen war nicht geneigt, sich den Titel so einfach wegnehmen zu lassen. Er gewann die nächsten drei Runden in Holland, Ost-Deutschland und der Tschechoslowakei und drehte damit MV fast völlig die Luft ab. Lediglich bei der holländischen Dutch TT gelang MV wieder ein kleiner Erfolg: Hailwood belegte vor Agostini den zweiten Platz. Mit einem grandiosen Sieg in Finnland und einem weiteren in Italien, vor seinem Heimat-Publikum, wendete Agostini das Blatt aber dann noch einmal und setzte MV wieder mitten ins Bild.

Ein Sieg im Final-Lauf in Japan hätte MV den Titel gesichert. Die japanischen Zuschauer mußten zunächst erleben, daß »ihre« Marke, die Honda, der italienischen MV nicht das Wasser reichen konnte: Agostini führte mit gewaltigem Vorsprung. Leider brachte ihn eine defekte Unterbrecher-Feder um den Sieg und den Titel. Eine MV aber gewann trotzdem, denn Hailwood brachte die seine als erste durchs Ziel; Redman begnügte sich dahinter mit Platz zwei, der ihm und Honda mit acht Punkten Vorsprung die Weltmeisterschaft brachte.

MV konnte dennoch auf eine gute Saison zurückblicken: Weltmeister und zweiter Platz in der 500er Klasse, Vize-Weltmeister und dritter Platz in der 500er Klasse, Vize-Weltmeister und dritter Platz in der 350er Klasse. Hailwood aber zeigte Zeichen zunehmender Unzufriedenheit. Er spielte mit dem Gedanken, in den Automobil-Sport zu wechseln und beteiligte sich während der Saison an mehreren Formel I-Rennen. Wegen des Fehlens echter, schwerer Konkurrenz in der 500er Klasse freuten ihn seine routinemäßigen Siege nicht mehr so wie früher. Es störte ihn auch, daß Agostini im Team immer mehr zum Star hochgepäppelt wurde und ganz offensichtlich in der Gunst des Grafen die erste Stelle einnahm. Hailwoods Verhältnis zum Grafen — seit jeher, gelinde gesagt, hektisch und durch Mikes fehlende Bereitwilligkeit, sich gängeln zu lassen, gespannt — verschlechterte sich zunehmend. Als Honda nun den Gewinn der 500er Weltmeisterschaft ins Auge faßte und nach einem geeigneten Fahrer für dieses Vorhaben Ausschau hielt, geriet Hailwood ganz zwangsweise in ihren Blickwinkel: er allein schien der Fahrer zu sein, der ihnen die einzige noch verbliebene Ambition im Rennsport erfüllen könnte. So war es keine Überraschung, daß bald Hailwoods möglicher Wechsel ins japanische Lager diskutiert wurde — und daß er mit der höchsten jemals im Rennsport gezahlten Summe geködert werden sollte.

Stanley Michael Bailey Hailwood wurde 1940 in Oxford geboren und fuhr sein erstes Rennen 1957 auf einer 125 cm³ MV. Den Winter nach jener Saison verbrachte er in Südafrika, um sich bei möglichst vielen Starts Rennerfahrung anzueignen, und kehrte danach mit einem Sack voller Trophäen zurück. Anschließend verdiente er sich im britischen Sport die ersten Sporen und beeindruckte 1958, erst 18jährig, mit einem dritten, siebten, zwölften und dreizehnten Platz auf der Isle of Man. 1960 gelang es ihm als zweitem Fahrer, den Mountain Course auf einer Einzylindermaschine mit über 100 Meilen Durchschnittsgeschwindigkeit zu umrunden. Seinen ersten WM-Sieg errang er beim Ulster Grand Prix 1959 auf einer Ducati. In diesem Jahr wurde er auch Dritter in der 125er Weltmeisterschaft. Obwohl er in England und auch im Ausland bereits starken Eindruck auf anderen Marken hinterlassen hatte, — seine erste Weltmeisterschaft gewann er 1961 auf einer privaten Honda — muß man fairerweise zugeben, daß er erst mit der MV zu weltweitem Ruhm gelangte, als er zwischen 1962 und 1965 jeweils den Titel der Halbliterklasse für sich verbuchte. Der Höhepunkt seiner Karriere fiel in die »swingenden Sechziger« in England, als zum ersten Mal in der Geschichte des Rennsports Fahrer wie Giacomo Agostini, Bill Ivy, Phil Read und ganz besonders eben Mike Hailwood zu Kultfiguren ihrer Anhänger in der ganzen Welt erhoben wurden. In die Sechziger fiel auch die dynamischste, erfolgreichste und mitreißendste Periode des MV Rennstalls, jedenfall in der 500er Klasse. In dieser Dekade wurden die Hocking/Hailwoood- und die Hailwood/Agostini-Duelle ausgetragen, es gab den couragierten Versuch Geoff Dukes, die Werks-Gilera von 1957 gegen die MV ins Feld zu schicken, Hailwood fuhr neuen Weltrekord — und hinter all diesen Aktivitäten steckte der unermüdliche und nimmermüde Domenico Agusta. Nicht zuletzt wird dieses Jahrzehnt in ewiger Erinnerung bleiben, weil in dieser Zeit das zwei Jahre dauernde Duell zwischen MV und dem großen Herausforderer aus Japan stattfand: Honda.

Wie die meisten nicht-italienischen MV-Werksfahrer tat sich Mike Hailwood zuweilen recht schwer, mit dem Grafen Agusta auszukommen. Vielleicht deshalb, weil er nie die Chance bekam, ihn richtig kennenzulernen. Mike ärgerte sich mit der Zeit immer mehr darüber, daß er oft stundenlang auf den Grafen warten mußte, der ihn eigens aus England nach Italien beordert hatte. Mikes sprichwörtliche Ungeduld erschwerte diese Wartezeiten. Auch bekrittelte er die Unflexibilität des Grafen und daß über einmal gegebene Anordnungen keine Diskussion mehr möglich war. Manchmal gab sich der Graf sprühend vor Charme und Herzlichkeit, andere Male rauchte er förmlich vor Wut. Doch obwohl Mike nicht immer ein Herz und eine Seele mit seinem Boß war (tatsächlich erlebte er den schlimmsten Streit mit ihm, nachdem er in Imola gegen die Gilera unter Hartle und Minter angetreten war, während der Graf darauf verzichten wollte, um nicht das MV-Image zu gefährden), war es nicht ausschließlich der »schwierige« Charakter Agustas, der ihm zum Wechsel zu Honda bewog. Wie schon gesagt, gab es dafür mehrere Gründe, nicht zuletzt den, daß Mike einfach mehr Rennen fahren wollte. MV war an der 250er Klasse zum Beispiel nicht mehr interessiert, mit Honda aber hatte er die Möglichkeit, in dieser wettbewerbsmäßig höchst attraktiven Kategorie zu starten — und außerdem noch in den Klassen 350 und 500 cm^3.

Hailwood hatte auf der MV viele brillante und herausragende Rennen ausgefochten, und wie er einmal sagte, würde er sie auf jeden Fall als *die* perfekte Maschine für die TT bezeichnen. Es überraschte deshalb nicht, daß der schwierige Mountain Course der Schauplatz der meisten seiner besten Rennen auf MV-Maschinen wurde. 1964 zum Beispiel, als er trotz einer schweren Grippe und gegen den Rat des RAC-Arztes an den Start der Senior-TT ging und siegte. 1965, bei ihrem letzten gemeinsamen Auftritt auf der Insel, produzierte die Kombination Hailwood/MV noch einmal unvergeßliche Leistungen. Die neue Dreizylinder-Maschine, die das Werk für Mike gebaut hatte, erwies sich im Junior-Rennen als problematisch. Noch zu unausgereift, hatte sie schon das Training zum Saisonauftakt beim Großen Preis von Deutschland nicht überstanden; Hailwood

hatte dann auf die alte Vierzylinder zurückgegriffen und war hinter Agostini Zweiter geworden, der die Neue zu ihrem ersten Sieg führte.
Auf der Isle of Man erwies sich ihr Fahrverhalten als so schlecht, daß Mike nur zwei Runden im Training zustandebrachte. Die Werks-Mechaniker arbeiteten die Nacht durch, bauten von der Ersatz-Fünfhunderter Gabel und Federbeine aus und bestückten damit die 350er, die dann ohne jeden Test ins Rennen geschickt werden mußte. Weltmeister Jim Redmans Favoritenrolle erhielt dadurch eine weitere Festigung, die er mit einem Superstart ohnehin schon unterstrichen hatte. Die MV wurde über 30 Sekunden später gestartet, kam nur schlecht weg, verblüffte dann aber gewaltig, als bekannt wurde, daß Hailwood Redmans Vorsprung verringere. In der ersten Runde verbesserte Hailwood seinen Rekord und kappte 20 Sekunden von Redmans Zeitvorteil. Doch schon in der zweiten Runde fing die MV an zu kränkeln, und in der dritten zwang sie Hailwood an die Boxen, weil die Kette sich unverhältnismäßig gelängt hatte. Das Hinterrad war völlig ölverschmiert, und obwohl die Mechaniker sämtliche erreichbaren Muttern nachzogen, trat weiterhin Öl aus. Mike ging nochmals ins Rennen, mußte aber nach 13 Meilen endgültig die Waffen strecken und sich geschlagen geben.
Stan Hailwood äußerte damals: »Hätte der Graf Mike erlaubt, die Maschine im vergangenen September in Monza zu fahren, wo nichts auf dem Spiel stand, wäre entdeckt worden, daß dieser Kettentyp nichts taugt. Mit Sicherheit wäre mit einem einwandfreien Motorrad heute ein Fabel-Rekord möglich gewesen, der lange Zeit gestanden hätte«.
Auch die Senior-TT in diesem Jahr bleibt unvergeßlich. Die MVs von Hailwood und Agostini galten als unschlagbar, und jedermann erwartete ihren Sieg. Doch bei Sarah's Cottage stürzte Agostini im Regen und mußte ausscheiden (blieb aber wenigstens unverletzt). Am Ende der dritten Runde lag Hailwood weit in Führung, und niemand zweifelte an seinem Sieg. Doch wieder wartete bei Sarah's Cottage Unheil auf die MV: bei ca. 80 mph geriet die schwere MV auf einem Ölfleck außer Kontrolle und warf Hailwood ab. Schwer geschockt, aber unverletzt, stand Mike dann vor seiner Maschine, die sich in einem jämmerlichen Zustand befand: die Verkleidung demoliert, die Plexiglasscheibe zerbrochen, die Auspuff-Megaphone plattgedrückt, der Lenker verbogen, eine Fußraste halb abgebrochen, der Schalthebel abgerissen. Mike hob die Maschine auf und lehnte sie fest gegen eine Mauer. Dann riß er die Reste der Verkleidung ab und bog den Lenker, so weit es ihm möglich war, zurecht. Klar gegen das Reglement verstoßend schob er schließlich die MV an, rollte in Gegenrichtung die Steigung hinunter, bis der Motor ansprang. Mit dem Wrack fuhr Mike noch bis an die Boxen, wo die Mechaniker in Windeseile taten, was sie

konnten, um das Motorrad wieder einigermaßen renntüchtig zu machen. Wieder ging Mike ins Rennen, holte aus der Maschine, was sie bereit war, zu geben. Während Wind aufkam und Regen ihm wie Nadelstiche ins Gesicht peitschte, klemmte plötzlich bei 160 mph der Gasdrehgriff. Wieder steuerte er die Boxen an und machte sich schon auf einen Ausfall gefaßt. Doch noch einmal kehrte er nach kurzer Reparatur ins Rennen zurück und jagte die MV dem Ziel entgegen. Weil der Gasgriff sich aber weiterhin nicht bewegen ließ, mußte Mike die Motorleistung der MV ausschließlich mit der Handbremse regeln. Er gewann trotzdem mit einem Schnitt von 91,69 mph, dem langsamsten Senior-Sieg seit 15 Jahren. Für Hailwood aber war dies einer seiner eindrucksvollsten Siege und das erinnerungswürdigste seiner Rennen in seiner erfolgträchtigen Laufbahn; ein Rennen, von dem man auch noch lange nach der Trennung Hailwoods von MV sprach.

Die Konfrontation mit Gilera

Als Mike Hailwood die große MV gegen Ende der Saison 1962 in Monza zum fünften klaren Sieg hintereinander brachte, sicherte er damit seinem Stall zum fünften Mal nacheinander die Weltmeisterschaft in der 500er Klasse. Sogar die eingefleischtesten MV-Fans mußten zugeben, daß die Voraussehbarkeit der ununterbrochenen Erfolgsserie der Marke MV auf die Dauer nun etwas langweilig wurde. Für viele andere bedeutete die 500 cm^3-Weltmeisterschaft schon seit langem das große Gähnen.
Einer der Männer, die sich Gedanken darüber machten, wie diesem Zustand abgeholfen werden könnte, war Geoff Duke. Der Engländer hatte 1953 den Norton-Stall verlassen, als klar war, daß sich die Tore dort in Kürze schließen würden, und war zu Gilera gegangen. Als sich 1957 auch die Italiener zurückzogen, fuhr er noch einige Zeit als Privatfahrer, hörte mit der Rennfahrerei aber endgültig auf, als er keine konkurrenzfähigen Maschinen mehr auftreiben konnte.
Von den Gilera-Rennmaschinen sprach Duke nur mit höchstem Respekt, hielt aber auch sehr viel von der ehemaligen Konkurrenz MV Agusta. Die Gileras, die er und sein Teamkamerad Reg Armstrong 1957 fuhren, waren außergewöhnliche, multizylindrige Rennmaschinen, die trotz ihrer manchmal in Zweifel gezogenen Fahreigenschaften sicherlich zu den besten der Welt gehörten. Das Fehlen ernsthafter Konkurrenz hatte MV jahrelang nicht besonders herausgefordert, was bedeutete, daß sich bis 1963 keine grundlegenden Verbesserungen an den Maschinen feststellen ließen. Hätte also die sechs Jahre alte Gilera gegen die MV eine Chance?
Die Vorstellung, daß Gilera und MV noch einmal gegeneinander antreten würden, ließ Duke nicht mehr los. Die alten Maschinen waren in der traditionsreichen Fabrik in Arcore eingemottet; Duke wollte sie nun von Gilera »ausleihen«, ein eigenes kleines Team bilden und damit MV vom Sockel stoßen. Zuerst mußte er allerdings die Gilera-Bosse von seiner Idee überzeugen, und das war wahrhaftig kein leichtes Spiel.

Die Idee an sich war schon alt, denn schon 1960 oder 61 diskutierten Duke, Reg Armstrong und Bob McIntyre — alles ehemalige Gilera-Fahrer — eine solche Möglichkeit. Als Duke sie nun aber Gilera unterbreitete, stieß er nicht auf das geringste Interesse. Duke ließ nicht locker, aber es dauerte lange, ehe er Gilera die Zustimmung abgerungen hatte, die endlich mit der Auflage gegeben wurde, daß McIntyre die Maschine fahren sollte. Bob hatte bei Commendatore Gilera einen großen Stein im Brett, seit er dem alten Herrn mit einer 350 cm³-Maschine den Einstunden-Rekord gebracht hatte — damals eine bedeutende Leistung, bei der Signor Gilera persönlich anwesend war. Als Duke schließlich Gileras Ja zu seinem Projekt bekommen hatte, stand McIntyre aber inzwischen bei Honda unter Vertrag und konnte Dukes Einladung, die Gilera zu fahren, nicht annehmen. 1962 verunglückte er tödlich.

Die alte Rivalität zwischen den beiden berühmten italienischen Rennställen verlieh Dukes Vorhaben eine besondere Schärfe. Es handelte sich um ein Abenteuer, eine spektakuläre Novität, der Publicity sicher war und die die Phantasie der Motorrad-Fans anreizen würde. Gilera stünde wieder einmal in den Schlagzeilen, und das würde unter Umständen die beste und preiswerteste Reklame sein, die man sich denken konnte. Darüberhinaus bestand sogar die Möglichkeit, den durch Mangel an wirklicher Konkurrenz selbstgefällig und vielleich sogar etwas träge gewordenen MV-Leuten den Weltmeister-Titel abspenstig zu machen.

Duke setzte schließlich seinen Willen bei Gilera durch und bekam die endgültige Zusage; Derek Minter sollte als Fahrer die Schlüsselfigur des Geschehens sein. Zuerst bestand aber Gilera darauf, daß die Maschinen getestet werden sollten, um festzustellen, ob sie überhaupt noch wettbewerbstauglich seien.

Es war ein grandioser Augenblick, als die alten Maschinen in Monza auf die Bahn gerollt wurden, um sie einem Hochgeschwindigkeits-Test zu unterziehen. Dukes Zeit als Rennfahrer war beendet, leider, er hatte deshalb den talentierten Derek Minter geworben — einen außergewöhnlich begabten Fahrer und zu jener Zeit auf dem Höhepunkt seiner Laufbahn — und zusätzlich John Hartle. Beide Männer taten ihr Bestes, bald erreichten sie konstante Zeiten um die 116 mph. Minter war eine Idee schneller und fuhr über 118 mph, das bedeutete, daß er bis auf einen Bruchteil an den MV-Rekord von Surtees herangekommen war. Nie vorher war eine Gilera in Monza so schnell bewegt worden; man war zufrieden, der Plan bekam endgültig grünes Licht, und die Saison 1963 wurde so erwartungsvoll wie lange nicht mehr begonnen: zum ersten Mal seit sechs Jahren war MV Agusta eine echte Konkurrenz erwachsen.

Die ganze Angelegenheit war eine rein private Sache und wurde von Duke auch allein finanziert; wie es hieß, wollte sich lediglich Castrol eventuell an den Kosten beteiligen. Gilera selbst steckte keine Lira in das Unternehmen, stellte nur die Maschinen zur Verfügung. Minter und Hartle wurden als Gilera-Fahrer bestätigt und sollten unter dem Banner »Scuderia Duke« in den Kampf ziehen.

Erstmals zu sehen waren die Gileras in Silverstone beim Hutchinson 500-Rennen. Das Wetter war unbeschreiblich schlecht, aber die Fans ließen sich nicht davon abhalten: sie wollten noch einmal die Italien-Racer in Aktion erleben und wurden auch nicht enttäuscht. In einem tollen Saisonauftakt kreuzten Minter und Hartle die Ziellinie als Erster und Zweiter.

Auch in Brands Hatch zeigten die Gileras wieder die Zähne. Minter war der »King of Brands« und war damit in die Fußstapfen von Surtees getreten, als der zum Grand Prix-Sport wechselte. Hinter dem offenen Gilera/MV-Kampf spielte sich aber noch eine andere Konfrontation ab: Minter und Hailwood waren seit ihren gemeinsamen Tagen auf den britischen Kurz-Strecken eingefleischte Gegner. Während Hailwood jedoch sich dem Grand Prix-Sport zuwandte, blieb Minter seinem Publikum treu und entwickelte sich zum wahrscheinlich besten Kurzstrecken-Fahrer in England, wobei er sich durch schlechte Starts und anschließende mitreißende Aufholjagden besonders in Szene zu setzen pflegte.

In Brands galt er als absolut unschlagbar, und so wurde der Tag zu einem vollen Gilera-Tag. Enttäuschend war jedoch, daß der Zweikampf zwischen MV und Gilera nicht zustande kommen konnte, weil Hailwood gleich im ersten Lauf, dem 350er Rennen, stürzte und nicht mehr antreten konnte; er war durch einen Sturz übel zugerichtet und hatte sich einen Mittelhandknochen gebrochen. Minter siegte im 500er und im 1000er Rennen, hier erreichte er einen Schnitt von 90,34 mph und umrundete damit den Kurs in der Grafschaft Kent als Erster mit über 90 mph; John Hartle belegte hinter ihm den zweiten Platz.

Immer stärker gerieten diese nicht zur Meisterschaft zählenden Rennen der Vorsaison zur Publikums-Attraktion: in Oulton Park wurden über 50 000 Zuschauer gezählt! Die Gileras brachen den Rundenrekord gleich zweimal, erst mit Minter, dann mit Hartle.

In Imola trat auch Hailwood wieder an, obwohl seine verletzte Hand noch nicht ausgeheilt war und ihm Schwierigkeiten machte. Hailwood und Silvio Grassetti auf der zweiten MV starteten am besten, die Gileras kamen längst nicht so gut von der Linie, aber dann bewegten Minter und Hartle ihre Maschinen derart rasant, daß Minter nach zehn Runden am Hinterrad der Hailwood-MV hing und zwei Runden später seinem Konkurrenten die Führung entreißen konnte. Die zweite Hälfte der Distanz hielt er sich souverän vorn, und schließlich mußte MV eine echte Niederlage ein-

Attacke der Gilera-Maschinen aus dem Jahr 1957 gegen die erfolgverwöhnten MV: Geoff Duke hier mit John Hartle und Derek Minter (auf der Maschine) bei Testfahrten in Monza.

stecken, denn auch Hartle zog noch vorbei und machte damit den Gilera-Eins-Zwei-Erfolg komplett.

Auch jene, die das Gilera-Comeback zuerst belächelt hatten, mußten nun ihre Meinung ändern, nicht zuletzt MV und Mike Hailwood. Sollte Gilera mit dieser Leistung bei den WM-Läufen antreten, dann sah es für MV böse aus.

Hinter den Kulissen spielt sich jedoch auch im Gilera-Camp einiges ab. Minter beschwerte sich, daß in Imola Hartle aus den Kurven ein viel besseres Beschleunigungsvermögen gehabt hätte als er, und daß er das nicht verstehen könne. »Ich konnte ihn nur deshalb hinter mir lassen, weil ich ihn vor den Kurven ausbremste«, gab Minter an, »erst später bekam ich heraus, daß Hartle, obwohl er eigentlich als meine Rückendeckung fungieren sollte, den besten Motor bekam«.

MV-Mann Hailwood mußte sich 1963 nicht nur gegen die Gilera durchsetzen; hier kämpft er (1) gegen Gyula Marsovszky auf einer 500-cm³-Matchless in Mallory Park.

Später in der Saison gab es neue Mißverständnisse zwischen Minter und Duke. Doch was man aus heutiger Sicht als den kritischsten Moment in der Gilera-Herausforderung MVs sieht, geschah nicht beim direkten Zweikampf beider Marken auf der Piste, sondern bei einem nationalen britischen Rennen in Brands Hatch. Es war im Mai, ehe die WM-Saison richtig im Schwung war. In einem der großartigsten Rennen, die je in Brands Hatch ausgetragen wurden, war Derek Minter wieder einmal auf sicherem Erfolgspfad. In der letzten Runde versuchte Dave Downer, in der Dingle Dell-Kurve an Minter vorbei zu ziehen, um ihm die Führung abzunehmen, geriet aber außer Kontrolle und fuhr in Minters Heck. Bei dem anschließenden Sturz kam Downer ums Leben und Minter brach das Rückgrat.

Für das Gilera-Vorhaben war das ein böser Rückschlag. Während Minter seine Verletzung ausheilte, wurde Phil Read als Ersatzmann angeheuert. Beim Saisonauftakt auf der Isle of Man belegten die Gileras den zweiten und dritten Platz, Hailwood errang mit der MV den Sieg. Hartle fuhr ein hervorragendes Rennen, erreichte einen Schnitt von 103 mph und fuhr mit über 105 mph seine schnellste Runde. Aber MV und Hailwood erwiesen sich ein weiteres Mal als überlegen: die MV setzte mit 104,64 mph neuen Strecken- und mit 106,64 mph neuen Rundenrekord.

Schon vor der TT-Woche war sich Hailwood darüber klar geworden, daß er die MV nun mit aller Macht gegen die Gilera führen müsse. Die Siege der Vorsaison hatten dem Gilera-Team eine ganze Menge Selbstbewußtsein und Zuversicht gegeben, und obwohl Minters Verletzung schlimm war, herrschte nach wie vor Optimismus bei Gilera. Hailwood wußte, daß er irgendwie das Gilera-Team demoralisieren mußte. Und einfach Siegen war da noch nicht genug. Er nahm sich also zunächst als ersten Schritt seiner neuen Politik vor, jede Runde mit der 500er Maschine, ob im Training oder in Rennen, mit mindestens 100 mph zu absolvieren, und sorgte damit auf der Insel für beträchtliches Aufsehen — im Endeffekt hob das die Moral in seinem eigenen Stall gewaltig.

Doch beim zweiten WM-Lauf in Holland bekam Gilera wieder Oberwasser, denn Hailwood fiel aus und Gilera belegte — während Minter noch immer wegen seiner Verletzung fehlte — den ersten Platz mit Hartle und den zweiten dazu.

In Belgien wendete Hailwood das Blatt wieder und führte die MV zum Sieg; die Meisterschaft war noch völlig offen, als die Fahrer sich auf den Ulster Grand Prix vorbereiteten. Minter meldete sich inzwischen wieder gesund und brachte einige Tests in Monza — wo er auf Anhieb Rekordzeiten erreichte — und in Oulton Park hinter sich. Es hieß, er sei für das schwere Rennen in Irland topfit. Die Reise des Gilera-Teams nach Belfast begann indessen mit einem Streit zwischen Minter und Duke, die sich in Liverpool über die beste Anreisemöglichkeit in die Haare gerieten.

Der holprige Kurs in Irland war für Minters noch kaum verheilte Knochen das reine Gift, er hatte Probleme, die schwere Gilera zu halten. Hailwood jedoch absolvierte ein ausgezeichnetes Rennen und siegte, die Gileras von Minter und Hartle liefen an zweiter und dritter Position ein. Drei von vier Grand Prix hatte MV nun schon gewonnen, während Gilera erst einen Sieg verzeichnen konnte. Besondere Bedeutung für die weitere Vitalität seiner Herausforderung maß Gilera deshalb dem folgenden WM-Lauf auf dem Sachsenring in Ost-Deutschland zu. Hartle lag in der Wertung vor Minter, und falls er Mike dort schlagen könnte, wäre Mike doch noch gezwungen, um die Erhaltung seines Titels zu kämpfen. Doch Hartle hatte Pech, er stürzte, wobei Teile der Gilera davonflogen — sein Schutzblech verfehlte den nachfolgenden Minter nur knapp am Kopf. Hailwood häufte wiederum das Punkte-Maximum für den Sieg auf sein Konto; nun zweifelte kaum noch jemand daran, daß MV die Herausforderung von Gilera abgeschmettert hatte. Mit Leichtigkeit gewann Hailwood die noch ausstehenden drei Läufe in Finnland, Italien und Argentinien.

Fairerweise muß gesagt werden, daß Gilera gegen Ende vom Pech verfolgt wurde. Für den finnischen Grand Prix zum Beispiel stand nur eine Maschine zur Verfügung. Read hatte eine in Irland zerlegt und Hartle eine in Ost-Deutschland.

Immerhin hatte Gilera dafür gesorgt, daß Hailwood sich für seinen Titel in der Halbliterklasse mehr anstrengen mußte. Stan Hailwood sagte später einmal, daß Mike nach einem Sturz in Brand Hatch zu Beginn der Saison klar wußte, daß die Verteidigung seines Titels diesmal keine reine Freude werden würde. Hailwood Senior: »Damals erkannte Mike, daß Rennfahren ein hartes Geschäft sein kann«.

Derek Minter äußerte später, daß die Gilera-Maschinen 1963 noch immer ungeheuer schnell, aber schwierig zu beherrschen gewesen seien. Die MV, verglichen mit der 500er Honda, die Hailwood ja noch bevorstand, war dagegen gefügig, leicht beherrschbar und verfügte über hervorragende Fahreigenschaften: Hailwood bezeichnete sie nicht umsonst als die beste Allround-Maschine, die er je fuhr.

Der Ruin für Geoff Dukes Vorhaben war nach Meinung des damals weithin bekannten englischen Motorrad-Journalisten Charlie Rous, der das Geschehen aus nächster Nähe beobachtete, der Sturz Minters. Rous: »Wäre das nicht geschehen, bin ich überzeugt, daß Minter 1963 Weltmeister geworden wäre und MVs lange Erfolgsreihe in der 500er Klasse unterbrochen hätte«.

Rekordversuch in Daytona

Die 500 cm³-Weltmeisterschaft wurde 1964 durch einen zusätzlichen Lauf in Daytona in USA ausgeweitet, und der wurde im Spätwinter in der ungewöhnlichen »Speedbowl«-Arena in Florida ausgetragen. Zum Saisonauftakt nahm Hailwood seine dritte Weltmeisterschaft in drei aufeinanderfolgenden Jahren in Angriff, ein Sieg in Daytona sollte dazu eine gute Ausgangsposition schaffen.

Die MV-Rennmaschinen waren seit der vergangenen Saison nur wenig verändert worden, auch die Konkurrenz in der 500er Klasse war die gleiche geblieben. Von der MV erwartete man Siege, auch totz der Attacken eines Benedicto Caldarella, dessen Familie in Südamerika für Gilera arbeitete und ihm eine Vierzylindermaschine hatte beschaffen können.

Zu diesem ersten WM-Lauf in USA flog ein englischer Reiseveranstalter per Charter eine ganze Gesellschaft von Rennanhängern nach Florida. Mit im Troß seines Sohnes kam Vater Stan, dabei war auch Charlie Rous, Weltrekord-Experte in England, damals Sportreporter bei *Motor Cycle News*.

Vor dem Abflug hatte Rous Mike und Stan Hailwood darauf hingewiesen, daß Daytona die ideale Gelegenheit für einen Angriff auf den Weltrekord über eine Stunde sein würde, den 1957 Bob McIntyre mit der 350 cm³ Gilera-Vierzylinder in Monza aufgestellt hatte und der seitdem bestand. Seit damals waren an der Strecke in Monza derart viele Veränderungen vorgenommen worden, daß sie für Rekorde nicht mehr geeignet war — tatsächlich aber war Monza schon damals weit davon entfernt gewesen, eine ideale Rekordstrecke zu sein, als McIntyre vor sieben Jahren den Rekord aufstellte. Mike war für die Idee Feuer und Flamme und wußte, daß er mit der MV eine sehr gute Chance hatte, denn im Jahr zuvor hatte er mit seiner privaten Norton auf dem berühmten Daytona-Kurs 139,06 mph erreicht. Die MV aber mußte gute zehn Meilen pro Stunde extra laufen. Das Problem aber war Graf Agusta; der war strikt gegen das Vorhaben. Stan Hailwood telegraphierte ihm von Daytona aus und bat um seine Zustimmung, doch Agusta weigerte sich. Er war ausschließlich am Gewinn des ersten amerikanischen Grand Prix interessiert und wollte diesen Erfolg nicht durch irgendwelche Eskapaden gefährden, wie ungefährlich sie auch immer sein mochten.

Ein anderes Problem war der völlige Mangel an spezieller Vorbereitung. MV war mit nur zwei Maschinen nach Daytona gekommen, dem für das Rennen präparierten Motorrad und einer Trainingsmaschine. Auch an Ersatzteilen hatte man nur das Notwendigste mitgebracht; falls also irgendetwas schief laufen sollte, so hätten sich ernste Schwierigkeiten ergeben.

Wie um endlich eine Entscheidung zu erzwingen, verpackten die MV-Leute plötzlich die Trainingsmaschine wieder in die Holzverschalung für den Rücktransport. Mindestens genauso angetan aber waren die Veranstalter von Daytona von dem Vorhaben, auf ihrer Bahn einen Weltrekordversuch zu fahren. Also wandten sie sich ihrerseits an den Grafen und baten ihn um seine Einwilligung. Stan Hailwood erzählte später, daß er nicht schlecht erstaunt war, als umgehend die Antwort — an ihn persönlich gerichtet — eintraf: »Zu meiner höchsten Verwunderung sagte er nun doch ja!«

Es gibt aber auch Stimmen, die schlicht bezweifeln, daß Graf Agusta tatsächlich seine Einwilligung zu dem Rekordversuch gab. Charlie Rous, hierzu befragt, meinte: »Stan Hailwood ist inzwischen gestorben und kann dazu nichts mehr sagen. Damals war es aber so, daß er lediglich zu Vittorio Carruana, dem Mechaniker, sagte, er habe mit dem Grafen depeschiert, und der habe sein Okay gegeben. Aber ich glaube nicht, daß diese Zustimmung je erfolgt ist. Zu mir nämlich kam Stan und sagte »Komm, jetzt packen wir es einfach an«.

Alle für die Anerkennung des Rekords notwendigen offiziellen Personen, wie Zeitnehmer und Beobachter der FIM, waren wegen des Grand Prix in Daytona anwesend, und so erwies sich die Versuchung am Ende doch zu groß: Stan Hailwood fällte die Entscheidung am Vorabend des Rennens, wodurch keine Zeit mehr für eine realistische Vorbereitung blieb. Der Versuch sollte am Vormittag vor dem Grand Prix (der am Nachmittag ausgetragen werden sollte) stattfinden, und zwar mit der Trainingsmaschine.

Als in Daytona der Morgen dämmerte, kurbelte Hailwood Senior den Lauf der Dinge an. Er weckte Charlie Rous und Vittorio, der sich sofort an die Vorbereitung der Maschine machte. Die Reifen wurden gewechselt, die Verkleidung wieder angebracht, ein Kettenrad für Höchstgeschwindigkeit eingesetzt — dennoch befand sich die Maschine natürlich keinesfalls in optimalem Zustand für einen Rekordversuch. Um neun Uhr war die Maschine fertig, soweit das möglich war; Hailwood Senior weckte

endlich seinen Sohn, teilte ihm mit, daß der Versuch jetzt anlaufe und daß er unverzüglich zur Strecke kommen solle.
In der Zwischenzeit trommelte Rous die Zeitnehmer zusammen. Der ausdrückliche Wunsch der Daytona-Organisatoren, den Versuch auf ihrer Bahn stattfinden zu lassen, hinderte sie jedoch nicht, Stan Hailwood für die Benützung der Strecke umgehend zur Kasse zu bitten. So erzählt Charlie Rous: »Stan wollte die Strecke für etwas länger als eine Stunde mieten; sie war ja frei, weil das Rennen erst am Nachmittag starten sollte. Er mußte jedoch für den ganzen Vormittag zahlen und dazu die anderen Auslagen begleichen, die an die FIM abgeführt werden müssen. Insgesamt dürfte der Versuch Stan Hailwood gut drei- bis viertausend Dollar gekostet haben«.
Stan konnte sich das leisten, er hatte das nötige Kleingeld und er gab es gerne aus, wenn Mike den Rekord fahren würde. Das Gehirn des Versuchs aber war Charlie Rous, der sich auf Weltrekorde spezialisiert hatte, er war darüberhinaus einer der drei oder höchstens vier anwesenden europäischen Reporter. Erinnert sich Rous: »Die von Mike eingesetzte Maschine wies keinerlei Besonderheiten auf. Es war seine Ersatzmaschine und natürlich nicht ganz so gut wie die Grand Prix-Maschine. Sie leistete zwar so ihre 10.000 Umdrehungen und all das, hatte aber vorn einen Dunlop- und hinten einen Avon-Reifen drauf, weil nicht genügend Reifen zur Verfügung standen. Es war eine stinknormale Straßenrennmaschine mit ganz normaler Verkleidung. Sie lief mit Benzin, nicht mit Alkohol, und war für 10.000 U/min übersetzt, Vittorio hatte sie besonders groß übersetzt«.
Rous erinnert sich, daß es ein herrlicher Morgen war. Der Tank wurde mit 45 Litern vollgefüllt. Major David Goode von der FIM instruierte Hailwood, daß er der Strecken-Innenkante nicht näher als drei Meter kommen, die auf dem Belag markierte Linie also nicht verlassen dürfe, weil nur so volle Klarheit über die zurückgelegte Distanz herrsche. Die örtliche Wetterstation sagte gutes und verhältnismäßig kühles Wetter voraus. Charlie Rous richtete sich ein, für MV die Zeiten zu nehmen, Hailwood Senior sollte für die Signale an seinen Sohn verantwortlich sein: es konnte losgehen.
Im letzten Moment organisierte sich Stan noch besonders starke Ferngläser: »Die Reifen machen mir etwas Sorgen, ich will auf sie ein besonders wachsames Auge haben«.
Der MV-Motor klang gesund, während Mike auf sein Startsignal wartete. Gestartet wurde stehend mit laufendem Motor. Endlich senkte Major Goode die Union Jack-Flagge — der Weltrekordversuch lief. Die erste Runde wurde die MV mit 136,5 mph gestoppt, weit unter der für den Re-

kord nötigen Geschwindigkeit. Sofort erkannte Stan Hailwood, daß er einer Fehlkalkulation zum Opfer gefallen war: er hatte die Tatsache des stehenden Starts übersehen. Er hatte als Ziel 145 mph gesetzt und die Zeit der ersten Runde kam da nicht annähern hin. »Ich fing an, mir zu überlegen, wie viele Runden es dauern würde, um die gewünschten 145 mph zu erreichen«, sagte Stan damals.

Nach 15 Minuten drehte Mike Runden über 146 mph, der Schnitt erhöhte sich auf 141 mph, und nach einer halben Stunde hatte die MV noch immer erst 142,9 mph erreicht. Stan entschloß sich, Mike das Signal »schneller« zu zeigen; nach 45 Minuten lag der Schnitt bei 145,2 mph. Nach Charlie Rous Worten war aber von Anfang an sowieso kein umwerfend besserer Rekord geplant; es war einfach so, daß der Rekord von McIntyre schon seit sieben Jahren bestand und praktisch nur darauf wartete, gebrochen zu werden. Seltsamerweise hatte das niemand vorher gelockt. Rous erzählt: »Ontario existierte damals noch nicht, Monza war in zu schlechtem Zustand, also bot sich Daytona direkt an, denn die Strecke war erst vier oder fünf Jahre alt, der Belag glatt und perfekt, die Kurven überhöht und insgesamt war es ein viel schnellerer Kurs als Monza«.

Gegen Ende der Stunde wurde die MV langsamer, und Beobachter sahen Mike sich zum Hinterrad umsehen. Hailwood Senior befürchtete sofort ein Reifenproblem, konnte aber durchs Fernglas nichts entdecken. Als die MV das nächste Mal vorbeidonnerte, zeigte Stan die Tafel »Reifen o.k.«. Nach Beendigung der Fahrt erklärte Mike, daß er sich deshalb umgesehen habe, weil er ein flatterndes Geräusch gehört habe, aber Charlie Rous meint dazu: »Mike wurde langsamer, wir mußten ihn wieder antreiben. Sein guter Durchschnitt sank, weil es ihm einfach zu langweilig wurde. Sicherlich war es nicht besonders aufregend, so mit Top-Speed herumzufahren. Als er einmal den großen Gang eingelegt hatte, blieb er drin bis zum Ende. Es waren auch sehr wenige Zuschauer da, und alles sah wenig eindrucksvoll aus. Mike hatte die ganze Strecke für sich allein, sehnte das Ende der Stunde herbei und langweilte sich«.

Drei Runden vor der vollen Stunde begann die MV, Fehlzündungen zu zeigen, in der letzten Runde ging das Benzin aus, trotzdem geriet Hailwood nicht in Gefahr, den Rekord nicht zu schaffen. Rous, der eigentliche Ansporn zu diesem Unternehmen und selbst ein Weltrekordmann, erinnert sich an diese Situation: »Während der letzten drei Runden setzte der Motor zwei- oder dreimal aus und starb in der letzten Runde noch ganz ab. Mike ließ die Maschine über die Linie ausrollen — im Tank war kaum mehr als ein Tropfen Benzin«.

Einen Triumph konnte man den neu aufgestellten Rekord beim besten Willen nicht nennen. Bob McIntyre, der 1962 tödlich verunglückt war,

Daytona 1964, vor dem Rekordversuch über eine Stunde: Charlie Rous prüft den Reifendruck an der MV.

war verdientermaßen ein allseits respektierter Fahrer, und die meisten seiner vielen Anhänger waren der Ansicht, daß sein Einstunden-Weltrekord — 1957 mit der Dreizylinder-Gilera und in Monza gefahren — unangetastet hätte bleiben sollen, sozusagen als letzte Ehrerweisung. Auf der einen Seite war deshalb Mike Hailwood eher abgeneigt, den Rekord zu fahren, eben weil Bob tot und nicht mehr fähig war, den Rekord zu verteidigen. Andererseits wußte er, wenn er ihn nicht in Angriff nähme, würde es irgendwann ein Anderer tun. Ein weiterer Punkt, auf den die Kritiker immer wieder hinwiesen, war die Tatsache, daß McIntyre den Rekord von 141 mph mit einer 350 cm³-Maschine vor so vielen Jahren aufgestellt und Mike ihn auch mit der 500er nur hauchdünn hätte schlagen können.

Wie bei so vielen anderen MV-Erfolgen auch, hatte die Marke zwar einen weiteren Erfolg zu verzeichnen, schien aber dafür keine besonders große Bewunderung oder auch nur Beachtung zu finden. Dabei wurde der Tag für MV zu einem einzigartigen Triumph: am Nachmittag gewann Mike den ersten Grand Prix der Vereinigten Staaten und machte dadurch den Grafen Agusta daheim in Italien wieder einmal glücklich. Was allerdings seine

Reaktion gewesen wäre, hätte Mike den Rekord oder das Rennen verpatzt, ist kaum auszudenken. Graf Agusta war gewohnt, seinen Kopf durchzusetzen, gelang ihm dies einmal nicht, konnte die Situation nur durch neue großartige Erfolge erträglich gemacht werden.
Laut Charlie Rous war die einzige Reaktion aus Italien eine lauwarme Gratulation und der ziemlich harsche Vorwurf, daß für ein solches Vorhaben eine Maschine speziell präpariert werden müsse.
Der springende Punkt bei der ganzen Sache war der: oberflächlich betrachtet fiel Hailwood der Rekord praktisch in den Schoß. Ob er nun einfach einen Rekord auslöschen oder ihn verbessern wollte, fiel bei denen nicht ins Gewicht, die darüber enttäuscht waren, daß er den Rekord nicht beträchtlich höher geschraubt hatte. Es ist sicher wahr, daß MV, wäre die Initiative für den Versuch von ihnen ausgegangen, eine Maschine derart gut präpariert hätte, daß der Rekord so ausgefallen wäre, daß er — auch nach den Wertmaßstäben des Grafen — der Marke eine Extraportion Publicity und Prestige gebracht hätte.
Nach Charlie Rous Ansicht indessen war der Rekord auch so eine beachtenswerte Leistung, die viele Leute nur nicht richtig beurteilen konnten. Er sieht das so: »Die Maschine war ja mitnichten ein Rekordfahrzeug, sie war kaum Grand Prix-tauglich. Zieht man das in Betracht, so ist der Rekord ein ausgezeichnetes Ergebnis, das steht fest«. Der nachmittägliche Grand Prix wurde allgemein als Schlagabtausch zwischen Benedicto Caldarella und Mike Hailwood und ihrer traditionell rivalisierenden Werke Gilera und MV betrachtet. Dem Engländer räumte man hierbei die größeren

Während seiner Rekordfahrt über eine Stunde signalisiert Vater Stan seinem Sohn ein „okay".

Chancen ein. 125 Meilen auf dem schnellen Speedbowl-Oval konnten für den wenig erfahrenen Caldarella schnell zur Strapaze werden, während die Distanz für Hailwood kaum mehr als ein paar TT-Runden waren. Andererseits ging der Südamerikaner vollkommen frisch und ausgeruht ins Rennen, Hailwood dagegen mochte nach seiner morgendlichen Exkursion leichte Ermüdungserscheinungen zeigen.

14 Runden lang kämpften die MV und die Gilera gegeneinander, dann setzte sich Hailwood an die Spitze; Caldarella kam gar nicht ins Ziel, weil ein Getriebedefekt die Gilera zum Ausscheiden zwang. Es war also ein verhältnismäßig leichter Sieg für MV. Wären die beiden Männer aber jeweils auf des anderen Maschine gesessen — dann wäre mit ziemlicher Sicherheit die Entscheidung zugunsten der Gilera gefallen. Charlie Rous bestätigt das: »An diesem Tag war die Gilera um Meilen schneller als die MV. Hailwood war jedoch Caldarella fahrerisch weit überlegen und ließ ihn im kurvigen Teil immer weit hinter sich. Auf der schnellen, überhöhten Betonbahn aber zog die Gilera wieder vor, die MV konnte sich tatsächlich nicht einmal im Windschatten halten«.

Rous erzählte weiter, daß Mike im Anschluß an dieses Rennen zugab, daß er es sich nie hätte träumen lassen, einmal die MV-Vierzylinder nicht einmal mehr im Windschatten eines anderen Motorrades halten zu können, weist aber gleichzeitig darauf hin, daß Mike seiner Meinung nach das Rennen auch dann vor Caldarella gewonnen hätte, wenn der Argentinier nicht hätte ausscheiden müssen: »Er hätte ihn schon niedergerungen, wenn die Gilera Mike auch einiges Kopfzerbrechen machte. Der überhöhte Kurven-

Benedicto Caldarello auf der 500-cm³-Gilera vor Mike Hailwood auf der MV beim Grand Prix der USA in Daytona 1964. Der Südamerikaner mußte später wegen Getriebedefekts ausscheiden.

teil der Strecke brachte der Gilera einen gewaltigen Vorteil, aber je mehr Mike kämpfen mußte, desto mehr strengte er sich an, und schließlich jagte er die Gilera so hart, daß ihr Getriebe nicht mehr mitspielte«.

Insgesamt gesehen war es ein guter Tag für MV gewesen, trotz der Umstände. Der Markenname wurde nun mit einem neuen Weltrekord über eine Stunde im Rekord-Buch geführt, und der Saisonauftakt zur siebten Weltmeisterschaft in der 500 cm³-Klasse hätte mit den neuen Strecken- bzw. Rundenrekorden von 100,6 bzw. 103,3 mph auch nicht besser ausfallen können.

Den Schlußpunkt unter das Daytona-Abenteuer aber setzte Charlie Rous: »Gerade zu der Zeit, als Hailwood den neuen Einstunden-Rekord aufstellte, änderte die FIM ihr Reglement dahingehend, daß eine hubraumschwächere Maschine automatisch den Rekord einer größeren Maschine mitbringt, wenn sie deren Zeit unterbietet. Beispiel: Bob McIntyres Einstunden-Rekord 1957 wurde mit einer Gilera mit 350 cm³ Hubraum aufgestellt; da seine Geschwindigkeit aber höher als der alte Rekord von Ray Amm mit einer 500 cm³ Norton lag, löschte er dessen Rekord mit aus. 1965 aber änderte die FIM die Regeln, und von da ab konnte ein Rekord nur jeweils für seine eigene Hubraumklasse anerkannt werden. Zwar rutschte Hailwoods Rekord zeitlich gerade noch vor die Reglementsänderung — dennoch kann man darüber streiten, ob nicht McIntyres Rekord doch unangetastet blieb.

Graf Domenico Agusta und John Surtees bei der Vertragsunterzeichnung in Cascina Costa.

Graf Domenico Agusta

Es beruht wahrscheinlich auf Wahrheit, wenn selbst seinen engsten Mitarbeitern Graf Domenico Agusta immer ein Rätsel, eine undurchschaubare Persönlichkeit blieb. Jene, die gezwungenermaßen eine distanziertere Einschätzung gaben, bezeichnen ihn gar als Geheimniskrämer. Seine Leidenschaft für den Motorrad-Rennsport war unbestritten. Als reinrassiger Patriot machte er nie ein Hehl daraus, daß die Freude, eine MV ein Rennen — oder einen Titel — gewinnen zu sehen, nur dadurch übertroffen werden konnte, wenn dieser Erfolg einem Italiener gelang.
Auf sein Betreiben nahm MV die Herstellung von Motorrädern auf; er war auch die treibende Kraft bei Bau und Tuning der Rennmaschinen, die Weltgeltung erlangten, im hintersten Winkel seiner Hubschrauberfabrik. Während andere Marken wegen technischer Probleme oder zu hoher Kosten die Rennerei aufstecken — Graf Agusta sorgte durch persönliche Initiative und tiefe Griffe in seine Privatschatulle für den Fortbestand des Rennstalls und des Phänomens MV. Als die schrilltönenden, kreischenden Zweitakter aus Japan sich im Rennsport breitzumachen begannen, erst in einer Klasse, dann in immer weiteren, war es allein Agustas Verdienst, daß der sonore, tiefe und volle Klang der Vierzylinder-Motoren auf den Rennstrecken der Welt nicht gänzlich überschrien wurde.
Unmöglich ist es, zu schätzen, was der Graf in den Rennsport investiert hat. Mick Woollett, damals, in der Blütezeit von MVs spoortlichen Aktivitäten Sportreporter bei *Motor Cycle Weekly,* schätzte die Summe einmal auf 10 Millionen Mark. Einmal wurde gemunkelt, daß Agusta Ländereien verkauft habe, um den Sport weiter finanzieren zu können. Was er genau ausgab, läßt sich überhaupt nicht rein kommerziell/rationell sehen, denn das Geschäft mit Serien-Motorrädern wurde bei MV niemals auch nur im Entferntesten mit den Sport-Ausgaben in Relation gesetzt. Trotz all seiner Geradlinigkeit hatte Graf Agusta, wenn es um den Rennsport ging, zwei Seelen in seiner Brust. Einmal war er verständnisvoll und fast gütig, an-

dere Male starrsinnig bis zum Exzeß. So fegte er etwa die Bitte eines Fahrers um einen Start bei einem als »sicher« geltenden Rennen glatt vom Tisch — ohne sich auch nur die geringste Mühe einer Erklärung zu geben. Viel wichtigere und schwierigere Entscheidungen wurden — ohne sich je um die Wünsche oder Belange der Fahrer zu kümmern — schnell und ohne viel Überlegungen anzustellen gefällt.

Diese Art seiner Unvorhersehbarkeit verwirrte und verärgerte seine Fahrer oft. Die Italiener kamen natürlich mit ihm besser aus als die Engländer. Bill Lomas, selbst ein Mann mit strikten Ansichten und ehrlichen Worten, empfand sein Verhältnis zum Grafen bald als nicht mehr tolerierbar und ging, nachdem er Agusta nicht von der Notwendigkeit einiger Verbesserungen an den Motorrädern hatte überzeugen können. Später hatte Hailwood mehrere Zusammenstöße mit Agusta und ärgerte sich insbesondere darüber, daß er nach langen Anreisen und obwohl er zu einer bestimmten Zeit bestellt war, oft ewig lange nicht vorgelassen wurde. Einmal wartete er drei Tage auf seine Verabredung, dann packte ihn der Zorn, und er stürmte wütend aus dem Vorzimmer des Grafen, Richtung Fabriktor. Entsetzt rannten ihm einige Angestellte nach und baten ihn händeringend, wieder mit ihnen hineinzukommen, sonst hätten sie alle schlimme Konsequenzen zu erwarten.

Oberflächlich gesehen konnte man seine Manieren manchmal als etwas ungehobelt bezeichnen, doch resultierte diese kühle Forsche aus seinem unfaßbar vollen Terminplan: er hetzte tagaus, tagein von einer Besprechung in die andere und gönnte sich kaum je eine freie Minute. Eine weitere Erklärung seines Benehmens war wohl auch seine aristokratische Herkunft, die das klassische Chef/Arbeiter-Verhältnis als Gesetz betrachtete, das — nach britischen Maßstäben — fast victorianisch war.

Viel gelästert wurde über des Grafen halsstarrigen Charakter und seine ausgeprägte Unflexibilität, doch darf man hier das Bild nicht überzeichnen. Es gab auch einen gütigen und verständnisvollen Zug an ihm, und sogar Hailwood, der ihn oft am schärfsten kritisierte, mußte zugeben, daß er zu Zeiten vor Charme direkt sprühte.

Seine Unberechenbarkeit machte sich auf verschiedenste Art bemerkbar. So war er zum Beispiel nie persönlich anwesend, wenn seine Rennmaschinen in allen Teile der Welt um Ruhm und Ehre fochten — wofür er schließlich ein Vermögen ausgab. Lediglich in Monza spielte er Zuschauer, unbestechlich wie immer. Er war ein unermüdlicher Arbeiter, und tatsächlich war sein ganzer Lebensinhalt die Firma. Er allein traf alle Entscheidungen, und obwohl er viel Geld in die Entwicklung der Maschinen und den Fahrer-Ankauf steckte, kontrollierte er mit fester Hand sein Budget. Sein Unternehmen führte er absolut autokratisch. Er war der oberste Boß, und nur sein Wort galt. Doch beweist das von ihm in den Rennsport investierte Geld, daß er sich bei seinen Entscheidungen öfter von seinem Herzen als vom Gehirn leiten ließ, denn leidenschaftlich verfolgte er sein Bestreben, seine Maschinen unter italienischen Rennfahrern die Welt des Motorradsports beherrschen zu sehen.

Zur Arbeitseinteilung schien er gänzlich unfähig zu sein. Für ihn war es völlig normal, bis in die späten Nachtstunden an seinem Schreibtisch zu arbeiten und am anderen Morgen bereits wieder um zehn Uhr im Büro zu erscheinen. Deshalb konnte er auch nicht einsehen, daß seine Fahrer etwa weniger pflichtbewußt sein könnten. Bedenkenlos bestellte er sie deshalb abends für neun oder auch zehn Uhr in sein Büro: das Geschäft war sein Leben.

Für einen Nicht-Italiener war es schwierig, wenn nicht unmöglich, Graf Agusta vollkommen zu verstehen. Hailwood gab zu, daß er, als er nach vier Jahren MV wieder verließ, kaum mehr über den Grafen wußte als zum Zeitpunkt seines Eintritts ins Team. Sein Verhalten und seine Persönlichkeit waren zu tief in der traditionellen italienischen Familien-Verbindung verwurzelt. Seine Familie waren reiche Grundbesitzer, denen das meiste Gelände rund um die Fabrik in Gallarate gehörte, einschließlich des Bodens, auf dem sich der Flughafen Malpensa befand. Viele italienische Fabriken gehörten reichen Familien-Clans, und die persönlichen Rivalitäten zwischen den Besitzern wurden über Generationen hinweg vererbt. Bis zu einem gewissen Grad betrifft das auch Gilera und MV Agusta, doch war die Familie Gilera nie so wohlhabend wie die Agustas. Autokratische Züge prägten aber überall die Geschäftspraktiken. Persönliche Vermögen wurden in Entwicklung und Ausbau der Firma gesteckt; zeit seines Lebens kam Domenico Agusta auch ohne Direktoren aus. Allen war es ein natürlicher Grundsatz, daß der, der das Geld in die Firma bringt, auch die Verfügungsgewalt darüber haben und die Entscheidungen treffen müsse.

1907 in Palermo auf Sizilien geboren, war Graf Domenico Agusta schon äußerlich der typische Italiener. Nur 1,65 Meter groß und untersetzt, zeigen ihn die meisten in den sechziger Jahren aufgenommenen Bilder im hellen Staubmantel und mit breitrandigem Hut. »Wie ein Mafioso« ulkte einmal einer über ihn, aber: zu jener Zeit kleideten sich die meisten Italiener so. Er sprach schnell, in abgehackten Sätzen; es hieß, daß er des Englischen nicht mächtig war, doch gibt es vereinzelte Leute, die sich in dieser Sprache mit ihm unterhalten konnten — vielmehr durften.

Zweifelsohne war er hart und streng. Er regierte MV unnachgiebig. Lief etwas nicht oder wurden Arbeiten nicht rechzeitig fertig, wurde er fürchterlich zornig. Seine Angestellten fürchteten nichts mehr, als in sein Büro beordert zu werden, denn das bedeutete in den meisten Fällen eine wüten-

Die Agusta-Brüder Domenico (links) und Corrado mit einem Teil ihrer Leute und drei TT-Trophäen sowie dem Jimmy-Simpson-Preis.

de Szene. Seine Entscheidung war endgültig. Sein Schreibtisch stand auf einem Podest, so daß er von seinem Drehsessel aus auf Besucher heruntersehen konnte und dadurch einen psychologischen Vorteil gewann. Sein Büro war in keiner Weise übertrieben, sondern einfach und schlicht eingerichtet.

Seine Rennmaschinen fuhren Rennen in der ganzen Welt, Agusta aber kam kaum je aus Gallarate heraus. Durch das genaue Studium der Rennberichte und Ergebnisse und mit Hilfe einer ganzen Batterie von Telephon-Apparaten auf seinem Schreibtisch war er jedoch immer genauestens unterrichtet. Für das Helikopter-Geschäft hatte er sich auch ein Radio-Telephon installieren lassen.

Das Privathaus der Agustas stand auf dem Gelände des weitläufigen Fabrik-Komplexes, der — besonders zur großen MV-Zeit — ständig von Patrouillen bewacht wurde. Gewannen seine Rennmaschinen, blieb der Graf gelassen und gelöst. Eine Niederlage oder ein Niederbruch aber löste jedesmal ein infernalisches Donnerwetter aus, wobei Agusta seine Leute persönlich zur Rechenschaft zog.

Eine solche Geschichte weiß Hailwood über die Niederlage gegen Gilera in

Domenico Agusta (rechts) betrachtet die neueste MV-Sechszylinder-Maschine.

Imola 1963 zu berichten. War es schon überhaupt schwierig für den Grafen, mit einer Niederlage fertig zu werden, so bedeutete eine solche in Monza oder Imola vor heimischem Publikum das absolute Desaster — und als Niederlage galt schon der zweite Platz!

Geoff Duke hatte 1957 die Gileras aus der Versenkung und wieder auf die Piste geholt und machte mit ihnen und Derek Minter und John Hartle Front gegen Mike Hailwood und seine MV: erwartet wurde ein Kräftemessen der alten Rivalen, das umso spannender sein sollte, als die Grand Prix-Saison unmittelbar bevorstand. Vor diesem italienischen Frühjahrsrennen war Mike in Brands Hatch gestürzt und litt noch an einer Handverletzung. Nach zwei Runden bekam er starke Schmerzen, blieb aber im Rennen und verteidigte seine Spitzenposition weitere acht Runden. Dann setzten ihm die Schmerzen so zu, daß er sich nicht mehr gegen die Attacken der Gilera-Männer wehrte und sie vorbeiließ, die dann prompt den ersten und den zweiten Platz belegten.

Graf Agusta sah das Rennen zu Hause am Fernsehschirm und war über die Niederlage, ausgerechnet gegen den Erzrivalen Gilera, außer sich vor Zorn. Für den anderen Morgen bestellte er Mike ins Büro und las ihm

gründlich die Leviten. Gleich bei seinem Eintritt stürzte er auf Mike zu, überhäufte ihn mit Vorwürfen und gab ihm keine Gelegenheit, sich zu verteidigen. Sein Ausbruch war so heftig, daß Mike die Beherrschung verlor und, wie er später erzählte, zurückschrie: wenn er alles besser wisse, solle er seine blöden Dinger doch selbst fahren — und das Büro verließ.
Eine Stunde später rief der Graf in Mikes Hotel an und bat ihn, noch einmal zu einem Gespräch zu kommen. Mike: »Er war sehr charmant und einsichtig«. Es war dies eine außergewöhnliche Geste Agustas, denn, wie andere Betroffene zu berichten wissen, entschuldigte er sich niemals und unter keinen Umständen, was auch geschehen sein mochte.
Domenico Agusta überwachte zwar alle Geldausgaben für den Rennsport, war dabei aber nie geizig. Er warf nie Geld zum Fenster hinaus, wenn es aber erforderlich war, stimmte er auch großen Ausgaben zu. Wenn er sich persönlich etwas in den Kopf gesetzt hatte, zögerte er nicht, auch dafür zu bezahlen. Oft wurde ihm vorgeworfen, er kaufe die Konkurrenz ab — so Les Graham, Tarquinio Provini, Ray Amm und Gary Hocking —, weil er Fahrer mit lukrativen Verträgen zu MV lockte. Sicher, in jenen Tagen der mittleren und späten fünfziger Jahre erwartete man von den Fahrern, besonders in England, mehr für die Ehre als für Geld zu fahren. So betrachtet »kaufte« sich der Graf die Erfolge, wie es in den sechziger und siebziger Jahren allgemein üblich wurde. Man könnte sagen, er war ein Vorreiter auf dieser Welle — der erste »big spender«.
Graf Agusta war eine verschlossene, geheimnisumwitterte Persönlichkeit, sein Verhältnis zu seinen Fahrern immer distanziert. Lediglich mit seinem ersten Engländer, Les Graham, machte er in dieser Beziehung eine Ausnahme. Les war es gewohnt, kein Blatt vor den Mund zu nehmen; redete in seinem seltsamen Italienisch-Kauderwelsch munter drauflos, so hörte der Graf zu und befolgte geflissentlich alle Ratschläge für Verbesserungen an den Maschinen. Kein anderer Fahrer bekam jemals wieder eine solch nahe Beziehung zu Agusta. Les Grahams Sohn Stuart ist der Meinung, das Agusta damals genauso auf Grahams Wissen angewiesen war, wie jener umgekehrt auf den Werksvertrag; dieses gegenseitige Aufeinander-Angewiesensein brachte die beiden Männer sich so nahe. Später wurde der Graf unabhängiger und konnte selbst bestimmen, wie er die Dinge haben wollte.
Meiner persönlichen Meinung nach ging man in der Berichterstattung nicht gerade wohlwollend oder gar gerecht mit Domenico Agusta um. Die von ihm geschaffenen MV-Rennmaschinen erreichten einen unvergleichlichen Rekord im Grand Prix-Sport, doch seine Kritiker begnügen sich mit dem Hinweis, viele seiner Siege seien leicht gewonnen worden — gegen nicht vorhandene Konkurrenz. Fast ist es so, als wolle man ihn für den

Rückzug der anderen Firmen verantwortlich machen, gegen deren Maschinen die seinen hätten kämpfen sollen. Die Alternative wäre gewesen, daß auch er den Rennsport aufgegeben hätte — wodurch der internationale Motorrad-Rennsport mit Sicherheit stärkstens gelitten und wahrscheinlich sogar früher oder später eingegangen wäre. Manche dachten, es sei falsch, den Erfolg zu »kaufen«, indem man die besten Fahrer unter Vertrag nahm. Aber genau das ist doch die Basis des Rennsports: der beste Mann gehört auf die beste Maschine.

Es wurde ihm vorgeworfen, daß er sich nicht öfter an den Strecken zeige, wo die Leute ihn sehen und erkennen könnten. Aber gerade der schwierige Aspekt in seiner Person lenkte das Publikumsinteresse auf ihn.

Jedenfalls wäre der Rennsport in den Sechzigern eine traurige Angelegenheit gewesen ohne die herrlichen, schnellen, rot-silbernen MV-Maschinen mit ihrem wunderschönen Vierzylinder-Klang. Zwar waren die MVs vielleicht nicht die Schnellsten aller Zeiten, über eine sehr lange Zeitspanne hinweg aber zählten sie zu den Zuverlässigsten.

Kurz vor seinem 64. Geburtstag erlitt Graf Domenico Agusta einen Herzinfarkt und starb wenig später in Mailand. Sein Tod bedeutete das Ende für MV, denn ohne seinen Antrieb, sein leidenschaftliches Interesse am Motorradsport und seine unermüdliche Energie, mit der er rückhaltlos seine Sache verfochten hatte, waren die Tage der Firma als Motorradhersteller gezählt. Einige nehmen an, daß sie es ohnehin waren. Der Unterschied war jedoch der, daß der Tod des Grafen alle Zweifel beseitigte.

Sozusagen als Nachruf möchte ich nochmals auf die bewunderungswürdigen Seiten Domenico Agustas verweisen, wie sie Mike Hailwood in dem von ihm und Ted Macauley verfaßten Buch »Hailwood« beschrieb: »Wenn er gut gelaunt ist, kann er ein Ausbund an Charme sein. Ich erinnere mich zum Beispiel, wie ich 1965 auf dem Weg nach Argentinien meinen Flug in Italien unterbrechen mußte. Das bedeutete eine lange, teure Fahrt über 40 Kilometer im Bus oder Taxi und dann noch vier Stunden Wartezeit auf den Anschluß.

In Linate erwartete mich jedoch zu meinem Erstaunen der Chauffeur des Grafen, der Stan und mich ins Werk brachte, wo der Graf einen Imbiß mit Champagner hatte vorbereiten lassen. Es war zwar schon nach zehn Uhr abends, aber der Graf war noch immer im Büro. Er legte mir einen vorbereiteten Vertrag für die nächste Saison vor, den ich nur noch zu unterschreiben brauchte. Er diktierte die Bedingungen, die natürlich generös waren, und bot mir zusätzlich an, mich für 100 000 Mark versichern zu lassen. Eineinhalb Stunden später begleitete er uns wieder zum Auto, und wir fuhren ab zum Flugplatz, zufrieden und mit unterzeichnetem Vertrag. Ich glaube, daß ich mir in diesem Moment darüber klar wurde, daß es für mich doch nicht das Richtige wäre, ganz zum Automobilsport überzugehen. Irgendwie hatte der Graf erfahren, daß ich gerade in diesem Flugzeug saß, und gab sich nun Mühe, meine Unterschrift unter seinen Kontrakt zu bekommen. Für mich war das eine freudige Überraschung. Bis dahin hatte ich nur seine Nehmer-Seite gesehen; nun hatte ich entdeckt, daß er auch noch andere Seiten aufzuweisen hatte.«

Die Herausforderung
Honda – Hailwood

Graf Domenico Agusta war ein überaus eingefleischter Patriot und ein stolzer Mann. Daß in zehn Jahren neunmal eine italienische Marke den Titel mit dem höchsten Prestige, den der 500 cm³-Klasse gewinnen konnte, war ihm fast noch mehr wert als die Tatsache, daß Maschinen aus seinem eigenen MV-Rennstall diese Großtat vollbrachten.
Was der Graf jedoch über alles stellte, war sein Wunsch, daß ein Italiener seine MV zur Weltmeisterschaft brächte. Dieser Wunschtraum ging 1966 für ihn in Erfüllung. Giacomo Agostini begann damals, die in ihn gesetzten Erwartungen zu erfüllen, und als Mike Hailwood »abtrünnig« wurde und zu Honda ging, stürzte sich der Graf förmlich darauf, alle seine Zukunftshoffnungen auf Agostini zu übertragen.
Theoretisch bedeutete Hailwoods Wechsel zu Honda für MV ein Desaster. Er hatte dem Werk in den vergangenen vier Jahren den Titel gebracht und war unter den Fahrern unbestritten der absolute Star. Die Japaner waren damals auf dem Höhepunkt ihrer Anstrengungen und unterstützten ihre Rennprogramme mit Riesen-Geldsummen. Die Grand Prix-Szene hatten sie völlig an sich gerissen und stellten mit Ausnahme der 500 cm³-Klasse alle Weltmeister.
Als die mächtigste japanische Firma, Honda, ihren Anspruch auch auf den Halbliter-Titel bekundete und Hailwood mit einem lukrativen und exklusiven Vertrag ins »feindliche« Lager zog, betrachtete man die nun kombinierten Giganten als unschlagbar. Agusta indessen ließ sich davon nicht beirren, nominierte Agostini als Fahrer Nummer Eins und beobachtete gelassen den Lauf der Dinge, während allenthalben die Saison mit prickelnder Spannung erwartet wurde.
Hailwoods Entscheidung wurde damals viel diskutiert: ob er nun zu Honda gehen oder bei MV bleiben werde. Aber jeder, der auch nur eine Ahnung von dem Geschehen hinter den Kulissen hatte, konnte das Ergeb-

nis von Hailwoods Überlegungen präzis voraussagen. Erstens hatte Hailwood die MV vier Jahre lang zum Erfolg gesteuert, oft gegen nur müde Konkurrenz. Schon aus diesem einzigen Grund war er überreif für den Reiz des Neuen, den der Wechsel ihm mit Sicherheit bringen würde. Ihm Nahestehenden verheimlichte er darüberhinaus nicht im geringsten seinen Unmut über die Art und Weise, wie Graf Agusta Agostini als seinen neuen Star aufbaute. Spätestens wurde ihm das klar, als man ihn bat, Agostini einige Rennen gewinnen zu lassen, damit jener italienischer Meister werden könne. Ein gleiches Ansinnen stellte man Mike vor einem Rennen in San Remo. Hailwoods diesbezügliche Weigerung nützte ihm übrigens am Ende gar nichts, denn die MV hatte dort eine ihrer seltenen Niederbrüche zu verzeichnen.

Ein weiterer Punkt für einen Wechsel war, daß Honda ihm die Möglichkeit gab, viel mehr Rennen als bisher zu bestreiten, nämlich in den Kategorien 250 cm³, 350 cm³ und 500 cm³, während MV bekanntlich nur an den beiden großen Klassen interessiert war.

Honda brauchte ihm lediglich ein gutes Vertragsangebot zu unterbreiten. Das taten die Japaner, und der Wechsel war perfekt. Dies war der Beginn einer Reihe von höchst spannenden Weltmeisterschafts-Serien, denn MV kämpfte darum, den 500er Titel zu behalten. Mit letzter Konzequenz ausgefochtene Zweikämpfe erfüllten die Weltmeisterschafts-Serie mit neuem Leben, daß MV aber 1966 den Titel erfolgreich verteidigen konnte, lag teilweise an dem — auf der Basis der 350 cm³-Maschine — neuen Dreizylinder-Modell, aber auch an der seltsamen Team-Politik im Honda-Camp. So verhinderte man zum Beispiel, daß Hailwood beim ersten Lauf in Deutschland überhaupt starten konnte, und beim zweiten Lauf in Holland ließ man ihn mit einer Maschine antreten, deren Getriebe defekt war. Die Entscheidung über den Titel fiel erst im Final-Lauf am Ende der Saison, in Monza.

Für Honda begann die Saison recht gut; Redman siegte in Hockenheim ohne das geringste Problem. Im Juli aber rückte Agostini erstmals mit der vergrößerten Dreizylinder mit 420 cm³ Hubraum aus und sorgte im Honda-Lager für einen gewaltigen Schock. Redman sagte nach diesem Rennen, daß das japanische Werk nach dem deutschen Lauf überzeugt gewesen sei, für mindestens fünf Jahre die absolut schnellste Maschine zu besitzen: »Aber MV brauchte nur sechs Wochen, um diese Vorstellung ad absurdum zu führen«. Redman hatte in Assen zwar den besseren Start gehabt, aber Agostini entriß ihm schon in der zweiten Runde die Führung.

Weil zum Grand Prix von Deutschland in Hockenheim, dem ersten WM-Lauf, nur eine Maschine zur Verfügung stand, für die Redman genannt war, absolvierte Hailwood sein erstes GP-Rennen auf der Honda in As-

Grand Prix von Ost-Deutschland 1965: „Meister" Hailwood zeigt seinem „Schüler" Agostini auf dem Sachsenring die ideale Linie.

sen. Er startete schlecht, weil die Maschine erst spät ansprang, schloß dann aber schnell zu den Spitzenreitern auf, wobei er seinen eigenen, mit der MV aufgestellten Rundenrekord um vier Sekunden auf 154,156 km/h verbesserte. Inzwischen hatte Agostini Redman weit hinter sich gelassen und sah bereits wie der sichere Sieger aus. Redman gab sich noch nicht geschlagen, konnte seinen Abstand wieder aufholen und in der 17. Runde sogar wieder an dem Italiener vorbeiziehen. Noch einmal gelang es Agostini, die MV in Führung zu pilotieren; zwei Runden vor dem Ziel entschied Redman nach neuer absoluter Rekordrunde das Rennen dann endgültig für sich und verdrängte Agostini an die zweite Position.

Obwohl Hailwood mit dem Ziel zu Honda gewechselt war, die 500er Weltmeisterschaft für sie zu gewinnen, fand er sich plötzlich in der Rangordnung des Teams an zweiter Stelle, hinter seinem alten Freund und nunmehrigen Team-Kapitän Jim Redman. Redman stand am Ende seiner Karriere, die er gern mit dem Gewinn der 500er Weltmeisterschaft gekrönt hätte, nachdem er für Honda bereits vier Titel in der 350 cm³-Klasse und zwei in der 250 cm³-Klasse errungen hatte.

Als Team-Kapitän fiel es Redman nicht schwer, taktisch die Weichen für seinen eigenen Titelsieg zu stellen, obwohl die Tatsache, daß er sich eigenmächtig als Nummer Eins-Fahrer einstufte, gegen den ursprünglichen

Honda-Plan war. Nachdem Redman Agostini in Hockenheim so klar besiegt und in Assen noch einmal geschlagen hatte, sahen die Japaner auch keinen Grund, Redman in seinem Vorhaben zu stoppen, hatte er doch die besten Aussichten auf den Titel. Für sie war ja allein der Titelgewinn ausschlaggebend — und ob der durch Redman oder durch Hailwood gesichert wurde, war unwichtig.

Am Vorabend des dritten WM-Laufs (in Belgien) machte man sich im MV-Lager nur noch wenig Hoffnung. Doch gerade auf dem ultraschnellen Kurs von Francorchamps stellte sich eine glückliche Wende für die Italiener ein: Auf regennasser Strecke stürzte Redman schwer, Agostini aber brachte die MV zu ihrem ersten Klassik-Sieg der Saison. Redmans Verletzung, ein Trümmerbruch des Ellbogens, zwang den Rhodesier, das Leder sofort und für immer an den Nagel zu hängen. Auf Hailwood aber kam nun etwas zu: er bildete bereits die Speerspitze des Honda-Angriffs auf die Titel der Klassen 250 und 350 cm³ und sollte nun zusätzlich Jagd auf die 500er Weltmeisterschaft machen.

Es war dies ein riesiges Unterfangen — selbst für einen Hailwood. Gegen die alte MV allein hätte Hailwood mit Sicherheit leichtes Spiel gehabt, aber da war Graf Agusta auf der Hut. Überdies hatte Honda — ganz gegen die sonstige Politik umfassender Geheimhaltung verstoßend — schon vor Beginn der Saison ausposaunt, daß sie eine Fünfhunderter mit 100 PS in Arbeit hätten. Die letzte Bestätigung für die geplante Honda-Großoffensive war dem Grafen die Abwerbung Hailwoods: nun konnte er sicher sein, daß Honda ihn angreifen wollte.

Agusta antwortete mit einer Neuentwicklung: der großen Dreizylinder. Die Maschine war schon seit einiger Zeit fertig gewesen, wegen fehlender Konkurrenz aber war ihr Einsatz immer wieder hinausgezögert worden. Nachdem sie auf den neuesten Stand gebracht worden war, erwies sie sich als nur geringfügig langsamer als die Honda, hatte aber den großen Vorteil der viel besseren Straßenlage. Die Maschine erwies sich darüberhinaus als so zuverlässig, daß sie von zehn Rennen nur ein einziges nicht beendete — als Agostini in Ost-Deutschland nach einem Sturz ausschied.

Der Kampf wurde also auf dem Sachsenring fortgesetzt. Agostini siegte im 350er Rennen, nachdem er sich die erste Hälfte der 18 Runden hart mit Hailwood duelliert und dabei mit 179,17 km/h neuen Rundenrekord aufgestellt hatte. Für das anschließende 500er Rennen galt er unbestritten als einer der Favoriten, doch hatte Hailwood die schnellere Trainingszeit gefahren — acht Sekunden schneller als sein alter MV-Rekord — und mit 2.58,5 min erstmals die Dreiminutengrenze auf dem Sachsenring unterschritten. Agostini hatte nur 3.03,4 min erreicht, doch gefiel es ihm schon damals, im Training nie ganz seine Karten aufzudecken und dann im Ren-

Links: Mike Hailwood mit seinem Mechaniker Vittorio Carruana.
Rechts: Der berühmte 500-cm³-MV-Vierzylinder, der in seiner Klasse so viele Jahre dominierte.

nen »plötzlich« über ungeahnte Reserven zu verfügen. Nach dem Start führte er die Honda in die erste Kurve und blieb in Führung, bis in der fünften Runde die Honda beim Versuch niederbrach, die rasende MV zu halten. Niemand zweifelte nun noch an Agostinis Sieg, doch nachdem er den absoluten Rundenrekord noch auf 180,1 km/h geschraubt und das gesamte Feld mindestens einmal überrundet hatte, rutschte er in der letzten Runde kurz vor dem Ziel auf einem Ölfleck aus und stürzte. Den Crash aus Höchstgeschwindigkeit überstand Agostini wie durch ein Wunder unverletzt, die Maschine allerdings war nur noch Schrott. So kam der Tschechoslowake Frantisek Stastny recht unverhofft zum Sieg.

Der Rest der Saison war ein Kampf höchster Intensität. In der Tschechoslowakei siegte Hailwood vor Agostini. In Finnland liefen sie in umgekehrter Reihenfolge ein. Hailwood gewann vor Agostini in Nord-Irland. Dann stand die TT auf der Isle of Man auf dem Programm, die wegen des Streiks der britischen Dockarbeiter in jenem Jahr auf den September verschoben worden war. Zunächst profilierte sich Agostini als der erste Kontinental-Europäer, der die Junior-TT gewinnen konnte. Mit der Dreizylinder-MV löschte er mit 103,09 mph Hailwoods alten Rundenrekord und dann mit 100,87 mph Redmans Streckenrekord aus. Für die Senior hatte er statt des Motors mit nur 420 cm³ nun ein Triebwerk mit »echten« 500 cm³ Hubraum und setzte damit der Honda drei Runden lang hart zu, belegte im Ziel aber »nur« den zweiten Platz.

Zwar hatte der Motor auf der TT MV den Sieg nicht bringen können, doch setzten die Italiener unverdrossen ihre Hoffnungen in ihn: er sollte auch beim Grand Prix von Italien in Monza eingesetzt werden. Die

Schlußrunde also mußte die Entscheidung um den Titel bringen. Vor seinen ihn mit unbeschreiblich frenetischem Jubel feiernden Landsleuten errang Agostini hier mit der MV den so überaus wichtigen Sieg, während Hailwood die Honda wegen Ventilschadens nicht ins Ziel brachte.

Für MV war die Saison brillant gelaufen, ebenso für Agostini, dessen kometenhafter Aufstieg zur Berühmtheit den überaus gut aussehenden jungen Italiener 1966 zum unbestrittenen Star der MV-Szene werden ließ. Innerhalb einer Reihe nicht zu irgendeiner Meisterschaft zählenden Rennen in Italien und England fuhr er die neue 350er Dreizylinder im März jenes Jahres in Modena, wo er die — erstmals seit 1964 wieder eingesetzte — 500er Gilera unter Remo Venturi vernichtend schlug, vom Start bis ins Ziel führte und Runden- wie Streckenrekorde brach.

Einen Monat später unterbot er mit der aufgebohrten 350er MV in Rimini Mike Hailwoods Rundenrekord, fiel aber dann in Führung liegend mit Motordefekt aus.

Agostinis erster Titel im Jahr 1966 war der erste in einer beispiellosen Karriere, in der er mehr Weltmeisterschaften als sonst irgend ein Fahrer erringen sollte — bis auf zwei (auf Yamaha) alle auf MV.

Er begann 1963, Rennen zu fahren, zuerst Bergrennen und kleine nationale Wettbewerbe, bekam noch im gleichen Jahr eine 175 cm³ Werksmaschine von Morini, und bestritt seinen ersten Grand Prix im Herbst in Monza, wo er allerdings ausfiel, nachdem er gleich in der ersten Runde die Führung gehabt hatte. 1964 ersetzte er Tarquinio Provini bei Morini als Nummer Eins, wurde italienischer Meister der 250 cm³-Klasse — und zog dadurch zwangsläufig Graf Agustas Aufmerksamkeit auf sich. Der nahm ihn sofort als zweiten Mann ins Team — 1965 fungierte Agostini als Unterstützung für Hailwood. Trotz seines Mangels an Erfahrung gelang es ihm auf Anhieb, bei den Weltmeisterschaftsläufen eine glänzende Figur zu machen. Er hatte vorher keine größere Maschine als eine 250er bewegt, beendete die Saison aber als Vize-Weltmeister hinter Hailwood und verfehlte die 350er Weltmeisterschaft nur knapp, weil ihn beim Grand Prix von Japan eine defekte Unterbrecher-Feder in Führung liegend aus dem Rennen zwang. Am Ende der Saison trennten ihn nur sechs WM-Punkte vom Weltmeister, Jim Redman.

Des Grafen Vertrauen in seine Endeckung rechtfertigte sich also 1966 voll und ganz, und so hatte der italienische Renn-Baron nichts dagegen, daß der frischgebackene 500er Weltmeister — zu Agustas übergroßer Freude endlich ein Italiener — am Saisonende einige wichtige Rennen in England bestritt.

Bei seinem ersten Auftreten auf einer britischen Kurz-Strecke, dem berühmten Mallory Park-Kurs, hatte Agostini einen seiner großen Glanz-

Der junge Hailwood in seiner Frühzeit (Brands Hatch, Ostern 1958) auf einer MV.

TT 1967 — vorn die Dreizylinder-MV, hinten die 500-cm³-Vierzylindermaschine, Agostinis Reserve-Maschine.

tage: vor 50 000 enthusiastischen Zuschauern brachte er seine MV in allen fünf Rennen, an denen er teilnahm, zum Sieg, einschließlich des damals in England bestbezahltesten Rennen, dem »Race of the Year«, wo der Erstplazierte 1050 Pfund als Prämie einstreichen konnte. Bei diesem Erfolg allerdings hatte er großes Glück, denn Hailwood auf der 250 cm³ Sechszylinder-Honda lag nach einem Raketenstart mit zehn Sekunden in Führung, als er sieben Runden vor dem Ziel mit Reifendefekt ausfiel. Agostini hatte einen schlechten Start gehabt und sich erst mühselig durchs Feld nach vorn kämpfen müssen, erst in der 12. Runde war er auf die zweite Position vorgedrungen und hatte dann Mikes Vorsprung von 14 auf zehn Sekunden gekappt, nachdem er mit Hailwoods altem MV-Rundenrekord von 91,69 mph gleichgezogen war. Dennoch hätte er keine Sieg-Chance gehabt, wäre ihm nicht der Reifenschaden zugute gekommen.
Agostinis Anziehungskraft hatte damals ein solches Ausmaß, daß die Veranstalter von Mallory Park ihm das höchste je in England gezahlte Startgeld bieten konnten.
Am Ende der Saison kursierten Gerüchte, der Graf wolle sein Team für 1967 vergrößern, um Agostini in der Weltmeisterschaft Rückendeckung zu verschaffen. Der Italiener Renzo Pasolini war eine zeitlang im Gespräch, doch kam ein Vertrag mit ihm nicht zustande.
Daß Agostini auch 1967 für MV fahren werde, darüber gab es nicht die geringsten Zweifel. Gemunkelt wurde allerdings über die mögliche Rückkehr Hailwoods zu MV, und unbestätigte Berichte sprachen sogar davon, daß der Graf dem Engländer indirekt eine Offerte hatte zukommen lassen. Hailwoods Vertrag mit Honda hatte nur eine Laufzeit von einem Jahr, es war kein Geheimnis, daß bestimmte Richtlinien der Honda-Politik ihn enttäuscht hatten und daß er mit der Straßenlage der großen Honda alles andere als zufrieden war. Mit Agostini und Hailwood im Team hätte Agusta mit tödlicher Sicherheit die Weltmeisterschaft in beiden großen Klassen gewonnen — doch Hailwood blieb bei Honda und ließ sich bei dieser Entscheidung wahrscheinlich von den viel größeren Möglichkeiten leiten, die Honda ihm in drei Kategorien bot.
Bis dahin hatte MV den Weltmeister-Titel der 500 cm³-Klasse neun Jahre in ununterbrochener Reihenfolge innegehabt, und Graf Agusta war fest entschlossen, alles aus dem Weg zu räumen, was ihn daran hindern konnte, das Championat zum zehnten Mal zu erringen. Mit seinem kristallklaren Vorsatz stand er damit in scharfem Gegensatz zu Honda, deren breitgefächerter Einsatz — bis zum Jahr 1967 — die Beschickung aller Soloklassen vorsah. Doch gab es bei Honda inzwischen Befürchtungen, daß trotz der ungeheuren Investitionen in die Entwicklung der Vier-, Fünf- und Sechszylinder-Maschinen sich die gegnerischen Marken Yamaha und Suzu-

Agostini auf der MV führt vor Hailwood auf der Honda im 500-cm³-Rennen bei der Dutch TT 1967, doch schlug der Engländer den Italiener noch kurz vor der Ziellinie.

Agostini bringt die MV zum Sieg in der 500-cm³-Klasse beim Grand Prix von Belgien 1967.

ki — die besonders in den kleinen Hubraumklassen agierten — kaum hatten einschüchtern lassen. Gleichzeitig begann das Interesse für den europäischen Rennsport abzuflauen, der aus kommerzieller Sicht nur noch wenig Sinn hatte, wogegen in Amerika sich ein ungeheuerer Motorrad-Boom abzeichnete.

Für das Jahr 1967 fällte Honda deshalb die harte Entscheidung, den Rennsport-Einsatz drastisch zu kürzen, und zog sich umgehend aus den beiden kleinen Klassen, 50 und 125 cm³, zurück. Mit dem vorhandenen Maschinenmaterial sollten Mike Hailwood und Ralph Bryans werksunterstützt die drei größeren Kategorien bestreiten.

Ungefähr im April 1966 hörte man gerüchteweise erstmals von Agostinis völlig neuer 500er MV für die kommende Saison. Ein Bericht sprach davon, daß die Maschine bereits seit einiger Zeit im abschließenden Entwicklungsstadium sei, daß MV das Projekt allerdings wegen mangelnder Konkurrenz nicht schneller vorangetrieben habe. Seit Hailwood aber zu Honda gewechselt sei, habe man die Arbeiten beschleunigt.

Als die neue Saison begann, sorgte Agostini gleich für starken moralischen Auftrieb bei MV: weil er die neue 500er Dreizylinder für den bevorstehenden Grand Prix von Deutschland schonen wollte, setzte er beim GP von Österreich auf dem Salzburgring, der nicht zur Weltmeisterschaft zählte, die alte Maschine ein — und brach mit ihr auf Anhieb den bestehenden absoluten Rundenrekord.

Das Debut der neuen Maschine, einer Dreizylinder mit zwei obenliegenden Nockenwellen, geriet ebenfalls zufriedenstellend, denn Agostini konnte in Hockenheim den Sieg verbuchen. Honda parierte mit Siegen auf der Isle of Man und in Holland. Auf der Isle of Man war die MV eine der nur drei Maschinen, die während des Trainings mit über 150 mph Höchstgeschwindigkeit gezeitet wurden (Agostini erreichte 155,2 mph). Die Senior-TT entwickelte sich zu einem packenden Kampf, sowohl die MV wie die Honda brachen sämtliche Rundenbestzeiten gleich mehrmals und fuhren Schnitte von 108 mph. Mit noch zwei Runden Distanz vor sich, lag Agostini zwei Sekunden vor Hailwood, als die Kette der MV riß und Hailwood den Sieg schenkte. Agostini rächte sich in Belgien und Ost-Deutschland mit klaren Siegen, Hailwood konterte mit dem ersten Platz in der Tschechoslowakei.

Inzwischen waren die gravierenden Fahrwerks-Probleme der großen Honda ein offenes Geheimnis. Hailwood war so unzufrieden mit dem Handling, daß er bei dem Bremsen-Experten Colin Lyster einen Rahmen in Auftrag gab, in den er das 500er Triebwerk setzen wollte. Dieses Vorhaben verboten allerdings die Japaner, die darauf bestanden, daß ihre Werks-Rennmaschine ein reines Honda-Fahrzeug bleiben müsse.

Agostini hieß der Sieger in Finnland, Hailwood in Nord-Irland, dann stand die vorletzte Runde der Weltmeisterschaft auf dem Programm: in Monza sollte — wieder einmal — die Entscheidung fallen. Hailwood war auf dem Weg zum Sieg, der für MV den Verlust der Weltmeisterschaft bedeutet hätte, als ihm zwei Runden vor dem Ziel und mit einer halben Runde Vorsprung vor Agostini das Getriebe der Honda einen gewaltigen Strich durch die Rechnung machte — Agostini konnte so mit leichter Hand die MV als erste über die Linie bringen.

Hailwood schlug Agostini zwar beim Final-Lauf in Kanada, doch änderte dieses Resultat nichts mehr am Ausgang der Weltmeisterschaft.

Nie zuvor war die Auseinandersetzung um den Titel der Halbliterklasse so spannend verlaufen, waren die Kontrahenten so gleichwertig gewesen, die Rivalität intensiver. In einem nervenzerfetzenden Finish mit atemberaubenden Höhepunkten ging die 500 cm^3-Weltmeisterschaft wiederum an Agostini und MV. Beide Fahrer hatten je 46 Punkte, doch war Agostini mit dem besseren Plazierungsverhältnis im Vorteil.

Für MV war es der 25. Weltmeisterschafts-Titel in 15 Jahren Wettbewerb, in denen sie 160 Weltmeisterschafts-Siege zu verzeichnen hatten, davon 70 in der wichtigsten Kategorie, der Halbliterklasse.

Ohne Vorwarnung ließ Honda dann die Bombe hochgehen: Hailwood wurde nach Japan beordert, wo er seiner Meinung nach die neuen Modelle testen sollte. Statt dessen eröffnete man ihm, daß Honda den Motorrad-Rennsport ganz aufgeben werde. Als Grund für diese Entscheidung gab Honda an, das Formel I-Projekt mit höchster Intensität vorantreiben zu wollen. Praktisch über Nacht fand sich Hailwood so ohne Job.

MV war es gelungen, Honda am Erreichen ihres letzten verbliebenen Vorhabens zu hindern — am Gewinn der 500er Weltmeisterschaft; anschließend hatte die italienische Marke keinen ernstzunehmenden Gegner mehr und pachtete den Titel dieser Klasse über lange Jahre hinweg, kein anderes Werk kann eine derart lange und ungebrochene Erfolgskette vorweisen. Diese beiden höchst attraktiven Saisons waren die goldene Zeit des Rennsports in der 500er Klasse und wahrscheinlich die überhaupt besten Jahre für MV: Immerhin gelang es damals MV als einziger Marke, sich nicht Honda unterwerfen zu müssen.

Agostini – neuer König bei MV

Nach 1967 gab es für MV in den großen Klassen kaum noch eine Konkurrenz. Hailwood durfte die 67er Honda in der Saison 1968 zwar einsetzen, bekam jedoch eine beträchtliche Summe dafür, daß er das nicht bei Weltmeisterschafts-Läufen tat. Honda war einfach zu stolz, um noch einmal das Risiko der Gegenüberstellung mit MV einzugehen. Theoretisch gab man Hailwood zwar die Chance dazu, der Nichteinsatz-Vertrag jedoch offerierte ihm eine ungleich höhere Summe, die ihm die Entscheidung leicht machte. Daß er nun nur noch bei Inter-Rennen oder zu keinem Championat zählenden Veranstaltungen antreten durfte, machte ihm so gut wie gar nichts aus — er hatte sich inzwischen entschlossen, zum Wagensport zu wechseln und gab am Ende der Saison seinen Rückzug vom Motorrad-Rennsport bekannt.

Ein Großteil des Interesses am Grand Prix-Sport verlagerte sich nun auf die kleinen Hubraumklassen, deren aufsehenerregende Zweikämpfe zwischen Bill Ivy und Phil Read auf den Werks-Yamahas inzwischen Schlagzeilen machten. Ihre Auseinandersetzung begann als freundschaftliche Rivalität, entwickelte sich dann zu einem rücksichtslosen Mann gegen Mann-Gefecht und endete bekanntlich recht sensationell mit dem inzwischen oft beschriebenen endgültigen Bruch zwischen beiden.

MV setzte nach wie vor auf Agostini. Gegen die 500 cm³-Matchless-Maschinen der Privatfahrer Jack Findlay und Gyula Marsovsky und die hoffnungslos unterlegenen Aermacchi in der 350 cm³-Klasse, eingesetzt von Renzo Pasolini und Kel Carruthers, gewann MV ganz überlegen die Weltmeisterschaft in beiden Kategorien. Agostini unterstrich diese Überlegenheit noch deutlich: er siegte bei allen sieben 350er und allen zehn 500er Läufen. Das bedeutete einen nie zuvor dagewesenen Rekord. Natürlich wurde diese Leistung MV hauptsächlich durch die zu schwache Konkurrenz ermöglicht, doch sollte man nicht die beispielhafte Zuverlässigkeit der MV-Maschinen und Agostinis Beständigkeit außer Acht lassen.

Agostini führt im 350-cm³-Rennen in Rimini im März 1968.

Giacomo Agostini wurde nach Hailwoods Weggang zu Honda der Star bei MV und der erfolgreichste Fahrer jener Zeit.

Wie so vieles andere im Rennsport auch, bleibt es eine interessante Spekulation, ob MV die Weltmeisterschaften auch dann so leicht gewonnen hätte, wenn Honda bei der Stange geblieben wäre. In Rimini trafen die beiden Hauptdarsteller bei einem der wichtigsten Vor-Saisonrennen aufeinander, wobei Hailwood sowohl in der 350er wie in der 500er Klasse Agostini das Nachsehen gab. Nachdem Honda am Motorrad-Rennsport nicht mehr interessiert war, bekam Hailwood endlich die offizielle Erlaubnis, die gravierenden Fahrwerks-Probleme auf eigene Faust zu kurieren. Ken Sprayson von Reynolds entwarf und baute ihm einen völlig neuen Gitter-Rohrrahmen, der erst in der Woche vor Rimini fertig wurde. Nachdem Mike mit ihm im Training nur einige wenige Runden hatte absolvieren können, setzte er das neue Fahrwerk erstmals im Rennen ein.

Auf Anhieb riß Hailwood nach dem Start sofort die Führung an sich und hielt sie vor Agostini auf der MV die ersten zehn der 28 zu fahrenden Runden. Der neue Rahmen gab der Honda eine ungewohnte Stabilität, Mike Hailwood sah den Sieg schon in greifbare Nähe rücken. Leider riß er in einer schmierigen Kurve das Gas zu stark auf, stürzte und verlor dadurch über eine halbe Minute. Anschließend fuhr er neuen Rundenrekord und ging an zweiter Stelle hinter Agostini über die Linie.

Aber auch dem Italiener passierte ein Mißgeschick: unvermittelt schoß er in ein Auslaufstück, wodurch er beinahe die Spitze einbüßte. Der Fehler lag bei der neuen Vorderbremse der MV, die zwar mit Erfolg in Monza und Modena getestet worden war, den viel härteren Anforderungen, die

die Rilini-Strecke stellte, aber nicht gewachsen war. Überhaupt hatten Agostini und die MV-Leute diesmal keinen Glückstag, denn vor 30 000 ihrer Landsleute schmeckte die Niederlage im 350er Rennen, wo Hailwood mit der Sechsylinder-Honda die MV fast langsam erscheinen ließ, besonders bitter.

Die Ergebnisse von Rimini hatten in Gallarate Folgen. Es bestand die Gefahr, daß Honda die Möglichkeit sah, ohne viel Weiterentwicklung ihrer Maschinen den Italienern trotzdem den Titel wegschnappen und sich praktisch fünf Minuten vor zwölf zu einem Sinneswandel durchringen und doch noch an der Weltmeisterschaft beteiligen zu können.

Auch der zweite Aufeinanderprall der Vor-Saison in Cesenatico verlief für MV enttäuschend. In einem höchst spannungsgeladenen 350er Rennen schied Hailwood auf der Sechsylinder-Honda zwar nach Sturz aus, doch gelang es Agostini vorher nicht, sein Tempo zu halten, und hinterher schlug ihn Renzo Pasolini auf der raketenschnellen Benelli unglaublich drastisch. Das 500er Rennen konnte Agostini gewinnen, allerdings vornehmlich deshalb, weil durch einen Regenguß die meisten seiner Mitstreiter das Tempo drosselten und das Fahrverhalten der MV auch auf nasser Strecke den anderen haushoch überlegen war.

Nun schwirrten die Gerüchte. Für eine Weile sah es so aus, als ergriffe Honda tatsächlich die Initiative und schicke Hailwood zurück in den WM-Kampf. Inzwischen forcierte MV, gewitzt durch die Niederlagen, seine Weiterentwicklungs-Arbeiten, wobei man der 350er Maschine besonderes Augenmerk widmete. Agostini hatte inzwischen öffentlich zugegeben, daß er mit der gegenwärtigen 350er Dreizylinder-MV die Honda unmöglich in Schach halten könne. Zusätzlich war MV durch die mordsmäßig schnellen Benelli-Werksmaschinen ein ernst zu nehmender Aspirant auf den 350er Titel erwachsen. Sogar für die neue 350 cm³-Maschine, die im Werk auf ihren ersten Einsatz wartete, stellten die Benelli eine Gefahr dar. MV-Teammanager Arturo Magni bestätigte das indirekt, indem er von intensiven Arbeiten sprach, um Agostini neue Rennmaschinen zur Verfügung stellen zu können. Je näher der Termin des ersten WM-Laufs auf dem Nürburgring rückte, desto mehr wunderte sich Hailwood über das Schweigen aus Japan. Benelli aber kristallisierte sich dadurch als einziger MV-Gegner heraus.

Wie erinnerlich, besann man sich bei Honda doch nicht mehr anders, und die Auseinandersetzung mit MV beschränkte sich auch weiterhin auf nicht zur Meisterschaftzählenden Rennen. Im April konnte Honda mit Hailwood in Imola einen weiteren Triumph registrieren, denn der Brite brachte seine 500er mit dem Spezialrahmen 20 Sekunden vor Agostini als Erster ins Ziel.

Da Hondas Rückkehr immer zweifelhafter wurde, konzentrierte MV sich ausschließlich auf die Herausforderung der Werksmaschinen von Benelli. Deren Chancen beim Grand Prix von Deutschland konnten nicht hoch genug einkalkuliert werden, denn selbst im MV-Lager hielt man sie für schneller als die Agostini-Maschine. Pasolini war noch dazu als Draufgänger bekannt. So hatte Agostini lediglich den Vorteil, den Nürburgring schon zu kennen, auf dem er 1965 seinen ersten Grand Prix gewonnen hatte, damals mit der neuen Dreizylinder-MV.

Obgleich das Gerücht, bei MV arbeite man an einer komplett neuen 350er, nicht verstummen wollte, sah man davon beim Saisonauftakt nicht das geringste; immerhin war die aktuelle 350 cm³-Dreizylindermaschine durch verbesserte Zündung etwas in der Leistung gesteigert worden. Für Agostini genügte das, um den Angriff Benellis in der 350er Klasse abzuwehren. Im Rennen der 500er Klasse belegte Dan Shorey mit seiner Norton als Bester des fast ausschließlich aus Privatfahrern bestehenden Feldes Platz zwei hinter der MV, die wieder einmal eine Klasse für sich darstellte. Agostini siegte auch beim zweiten Lauf in Spanien und machte sich dann für die Isle of Man bereit. Graf Agusta betrachtete die TT-Rennen seit jeher als Schlüssel zur Weltmeisterschaft und erkannte, daß Agostini dort einige Unterstützung nicht schaden könnte. Die TT-Strecke unterscheidet sich beträchtlich von den anderen GP-Kursen und fordert einem Fahrer ungleich mehr als sie ab. Schon der kleinste Einschätzungsirrtum Agostinis konnte dort verheerende Folgen nach sich ziehen, von einem Ausfall gar nicht zu reden, und die Chancen MVs, zu einem psychologisch wichtigen Zeitpunkt des Weltmeisterschaftskampfes weitere Punkte zu erringen, wären dahin.

Konkurrenz auf technischem Gebiet hatte MV ja nicht sehr zu fürchten, doch wollte der Graf die Weltmeisterschaft recht lebendig gestalten und offerierte deshalb einigen Fahrern eine seiner Maschinen. So auch Jim Redman, der nach seinem bösen Sturz in Belgien 1966 hatte aufhören müssen, nun aber ein Comeback versuchen wollte und an MV die Bitte gerichtet hatte, ihm für den Monza-Grand Prix am Ende der Saison eine Maschine zur Verfügung zu stellen. Statt dessen bot der Graf ihm eine für die TT an, und Redman war in Südafrika schon zum Abflug bereit, als ihn das Telegramm mit der Absage erreichte: er hatte keine Nennungsbestätigung mehr bekommen.

Auch Stuart Graham, der Sohn des ehemaligen MV-Werksfahrers Les Graham, hatte eine Offerte bekommen, die 350 cm³-Dreizylinder-MV bei der TT zu fahren, doch war die Nennungsfrist bereits vorbei, als das Angebot bei ihm einging. »Ich wandte mich zwar umgehend an die ACU, aber dort beschied man mich abschlägig, weil ich viel zu spät mit meiner

Beim Großen Preis von Deutschland 1968 auf dem Nürburgring führt Agostini vor Pasolini auf der Benelli.

Rechte Seite:
Start zur Senior TT 1965: Agostini (8) schiebt seine MV (zusammen mit Derek Minter auf einer Norton) an, kommt bei seinem Isle of Man-Debut aber nicht ins Ziel.

Nennung käme«. Stuart hätte natürlich liebend gern eine MV gefahren, schon wegen der früheren Verbindung seines Vaters mit MV.

MV bot übrigens auch Mike Hailwood, dessen Vertrag mit den Japanern ihm bekanntlich untersagte, Honda-Maschinen bei WM-Läufen einzusetzen, eine Maschine für die TT an. Rückendeckung für Agostini fand MV schließlich bei John Hartle. In Italien hatte man sich seiner erfolgreichen Partnerschaft mit John Surtees in den Zeiten der absoluten MV-Vorherrschaft 1958 und '59 erinnert und erhoffte sich nun eine Wiederholung. Wie schon erwähnt, hatten schwere Stürze Hartles Karriere zwar immer wieder beeinträchtigt, jedoch nie seinen Mut brechen können. Er war froh, endlich mal wieder ein schnelles Fahrzeug pilotieren zu können, denn seit seinem Einsatz bei Geoff Duke 1963 auf der Vierzylinder-Gilera hatte er nur noch Einzylinder-Maschinen gefahren. Er beantwortete also umgehend das Telegramm des Grafen, in dem er ihn bat, seine Bedingungen zu stellen. Nach seinem Comeback zum Rennsport im vorhergegangen Jahr wußte Hartle, daß dies seine letzte große Chance war, und er zögerte keine Sekunde, sie wahrzunehmen.

Es war geplant, ihn für die Junior-TT auf eine Dreizylinder-Maschine zu setzen und für die Senior auf eine der älteren, langsameren Vierzylinder-Maschinen. Hartle war sich im Klaren, daß er angeheuert worden war, um hinter Agostini die zweite Position zu besetzen. In dieser Rolle hatte er auch 1958 und '59 agiert, als er engagiert worden war, um John Surtees den Rücken zu decken. Hartle sah sich nun in der gleichen Situation, nur daß die Hauptrolle diesmal Agostini spielte. Der Italiener bestand übrigens darauf, daß Hartle mit größter Fairneß behandelt wurde und gutes

Material bekam: »Auf der TT kann so viel passieren, und unser einziges Ziel muß sein, daß eine MV gewinnt und Renzo Pasolini und Benelli schlägt«.

Im übrigen gab es keinen Zweifel, daß Agostini die schnellere Maschine bekam. Die Taktik für das besonders wichtige Junior-Rennen war, daß Hartle versuchen sollte, Agostini den Rücken zu decken und so die Sache für Pasolini zu erschweren. Seine Gefühle, wieder auf der MV zu sitzen, beschrieb Hartle als eine Mischung nervöser Unruhe und gelassener Heiterkeit. »Es ist einfach großartig, wieder Motorleistung unterm Sattel zu spüren, richtige, echte, satte Leistung, meine ich«. Leider endete seine erste Fahrt im Training am Sonntagmorgen nach drei Runden, weil er bei Signpost Corner die Kette verloren hatte. Trotzdem sprühte er vor Zuversicht und kommentierte — womit er unter den MV-Erfahrenen ziemlich allein stand — vor dem Rennen: »Die MV ist eine derart hervorragende Maschine, daß es schwierig sein dürfte, an sie heranzukommen. Sie ist so bequem, fährt sich so leicht und verhält sich so gutmütig, daß man gar nicht anders kann, als sich sofort auf ihr wohlzufühlen«.

MV hatte sieben Maschinen auf die Insel geschickt: drei 350er und zwei 500er Dreizylinder sowie zwei Vierzylinder-500er. Agostinis 350er war mit Scheibenbremse am Vorderrad ausgerüstet, doch weil er mit hydraulisch betätigten Scheibenbremsen noch keine Erfahrung hatte, wurde angenommen, daß er im Rennen die normalen Bremsen fahren würde.

Agostini war mit traumhafter Sicherheit auf der MV »zu Hause«. Schon bei den ersten Trainings-Runden gab er das Tempo an, er fegte mit 103,84 mph um den Mountain Kurs. Pasolini war mit 102,31 mph nur wenige

Sekunden langsamer, und Hartle versuchte, sich mit der MV vertraut zu machen, erreichte auch immerhin hundert Meilen pro Stunde, wurde dann aber wegen Mückenschwärmen, die seine Plexi-Scheibe undurchsichtig machten, langsamer. Alles deutete auf ein mitreißendes und kampfstark ausgefochtenes Junior-Rennen hin, besonders nachdem Agostini und Hartle später die Strecke mit vorher nie erreichten Geschwindigkeiten umrundeten.

Hartles Traum einer Rückkehr zu MV verwandelte sich jedoch in einen Alptraum. Im Senior-Rennen schaffte er nur eine Runde — dann stürzte er, ein Rutscher im vergleichsweise unwichtigen Produktions-Rennen auf seiner Privatmaschine verhinderte seinen Start im Junior-Lauf.

Agostini wurde zur absoluten Heroen-Gestalt dieser TT. Während der Senior erreichte er im gestopten Hochgeschwindigkeitsabschnitt bei Highlander 157,9 mph, das war die schnellste Zeit, die dort jemals gefahren wurde — 3,4 mph schneller als die vorherige Bestzeit Mike Hailwoods auf der 500er Vierzylinder-Honda. Agostini gewann die Junior- und die Senior-TT, beide Läufe mit neuen Rekordrundenzeiten. In der Junior führte er vom Start bis ins Ziel, Hartle hatte gar nicht starten können, und die erwartete Herausforderung von Pasolini und Benelli fand nicht statt — Agostini hätte sich um garnichts Sorgen zu machen brauchen. Bereits am Ende der ersten Runde hatte er einen unglaublich großen Vorsprung von 36 Sekunden. Durch die von *Motor Cycle News* installierte Radarmessung zwischen Greg ny Baa und Brandish Corner jagte er sechsmal mit

John Hartle während des Trainings zur Senior TT 1968 auf der Dreizylinder-MV.
Ein Sturz im vorhergehenden Produktionsrennen verhindert dann seinen Start im Rennen um die Senior TT.

über 140 mph: 146,3, 145,2, 141,7, 142,5, 144,0 und 140,6 mph. Natürlich überbot er auch Hailwoods Streckenrekord mit einer Geschwindigkeit von 104, 78 mph.

Für ihn persönlich mag dies eine kleine Revanche für die Enttäuschung des Vorjahres gewesen sein, als er Hailwood den Sieg überlassen mußte, den er schon fast in der Tasche gehabt hatte. Es war diesmal Agostinis erster Senior-TT-Sieg und sein erster Doppelsieg. Zum ersten Mal hatte ein Italiener die Senior-TT gewonnen. Mit Erreichen der Maximalpunktzahl in beiden Kategorien festigte MV darüber hinaus seine Position in der Weltmeisterschaft.

Auch in Holland zeigten sich die MV wieder unschlagbar, obwohl Agostini im Rennen der 350 cm³-Klasse unverhoffte Gegenwehr des Bultaco-Fahrers Ginger Molloy niederringen mußte. In der nachträglichen Betrachtung gewinnt dieses Duell zusätzliche Bedeutung, denn eben dieser Mann aus Neuseeland war es, der zwei Jahre später, als MV längst als *die* Marke in den schweren Klassen galt, zum Herausforderer Agostinis wurde. Es war die Zeit, als die Japaner mit einer neuen Marke auf den Plan traten: Kawasaki. Hätte dieses Werk Ginger Molloy oder auch Dave Simmonds, der 1969 die Weltmeisterschaft in der 125 cm³-Klasse ohne dessen Zutun gewonnen hatte, intensiv unterstützt — MVs Griff nach dem 500er Titel wäre in jenem Jahr sicherlich erschwert gewesen, denn die Halbliter-Kawasaki galt als außerordentlich schnell.

1968 gewannen Agostini und MV jedes 350- und 500-cm³-Grand-Prix-Rennen — insgesamt 17 Läufe. Hier führt Agostini beim Grand Prix der Tschechoslowakei im 350-cm³-Rennen vor Pagani, Carruthers und Milani.

Während sich die Fahrer für den Lauf in Assen vorbereiteten, war in der 350er Weltmeisterschaft noch alles offen, nur vier Punkte trennten Agostini mit der MV von Pasolini mit der Benelli. In Holland ereilte aber Benelli das Schicksal: Pasolini stürzte in der dritten Runde, wobei er die Benelli stark demolierte. Er nahm das Rennen aber noch einmal auf — er hatte nicht einmal seine Position eingebüßt — stürzte aber in der folgenden Runde noch einmal und mußte nun aufgeben. Dadurch konnte MV seinen Vorsprung auf 12 Punkte ausbauen.

Nach drei klaren Siegen in den ersten drei WM-Läufen benötigte Agostini nun nur noch einen vierten Sieg beim anschließenden Lauf in Ost-Deutschland, um die 500er Weltmeisterschaft zum dritten Mal hintereinander zu erobern und MV den Titel zum zwölften Mal zu sichern. Es gelang ihm in überzeugender Manier und mit der Aufstellung des neuen absoluten Rundenrekords von 183,35 km/h. Die im Training getesteten Scheibenbremsen waren zum Rennen wieder gegen herkömmliche getauscht worden; die MV lief fehlerlos, wie die Mechaniker befriedigt feststellen konnten. Agostinis Fahrt vor über 200 000 Zuschauern auf dem Sachsenring bei wunderbarem Wetter zuzusehen, war eine reine Freude. Er schien mit seiner Maschine völlig eins zu sein. Nachdem er auch den 350er Lauf gewonnen hatte, galt es schon als sicher, daß er der erste italienische Doppel-Weltmeister der Klassen 350 und 500 cm³ sein würde.

Die Kombination MV/Agostini stürmte unaufhaltsam weiter: Tschechoslowakei, Finnland, Ulster — lauter glatte Siege. Für den letzten Grand Prix des Jahres, in Monza, hatte sich Graf Agusta eine kleine Sensation ausgedacht. Inzwischen waren die Meisterschaften längst zu seinen Gunsten entschieden, das Ergebnis von Monza also reine Publicity. Spekulationen schwirrten urplötzlich aus den Gerüchteküchen, als bekannt wurde, daß Teammanager Arturo Magni telephonisch Mike Hailwood ein Angebot für Monza gemacht habe. Am Vortag des Anrufs hatte Mike wieder einmal seine außergewöhnlichen Fähigkeiten unter Beweis gestellt, als er in Brands Hatch beim Hutchinson 100 Renzo Pasolini, Bill Ivy und Phil Read klar schlug. Trotz seines Fehlens beim Grand Prix-Sport hatte der Honda-Mann — übrigens zu dem Zeitpunkt noch immer regierender 250er Weltmeister — nicht das geringste von seiner Schlagkraft eingebüßt. Was nun aber das MV-Angebot betraf, so erreichte es Mike fast gleichzeitig mit einer Offerte von — Benelli!

Der Grund für das Vorgehen von MV war, daß die neue 350er — angeblich eine Sechszylinder-Maschine — ihren lang erwarteten ersten Auftritt in Monza vor heimischem Publikum haben sollte und der Graf zwei Fahrer in dieser Klasse einsetzen wollte, einen auf der neuen und einen auf der bisherigen Dreizylindermaschine. Außerordentlich »scharf« auf einen

Start für MV war Jim Redman; sollte Hailwood ablehnen, hatte MV aber Jack Findlay im Auge, der nach einer hervorragenden Saison Zweiter in der 500er Weltmeisterschaft war.

Über alle Maßen gern — beinahe verzweifelt gern — wollte Mike in Monza fahren, natürlich aber auch siegen! Immerhin hatte er dort nicht nur ein, sondern zwei Hühnchen mit Agostini zu rupfen, denn der Italiener hatte ihm in Monza zweimal die 500er Weltmeisterschaft weggeschnappt.

Wie in den Jahren 1966 und '67 sollte Monza wieder zur Szene unerwarteter Sensation und Dramatik werden. Hailwood kam mit MV überein und stellte umgehend im Training seine Qualitäten unter Beweis, indem er den von Ralph Bryans mit 203,088 km/h gehaltenen absoluten Rekord um 6/10 Sekunden unterbot. Das war der Auslöser für das bevorstehende Drama: Graf Agusta wies Hailwood an, Agostinis Sieg in beiden Klassen zu unterstützen, keinesfalls aber zu gefährden. Das lehnte Hailwood kategorisch ab. Am Samstag war Hailwood noch immer nicht bereit, nachzugeben; der Graf dagegen kam ihm entgegen und stellte ihm wenigstens den Sieg in der 350er Klasse in Aussicht. Aber Hailwood war unerbittlich. Er wollte sich in Monza rächen und beweisen, daß er der beste Fahrer — vor Agostini — sei. Er teilte Graf Agusta mit, daß ihm mit nur einem Sieg nicht gedient wäre. Er wollte unter gleichen Bedingungen wie Agostini in beiden Rennen gegen ihn antreten — oder gar nicht. Der Graf glaubte,

Zeit für einen kleinen Plausch: Agostini auf der MV (3) und Hailwood auf der Honda in Mallory Park.

Mike bluffe, doch der zeigte, daß es ihm ernst war, indem er seine Sachen packte und sich für die Rückreise nach England fertigmachte.

Diese Sachlage unterbreitete umgehend Volker Rauch, bekannter Sport-Reporter und Insider, Commendatore Benelli, dessen Offerte Hailwood zugunsten der von MV ausgeschlagen hatte. Der reagierte sofort und bot Mike eine seiner neuen 500er Vierzylinder-Maschinen an. Diesmal akzeptierte Mike und sorgte für neuerliche Sensation, als er während des für ihn arrangierten Nach-Trainings den Rundenrekord auch mit der Benelli brach.

Das Rennen am Sonntag begann, und die beiden Größten des Motorrad-Rennsports verstrickten sich sofort in ein intensives Gefecht. Die Spannung hätte nicht größer sein können, als Agostini und Hailwood zusammen um die berühmte Rennstrecke fegten; die völlig aus dem Häuschen geratenen Italiener feuerten dabei ihren Nationalhelden frenetisch an. Doch schien der so Umjubelte auch ohne ihre Unterstützung von Fortuna begünstigt: auf regennasser Bahn schätzte Hailwood die Bremsen der Benelli ganz offensichtlich situationsgerechter ein als sie tatsächlich waren — die Benelli schmierte in der Südkurve weg, Hailwood konnte den Sturz nicht mehr verhindern und war »draußen«. Agostini hatte dann nicht das geringste Problem mehr, den Sieg zu holen; damit und mit seinem ersten Platz im 350er Rennen komplettierte er einen eindrucksvollen Doppelerfolg.

Übrigens hätte das MV-Angebot an Hailwood beinahe dem Australier Kel Carruthers — später Weltmeister auf Benelli und noch später Mentor und Initiator der Erfolge von Kenny Roberts — die Chance gegeben, für MV zu fahren. Mikes Telegramm an MV, er sei mit dem Angebot einverstanden, wurde zunächst bei den Italienern völlig mißverstanden, nämlich als Absage. Also trat man nun an Carruthers heran, der dann bodenlos enttäuscht war, als Hailwood eintraf und sich die Angelegenheit aufklärte — sehr zum Leidwesen von Carruthers, der wieder seine private Aermacchi einsetzen mußte.

MV und Agostini beendeten ihre so erfolgreiche Saison im Oktober in San Remo mit dem Auslöschen des auf der MV »Privat« von Remo Venturi aufgestellten Rundenrekords. Die neue Zeit von 105,053 km/h verhalf Agostini zu einem 20-Sekunden-Vorsprung im Ziel dieses Rennens der zusammengelegten 350er und 500er Klasse, das die italienische Meisterschaft entschied und deren neuer Champion nun Agostini war, nachdem er Pasolini auf der 350er Benelli hatte hinter sich lassen können.

Zum Grand Prix-Sport leistete MV eine derart großen Beitrag, daß es fast unmöglich ist, zu sagen, welche die wichtigsten Jahre waren. Die Lightweight-Maschine der Ära Cecil Sandford und Carlo Ubbiali beherrschte die fünfziger Jahre und errang neun Weltmeisterschaften in fünf Jahren gegen schärfste Konkurrenz. Bis Honda die 350er Szene betrat, fuhr John Surtees in dieser und der 500er Klasse überwiegend gegen die Uhr — es ist diesem talentierten Fahrer und natürlich auch Graf Agusta zu verdanken, daß der Rennsport jener Zeit trotzdem so interessant war und daß unaufhörlich Rekorde purzelten. Hailwood und Agostini setzten dann später die MV-Überlegenheit fort.

Wahrscheinlich waren die späten sechziger und frühen siebziger Jahre die echten Hoch-Zeiten für MV, sicherlich aus der Sicht der Ergebnisse. Die Marke beherrschte die Kategorien 350 und 500 cm³ mit Maschinen, die zu den besten je auf der Welt gebauten gehören. Der Status als »Goliath« des Renn-Geschehens trug MV zwar auch Antipathien ein, doch wäre ohne MV der Rennsport nur ein Schatten seiner selbst gewesen. Auch der Graf hätte sich leicht, dem Beispiel seiner italienischen Hersteller-Kollegen folgend, aus dem Sport zurückziehen können. Es war sein ganz persönliches Verdienst, daß die berühmten Vierzylinder MV-Maschinen nicht von den Rennstrecken der Welt, die sowieso bald von den kreischenden Zweitaktern aus Japan überschwemmt wurden, verschwanden. Gerade bei der breiten Zuschauermasse gewann der Rennsport durch die Präsenz seiner Werks-Mannschaft, denn ohne Werksställe und Werksfahrer fehlen dem Rennsport die Atmosphäre und der große Reiz.

Die starke Position machte MV seltsamerweise besonders verletzbar. Die bloße Vorstellung, sich verteidigen zu müssen, bedeutete bei MV schon Entsetzen; nur wenig später wurden sie ja dann tatsächlich von den Japanern dazu gezwungen. Dieser Herausforderung folgte eine der spannendsten Perioden des Grand Prix-Sports seit Beginn der Weltmeisterschaft 1949. Mancher Rennsport-Fan erinnert sich sicherlich des sensationellen Angriffs von Yamaha in der 350 cm³-Klasse in den Jahren 1971 und '72 unter dem Jahrhundert-Talent Jarno Saarinen.

Doch zunächst mal war noch immer Benelli das große Problem für MV. Nachdem 1968 die Marke aus Pesaro hinter MV die Vizeweltmeisterschaft der Klasse bis 350 cm³ erobert hatte, erschien sie 1969 mit neuen Maschinen (mit verbesserten Fahrwerken und gesteigerter Motorleistung) und mit dem festen Vorsatz, MV bei einigen Rennen — denn Benelli beschickte nicht alle WM-Läufe — intensiv zu attackieren. Eine Gefahr für die Weltmeisterschaft konnte Benelli so natürlich nicht werden, doch würden, so meinte man in Pesaro, ein oder gar zwei Siege gegen MV genügend ehrenvolle Anerkennung bringen und darüber hinaus beweisen, daß die MV doch nicht unschlagbar sei.

In den vorsaisonalen Rennen in Italien steigerte sich Pasolini zu seiner Höchstform. Im März focht er in Rimini bei strömendem Regen ein Duell mit Agostini aus, das über die gesamte Distanz anhielt. Pasolini führte vom Start bis ins Ziel, bestach durch seine Sicherheit und wehrte am Ende glatt eine letzte Attacke Agostinis ab, um bequem vor diesem zu gewinnen. Von der Benelli derart geschlagen, mußten die MV-Leute bezweifeln, ob ihre Taktik richtig gewesen war, Agostini mit dem Vorjahresmodell ins Rennen zu schicken. Die brandneue Sechszylinder-Maschine, über deren Existenz schon lange gemunkelt wurde, erschien anfangs 1968, und Agostini hatte die 350er und die 500er Version während einer Woche ausgiebig in Modena getestet. Es hieß, diese Versuchsfahrten seien zur allgemeinen Befriedigung verlaufen; doch wollte man kein unnötiges Risiko eingehen und in Rimini lieber auf die altbewährten Maschinen zurückgreifen, mit denen Agostini sich im Vorjahr als unschlagbar gezeigt hatte.

Die neuen Sechszylinder-MV-Maschinen stießen allenthalben auf großes Interesse, besonders deshalb, weil MV bekanntlich schon 1957 eine Sechszylinder-Fünfhunderter mit Quermotor gebaut hatte, die, allerdings erfolglos, unter John Hartle beim Grand Prix von Italien eingesetzt worden war. MV gewann in Rimini zwar das anschließende 500er Rennen, doch der Held des Tages war Pasolini, der mit einem weiteren Sieg in der 250 cm³-Klasse Benelli zu einem eindrucksvollen Doppelsieg verhalf.

Der Ausgang des Rennens in Riccione, ein paar Wochen später, verstärkte das Unbehagen bei MV. In einem klassischen Duell unterstrich Pasolini, daß er Agostini im Kampf um den Titel der 350er Klasse zumindest ebenbürtig war, und fügte dem MV-Piloten eine weitere empfindliche Niederlage zu. Rundenlang fochten die beiden Rivalen Rad an Rad, sehr zum Gefallen der 40 000 Zuschauer, die Pasolini erneut als Doppel-Sieger feiern konnten. Inzwischen mußten die MV-Techniker zugeben, daß dies die schlimmste Niederlage war, die sie je von Benelli hatten hinnehmen müssen; und später im Verlauf der Saison, als Agostini weiterhin auf den alten Dreizylindern ausrückte, daß die neuen Sechszylinder noch lange nicht genügend wettbewerbsreif waren.

Beim Eröffnungslauf der Weltmeisterschaft in Spanien entwickelte sich die Rivalität zwischen den beiden Marken zum offenen Konflikt, nachdem Benelli-Teammanager Innocenzo Nardi-Dei völlig unerwartet seinen Fahrer Pasolini vom 350er Rennen zurückzog. Er klagte MV und Agostini der Unsportlichkeit an, weil sie bei der Ankunft des Benelli-Teams auf dem Jarama-Kurs — in jenem Jahr zum ersten Mal Schauplatz eines Grand Prix — bereits trainierten, obwohl das offizielle Training erst am folgenden Tag beginnen sollte. Als Pasolini darum bat, ebenfalls auf die Strecke zu dürfen, erfuhr er, daß Ossa und MV den Kurs gemeinsam gemietet hätten und er sich deshalb an diese wenden müsse. Pasolinis Bitte aber wurde rundweg abgeschlagen, woraufhin der Benelli-Teammanager seinen Fahrer sofort zurückzog und dazu kommentierte, daß, wenn Agostini allein trainieren wolle, er auch allein rennfahren solle. Ohne die Benelli-Konkurrenz siegte Agostini mit Leichtigkeit gegen die 350 cm³-Aermacchi von Kel Carruthers und ließ auch in der Halbliter-Klasse niemanden an sich heran.

Wie schon 1968 zeigte sich auch 1969 bald, daß gegen die mächtige Kombination MV und Agostini kein Kraut gewachsen war. Die Herausforderung von Pasolini und Benelli am Anfang der Saison war bald völlig vergessen, und Agostini gewann die 350 cm³-Weltmeisterschaft leicht vor Silvio Grassetti, der mit Yamaha- und Jawa-Maschinen angetreten war. Viel schwerer wäre Agostini der Titelgewinn sicher geworden, hätte nicht Bill Ivy auf dem Sachsenring der Rennfahrer-Tod ereilt.

Die abgrundtiefe Enttäuschung Ivys nach seiner Auseinandersetzung mit Phil Read, als beide 1968 als Werksfahrer bei Yamaha unter Vertrag standen, hatte ihn bestimmt, völlig desillusioniert seinen Rückzug vom Rennsport bekanntzugeben. 1969 gelang es jedoch dem tschechoslowakischen Jawa-Werk, ihn aus der Reserve zu locken, und Ivy trumpfte auch sofort mit zwei zweiten Plätzen hinter Agostini (in Hockenheim und Assen) auf.

Bill Ivy auf der Jawa — hier führt er im 350-cm³-Rennen in Assen 1968 vor Agostini — er profilierte sich bis zu seinem Todessturz als harter Gegner für die MV.

Er schien der einzige Fahrer in dieser Saison, der fähig war, Agostini in der 350 cm³-Klasse Paroli zu bieten. Leider stürzte Ivy — mit Sicherheit einer der besten Fahrer aller Zeiten — während des Trainings zum Großen Preis von Ost-Deutschland auf dem Sachsenring zu Tode.
In der 500er Weltmeisterschaft erlebten MV und Agostini eine absolut problemlose Saison. Agostini dominierte bei jedem Grand Prix, an dem er teilnahm. Insgesamt gab es in jenem Jahr zwölf Läufe, er verzichtete jedoch auf die beiden letzten in Opatija und Imola und beendete die Saison dennoch mit dreimal soviel Punkten wie sein nächster Verfolger, Gyula Marsovszky auf der Linto. Der in der Schweiz lebende emigrierte Ungar hatte übrigens am Anfang der Saison überraschend einige vorher von MV gehaltene Rekorde auslöschen können.
Der erstaunliche Erfolgs-Katalog des Gespanns MV/Agostini beinhaltete unter anderem Doppelsiege in Spanien, West-Deutschland, auf der Isle of Man, in Holland, Ost-Deutschland, der Tschechoslowakei, in Finnland und Nord-Irland — eine ganz überragende Rekordleistung. Immer noch auf den bewährten Dreizylinder-Modellen errang Agostini seinen zweiten Doppelsieg bei der TT und zog damit mit den beiden einzigen Rennfahrergrößen gleich, denen diese Leistung vor ihm gelungen war: dem legendären Stanley Woods und John Surtees, letzterer ebenfalls ein MV-Fahrer. Im Senior-Rennen erwartete niemand, daß Agostini die MV bis zum Limit ausfahren würde, weil er keinen direkten Gegner zu befürchten brauchte. Immerhin kam er bis auf eine Meile pro Stunde an den Rekord heran, den zwei Jahre zuvor Mike Hailwood aufgestellt hatte, als der mit der Honda gegen ihn ins Feld gezogen war. Dieser Sieg bedeutete für MV, nun genau so viele TT-Siege vorweisen zu können wie die einst unschlagbare Norton.
Auch das Junior-Rennen wurde zu einer Spazierfahrt für die MV, die mit Sicherheit auch eine längere Distanz als die sechs zu absolvierenden Runden ohne Schwierigkeiten durchgestanden hätte.
Denjenigen Rennsport-Fans, die MV und Agostini wegen ihrer angeblich so leichten Siege den Vorwurf der Langweiligkeit machten, standen mindestens ebensoviele gegenüber, die sie unterstützten und ermutigten, in ihren Bemühungen fortzufahren und den werksseitig betriebenen Rennsport am Leben zu erhalten. Diese Leute mußte es natürlich wie ein Schock treffen, daß eine Trennung der alles beherrschenden Kombination bevorstehen sollte, wie um die TT-Zeit herum gemunkelt wurde. Es war bekannt, daß Agostinis Vertrag mit MV zum Jahresende auslaufen würde, jedoch zweifelte niemand daran, daß seine Erneuerung für 1970 lediglich Formsache sei. Doch zeigte Agostini neuerdings unverhohlenes Interesse für den Wagensport, absolvierte gelegentliche Starts und hatte angeblich schon einen

Vertrag von Ferrari für Formel II-Rennen in Südamerika in der Tasche. Es schien, als ob der Italiener dem Beispiel John Surtees folgen wolle, als er zugab: »Ich hoffe, 1970 Autos fahren zu können, werde nebenbei aber auch einige Motorradrennen wahrnehmen«.

Im Herbst brachte Agostini seine so erfolgreich verlaufene Saison zu einem krönenden Abschluß, als er in Mallory Park und Brands Hatch noch sechs bedeutende Rennen bestritt, von denen er fünf gewinnen konnte. Die Aussicht, beim internationalen »Race of the Year« in Mallory Park Mike Hailwood (damals glaubte man, es sei seine letzte Vorstellung auf einem Motorrad) gegen Phil Read und Giacomo Agostini antreten zu sehen, lockte fast 60 000 Zuschauer an den berühmten Kurs in Leicestershire. In seiner überhaupt besten Vorstellung auf einer britischen Kurz-Strecke gelang es dem Multi-Champion aus Italien, alle seine illustren Gegner zu schlagen und drei Haupt-Rennen zu gewinnen.

Einen Monat später gewann Agostini in Brands Hatch die Redex Trophy für den Sieg in der 500er Klasse und den 20-Runden-Lauf der *Evening News* mit perfekter Leichtigkeit, mußte jedoch im 350er Rennen überraschend Phil Read auf der Yamaha den Vortritt lassen. Dieses Rennen war eine höchst spannende Angelegenheit: zunächst führte Agostini, doch ertrotzte sich Read in der ersten Runde in der Westfield-Kurve die Führung und gab dann Agostini keine Chance mehr; der attackierte ihn zwar grimmig, vermochte aber nichts mehr am Ausgang des Rennens zu ändern.

Dieses Jahr beinhaltete neben den unbeschreiblichen Erfolgen für MV auch Tragik: Im September starb im Alter von nur 53 Jahren Mario Agusta, einer der jüngeren Brüder Domenicos, nach einem Herzinfarkt. Im Werk hatte er eine der höchsten Positionen innegehabt.

Trotz des großartigen Erfolgs, den MV 1969 errang, waren die Fans darüber enttäuscht, daß die neuen Sechszylinder-Maschinen sich keinesfalls als ebenbürtige Nachfolger der Dreizylinder-Maschinen erwiesen. Diese Tatsache hätte allerdings Mike Hailwood nicht gestört, wieder zu MV zurückzukehren — hätte man ihm ein echtes Angebot unterbreitet.

Das aber blieb aus, Hailwood wandte sich endgültig dem Automobilsport zu und überließ es Agostini, 1969 zwei weitere Weltmeisterschafts-Titel für MV zu erringen.

Neue Kapitel
in der Rennsport-Geschichte

Auch 1970 und 1971 blieben Agostini und MV das »dynamische Duo«. In der 350 cm³-Weltmeisterschaftsserie erwiesen sie sich als schneller und zuverlässiger als ihre Mitstreiter, doch begannen sich schon 1970 kommende Erfolge Yamahas abzuzeichnen. Fahrer wie Rodney Gould konnten mit fortschreitender Saison immer bessere Plazierungen erreichen, nachdem am Anfang der Saison die Benellis von Kel Carruthers und Renzo Pasolini den MV noch hart auf den Fersen waren. Die Zukunft in Betracht ziehend — und Agostinis erklärtes Vorhaben, Autorennen fahren zu wollen — schaute sich MV nach einem zweiten Mann um. Angelo Bergamonti absolvierte in Modena Testfahrten auf den MV-Werksmaschinen und wurde offiziell erstmals in Monza eingesetzt, wo er hinter seinem »Capo« Ago als Zweiter einlief. Für den Final-Lauf in Spanien, auf den Agostini als bereits feststehender neuer Weltmeister verzichtete, trat er als MV-Fahrer Nummer Eins an und siegte, womit MV wiederum alle elf WM-Läufe der 500er Klasse gewann, dazu alle zehn der 350er Kategorie.

Ende 1970 entzog sich MVs Erfolgs-Liste allen Vergleichen. In drei aufeinanderfolgenden Saisons hatte Agostini jeden WM-Lauf der Halbliterklasse gewonnen, bei dem er gestartet war, wobei es für die inzwischen sprichwörtlich gewordene Zuverlässigkeit der MV sprach, daß die Maschinen bei diesen 30 Rennen keinen einzigen Ausfall wegen technischen Defekts erlebten.

Auf den Rennpisten der Welt schrieb die unerreichbare Kombination Agostini/MV ganz neue Kapitel in die Erfolgs-Listen. Ein TT-Doppelsieg schraubte 1970 MVs erste Plätze auf der Isle of Man auf 30, das waren nur vier weniger als der ungeschlagene Rekord der Norton. Aber Norton hatte immerhin über 50 Jahre gebraucht, um auf diese Zahl zu kommen — MV dagegen war diese erstaunliche Leistung in nur 18 Jahren gelungen. Agostini benutzte zu seiner Zeit die MV, um sich auf der Isle of Man sein ganz persönliches Image aufzubauen. 1966 hatte er als erster Fahrer vom

1970 heimste Giacomo Agostini mit der 500-cm³-MV viele einsame Siege ein, einschließlich den beim Ulster Grand Prix — seinem zehnten Grand-Prix-Sieg in der Halbliterklasse.

Agostini auf der MV — klare Überlegenheit in Holland 1970.

Kontinent eine Junior-TT gewinnen können. Zwei Jahre später gelang ihm wieder als erstem Kontinental-Europäer, Doppelsieger der Junior- und der Senior-TT zu werden. Und 1970 wurde er der erste Fahrer in der 63 jährigen Geschichte der TT, de dreimal hintereinander Doppelsieger der Junior- und der Senior-TT werden konnte.

Weit und breit war nicht einmal die Andeutung einer eventuellen Konkurrenz zu bemerken, doch bei MV gab man sich keiner Selbsttäuschung hin, speziell nicht über die eigene Position in der 350er Klasse. Noch zu nachhaltig saß ihnen der Schreck über die schnellen Benellis der Vorjahre in den Knochen.

Zum Glück für MV verschlechterte sich das Verhältnis zwischen Benelli und ihrem Starfahrer rapide, niemand wunderte sich, als Benelli den hochtalentierten Pasolini schließlich entließ. Bei Benelli war man fest davon überzeugt, das viel schnellere Motorrad als MV zu besitzen und — hätte sich Pasolini nur mehr angestrengt — die Konkurrenz auch nachhaltig hätte schlagen können.

Angeblich hatte Benelli schon einmal versucht, Agostini mit einem Vertragsangebot von 200 000 Mark pro Jahr von MV wegzulocken. Nun trat Benelli tatsächlich an den Abonnements-Weltmeister heran, doch der entschied sich, MV gegenüber loyal zu bleiben, obwohl dort gerade Angelo Bergamonti einen Zweijahresvertrag unterschrieben hatte.

Keine Täuschungen über die in der Leistung enorm verbesserten schnellen Yamahas gab man sich bei MV hin, mit Hochdruck wurde an einer neuen schlagkräftigen 350 cm³-Maschine gearbeitet. Die Sechszylinder-350er hatte sich bekanntlich nicht als Erfolg bewiesen, Agostini hatte sie schon 1969 getestet, aber nie im Rennen eingesetzt. Versuchsfahrten mit der neuen Maschine — die angeblich eine V-Vierzylinder sein sollte — hatten im November 1970 in Monza stattgefunden, doch erst im darauffolgenden September wurde sie dann eingesetzt. Es war eine fürchterliche Enttäuschung. Unter Alberto Pagani, der neu ins Team gekommen war, kam sie nicht weiter als bis zur fünften Runde, Agostini — auf der Dreizylinder — fiel gleichzeitig mit Motordefekt aus und mußte auch im 500er Lauf bald die Flinte ins Korn werfen, nachdem er zuvor noch den Rundenrekord auf 212,24 km/h geschraubt hatte. Lediglich einen Abglanz sonstiger Glorie erlebte MV durch den Sieg Paganis in der Halbliterklasse.

1971 bewies Yamaha, daß die Befürchtungen MVs zu Recht bestanden hatten. Bei neun der elf zur 350er Weltmeisterschaft zählenden Läufe belegte Yamaha mit Jarno Saarinen den zweiten Platz, zweimal konnte ihr unglaublich kampfstarker, brillanter Fahrer aus Finnland sogar den Sieg für sich verbuchen: in der Tschechoslowakei und in Italien.

Die Saison 1971 begann schon tragisch für MV. Im Februar starb Firmen-

gründer Graf Domenico Agusta nach einem Herzinfarkt. Bei einem der vorsaisonalen Frühjahrs-Rennen stürzte Bergamonti in Riccione so schwer, daß er einige Zeit später im Krankenhaus von Bologna seinen Verletzungen erlag — erst vor sechs Monaten hatte er bei MV unterschrieben. Trotz alledem und gegen die Herausforderung Saarinens gelang es Agostini, die MV sicher über die Runden zu bringen und die Weltmeisterschaft in den beiden großen Klassen ohne Schwierigkeiten zu erringen. Sechs Siege konnte er mit der 350er verbuchen, acht mit der Halblitermaschine. Damit war Agostini insgesamt zehnmal Weltmeister — kein anderer Fahrer vor ihm hatte je so viel Titel erringen können. Sogar Ubbiali und Hailwood (mit je neun Titeln) hatte er überholt. Nicht zuletzt mit diesem einmaligen Rekord bewies Agostini, wie recht Graf Agusta damals mit seiner Wahl gehabt hatte: er war der Mann, der alle Träume des Grafen realisiert hatte.
Giacomo Agostini, inzwischen der unbestreitbar größte Fahrer des Grand Prix-Sports, war zum ersten Mal als 11jähriger auf einem Motorrad gesessen und gerade 18, als er sein erstes Rennen bestritt. Innerhalb von nur drei Jahren war er bereits italienischer Meister. Ursprünglich »entdeckt« hatte ihn Morini, doch seine eigentliche Karriere begann, nachdem Agusta ihn unter Vertrag genommen hatte. Er stammte aus kleinen Verhältnissen und darf als einer der wenigen Rennfahrer bezeichnet werden, die geschäftstüchtig genug waren, für die Zeit vorzusorgen, wo man das Leder an den Nagel hängen und sich eine ordentliche Existenz schaffen muß. Geboren 1943 in Lovere bei Bergamo, absolvierte er seine ersten Starts bei kleineren Veranstaltungen und Bergrennen. 1963 organisierte er sich eine Morini und saß im Jahr darauf schon auf einer Werksmaschine dieser Marke, mit der er Tarquinio Provini die nationale Meisterschaft der 250 cm³-Klasse abnahm. Kurz darauf nahm in Graf Agusta als Fahrer Nummer Zwei in sein MV-Team. Obwohl er damals nur begrenzte Erfahrung mit hubraumgrößeren Maschinen besaß, beendete er seine erste Saison bei MV als Vizeweltmeister der 500er Klasse. Damit hatte der erfolgreichste Rennfahrer aller Zeiten seinen Weg begonnen.
Giacomo, der älteste der vier Agostini-Brüder, wurde zu einer der populärsten Figuren des internationalen Rennsports. Mit seinem überragend guten Aussehen und dem Stil des sorglos ungebundenen Junggesellen durfte er sich über lange Jahre hinweg enormer Beliebtheit erfreuen. Eine immense Ausstrahlung hatte er auf Frauen und Mädchen, doch respektierten ihn seines Könnens wegen auch deren Männer und Freunde, die Rennsportanhänger überhaupt. Nebenbei betätigte er sich auch als Modell für Modefotografen und spielte auch in einigen Filmen mit.
Den Höhepunkt seiner Laufbahn aber erlebte er anfang der siebziger

Jahre auf den MV-Maschinen. Er war wirklich eine Klasse für sich. Die längste Zeit seiner Karriere gelang es Agostini, sich aus Verwicklungen, Streitigkeiten und sonstigen Unannehmlichkeiten herauszuhalten, in die viele seiner Kollegen immer wieder verstrickt wurden. Kaum je gab es einen Vorfall, der ihn in die Schlagzeilen rücken ließ, trotz seiner mit Leidenschaft ausgetragenen Duelle mit Hailwood. Erst viel später, als er den Höhepunkt seiner Laufbahn schon überschritten hatte, kam es zu einigen Szenen, nachdem Graf Corrado Agusta den Engländer Phil Read engagiert hatte, der Ago prompt den 500er Titel abjagte. Dies gab den Ausschlag, daß Agostini nach all den erfolgreichen Jahren MV verließ — nicht ohne sich zu rächen: nach seinem Wechsel zu Yamaha holte er dem japanischen Werk den ersten 500 cm³-Titel.

Speziell in England hatte Agostini immer eine besonders anhängliche Schar von Fans gehabt. Das änderte sich jedoch, nachdem er sich weigerte, noch einmal an den Start der TT-Strecke zu gehen. 1972 war sein Freund, der Italiener Gilberto Parlotti, auf dem Mountain Course zu Tode gestürzt; Agostini nahm das zum Anlaß, die TT zu boykotieren, und zog eine ganze Reihe von Fahrern nach. Er wollte, daß die TT aus der Weltmeisterschaft herausgenommen werde, und warb mit Nachdruck für dieses Ziel. Weitere tödliche Unfälle auf der Isle of Man schienen seine Einstellung nur allzu deutlich zu unterstreichen und beeinflußten zweifellos die endgültige Entscheidung, den Rennen auf der Isle of Man ihren Weltmeisterschafts-Status zu nehmen.

Mit Graf Domenico Agusta verband Agostini ein außerordentlich herzliches Verhältnis, das in all den Jahren ungetrübt und fruchtbringend für beide Seiten gewesen war. Dem Werk MV Agusta und seinem Firmenchef brachte er tiefen Respekt entgegen, 1968 sagte er einmal: »Ich bin stolz, daß ich zu MV gehöre, weil MV den Rennsport so immens unterstützt hat. Graf Agusta tut das, weil er ein echter Enthusiast und der Sport für ihn ein Hobby und nicht so sehr ein Geschäft ist. Er läßt sich das eine Menge kosten, und wenn er auch nicht selbst zu den Rennen geht, weiß er immer genau, was dort geschieht«.

Nach dem Rückzug von Honda wurden die MV-Maschinen nicht sehr intensiv weiterentwickelt. Dazu bestand ja auch keine besondere Veranlassung mehr. Die technisch hervorragenden und überaus zuverlässigen Maschinen konnten nach Belieben einen Sieg nach dem anderen herausfahren. Keine andere Maschine konnte sich mit ihnen messen. Dabei waren sie nicht unbedingt die schnellsten Motorräder, anderen aber überlegen, weil sie über das bessere Fahrverhalten verfügten und auch stärkstem Druck standhielten, wo andere längst niederbrachen. Tatsächlich demonstrierte MV Jahr um Jahr den Grundsatz einer erfolgreichen Teilnahme am Renn-

Agostini mit der Dreizylinder-MV auf der Isle of Man bei Quarter Bridge auf seinem Weg zum Sieg in der Senior TT 1971.

Ein ungewöhnliches Bild — Agostini mit der MV an zweiter Stelle! Beim Grand Prix von Belgien 1971 führte im Rennen der 500-cm^3-Klasse zunächst Jack Findlay auf einer Suzuki das Feld an, doch hieß der Sieger am Ende doch wieder Agostini.

sport (den allerdings die Konkurrenten entweder ignorierten oder nicht verstanden): Geschwindigkeit und Leistung allein genügen nicht, sind nicht ausschlaggebend; eine gute Rennmaschine muß vor allem unter höchster Belastung ordentliches Fahrverhalten und Durchstehvermögen besitzen.
Als Kawasaki neu zum Rennsport stieß, mutmaßte Dave Simmonds, der damals für das Werk fuhr, daß seine Halblitermaschine mindestens ebenso schnell wie Agostinis MV sei. Doch Zuverlässigkeit ist ebenso wichtig wie reine Geschwindigkeit — das zeigte sich auch in diesem Fall.
Was Agostini bei MV verdiente, wurde nie offiziell bekanntgemacht. Mehr als einmal gab er zu, daß MV sehr generös sei, meinte aber: »Dafür muß ich ja auch tun, was sie von mir verlangen«.
Kein Hehl machte er aus seiner Vorliebe für die Dreizylinder-MV. Als er zu MV kam, stand diese Maschine gerade kurz vor der Vollendung, und er fuhr sie als Erster. Die Maschinen waren leicht, niedrig und natürlich nach seinen Wünschen, die er infolge seiner Erfahrung auf den Morinis hatte, für ihn maßgeschneidert. Ein überraschender Aspekt bei seinem raketenhaften Aufstieg war, daß er zu dem Zeitpunkt, als Agusta auf ihn aufmerksam wurde und ihn unter Vertrag nahm, noch gar keine Grand Prix-Erfahrung im Ausland hatte sammeln können — alle seine Erfolge hatte er sich in Italien geholt.
Nachdem Hailwood MV verlassen hatte, war es ausgerechnet Agostini, der ihm die schwersten Rennen seiner ganzen Laufbahn lieferte, sowohl in der 350er wie in der 500er Klasse. Hailwood beurteilte ihn einmal als den besten italienischen Rennfahrer seit Ubbiali, mit unheimlich schneller Auffassungsgabe, großem Talent und unerhörter Courage.
Bis zu seinem Boykott der Insel Man erlebte Agostini dort einige seiner größten Erfolge. Zwischen 1966 und 1972 gewann er dort insgesamt zehnmal, viermal schaffte er das »einmalige Wunder«, das Junior- und das Senior-Rennen in der gleichen Woche siegreich zu beenden.
Nach Graf Domenico Agustas Tod erhob sich Ende 1971 die Frage: betreibt MV auch weiterhin Rennsport? Nachfolger von Domenico war inzwischen Graf Corrado Agusta geworden, der jüngste und einzige noch lebende der Agusta-Brüder. Er galt als unbeschriebenes Blatt.
Die 25 Jahre Rennsport, die MV betrieben hatte, waren allein der Inspiration eines einzigen Mannes zu verdanken gewesen, Domenico Agusta. Er nur war fähig gewesen, über die Rennpolitik zu entscheiden, Maschinen nach seinen Vorstellungen bauen zu lassen, die für MV richtigen Fahrer zu finden, seine Marke erfolgreich einzusetzen. Als es ihn nicht mehr gab, machte sich in seinem Imperium Unsicherheit breit. Zwar entschloß man sich bei MV, weiterhin Rennen zu fahren. Doch das Jahr 1972 wartete mit der bisher stärksten Herausforderung auf: sie kam von Yamaha.

Saarinen und die Yamaha

Nichts hätte MVs absolute Beherrschung der 500er Klasse deutlicher machen können als die 1972 wiederum errungene Weltmeisterschaft. Agostini holte der Marke nicht nur den 15. Titel dieser Kategorie in ununterbrochener Reihenfolge, mit Alberto Pagani wurde MV auch Vizeweltmeister. Er war am Ende der vorangegangenen Saison von MV verpflichtet worden, um als zweiter Mann die Rolle des tödlich verunglückten Angelo Bergamonti zu übernehmen. Der Abstand zwischen MV und ihrem nächsten Verfolger war so enorm, daß Agostinis 105 WM-Punkte mehr als doppelt so viel waren wie die, mit denen sich der Schweizer Bruno Kneubühler den dritten Platz der WM-Wertung sicherte.
Diese Leistung gelang Agostini und MV trotz des starken Drucks, dem sich die italienische Marke seitens Yamaha ausgesetzt sah. Denn nachdem die Japaner sich in der 250er Klasse bereits eine machtvolle Position geschaffen hatten, faßte Yamaha nun die 350er Kategorie ins Auge. Die japanische Marke stattete mehrere Fahrer mit 350 cm³-Maschinen aus, um eine möglichst breite Angriffsfront zu haben — und um die nötigen Vorbedingungen zum Einstieg auch in die 500er Klasse zu schaffen.
In der Kategorie bis 350 cm³ erlebten Agostini und MV 1972 ihr seit langem schwierigstes Jahr. Durch die Teilnahme von Yamaha erhielt der Rennsport neue, starke Impulse, denn mit ihrem neuen Star, dem Finnen Jarno Saarinen, hatte man bei Yamaha einen Fahrer gefunden, der sich nicht im geringsten von Agostinis Überlegenheits-Image beeindrucken ließ. Saarinen hatte auf Maschinen des finnischen Yamaha-Importeurs 1971 einige eindrucksvolle Rennerfolge erzielt und hatte ob seiner brillanten Leistung für 1972 einen Werksvertrag von Yamaha bekommen.
Anfangs erkannte man bei MV die Gefahr nicht, die Saarinen bedeutete, und rüstete Agostini mit Maschinen aus, die fast unveränderte Vorjahresmodelle waren. In Deutschland und Frankreich, bei den beiden ersten WM-Läufen, bekam MV eine Ahnung davon, was auf dem Spiel stand:

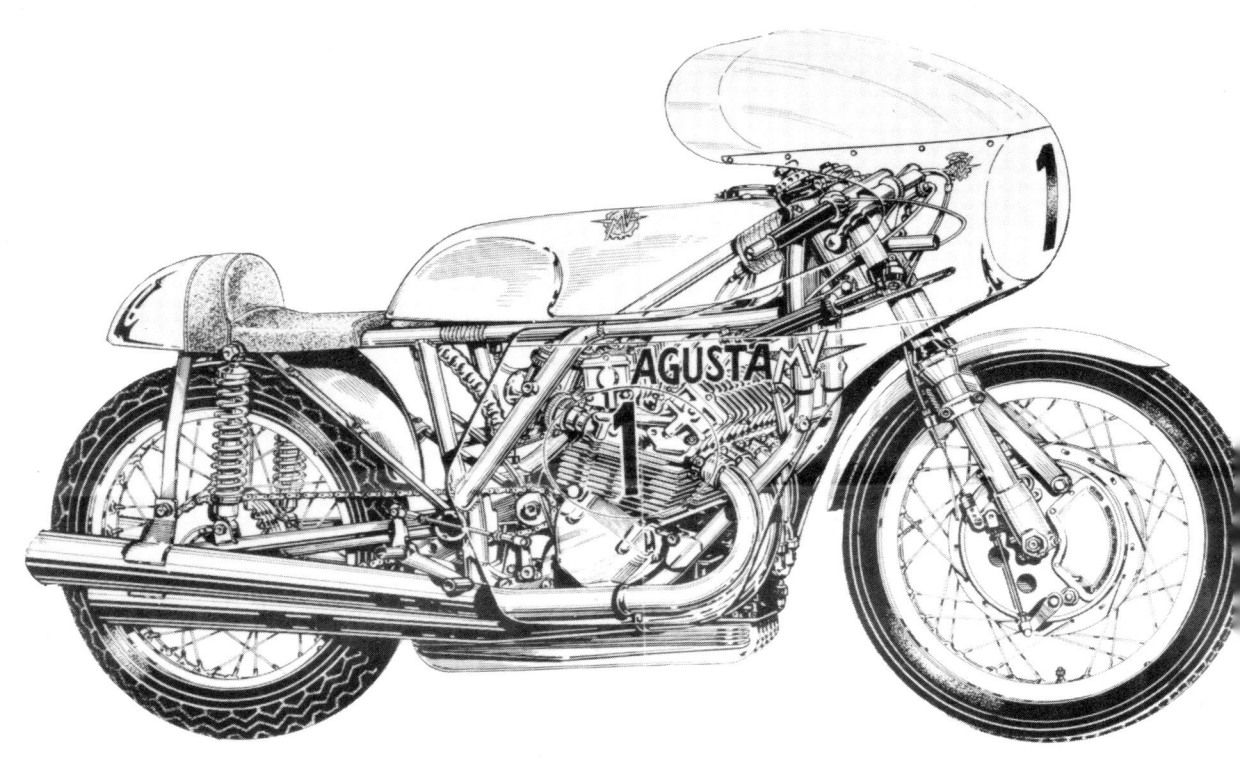

Kampf auf Biegen und Brechen. Saarinen gewann überzeugend beide Rennen.

Nun beeilte sich MV, zu handeln, und holte Phil Read ins Team, der Agostini in der 350 cm³-Klasse den Rücken decken sollte, während Pagani dieser Part für die 500er Klasse zufiel. Eine neue 350er Vierzylinder-Maschine wurde gebaut und in aller Eile fertiggemacht, um dem Angriff der Yamahas entgegenzutreten. Agostini setzte sie erstmals im Mai beim Großen Preis von Österreich ein. Das neue Modell hatte 52 × 40,4 mm Bohrung/Hub und drehte maximal 15 000 U/min. Die Maschine wog 140 kg; der Motor hatte vier Ventile pro Zylinder, zwei zahnradgetriebene obenliegende Nockenwellen, Magnetzündung und ein Siebengang-Getriebe.

Nicht umsonst hatte MV im Jahr zuvor das Budget der Rennabteilung erhöht, denn der Übermacht der Zweitakt-Maschinen mußte Gleichwertiges entgegengesetzt werden — das MV-Team bestand nun aus sehr viel mehr Fahrern und Maschinen als in den Vorjahren. Trotzdem mußte sich Agostini in Deutschland mit dem zweiten Platz begnügen und in Frankreich gar mit dem unglaublichen vierten Rang. Seit fünf Jahren hatte die MV-Streitmacht nicht eine derart empfindliche Niederlage einstecken müssen. Saarinens Sieg auf dem Nürburgring hätte nicht schockierender sein können — schon in der zweiten Runde riß er die Führung an sich, brach dreimal den Rundenrekord und schraubte die neue Marke für die absolute Bestzeit auf 151,71 km/h.

Der Finne Jarno Saarinen, der als Yamaha-Werksfahrer zur größten Gefahr für Agostini und die MV wurde, hier nach dem „Race of the Year" 1972 in Mallory Park mit seiner Trophäe.

Linke Seite:
Die 350-cm³-Vierzylinder-MV, die Agostini erstmals beim Grand Prix von Österreich im Mai 1972 einsetzte, nachdem ihn Jarno Saarinen mit der Yamaha zweimal geschlagen hatte (in Deutschland und in Frankreich)

In Österreich und Italien schlug MV aber dann eindrucksvoll zurück, Agostini siegte in beiden Läufen und anschließend im Junior-Rennen auf der Isle of Man.

Mit den TT-Rennen 1972 beendete Agostini eine Ära. Er entschied sich nach dem Todessturz seines Freundes Gilberto Parlotti, niemals mehr an einer TT teilzunehmen. Eine Zeitlang hing der Verbleib des gesamten MV-Teams in der Schwebe. Auch Pagani war durch den tragischen Unfall tief betroffen; er, Agostini und Team-Chef Arturo Magni diskutierten die Möglichkeiten, die Insel sofort zu verlassen oder zu bleiben und das Senior-Rennen noch zu bestreiten. Verzweifelt versuchten sie, telephonisch das Hauptquartier in Italien zu erreichen, doch kamen sie nicht durch und mußten deshalb ihre Entscheidung unabhängig und ohne Rückversicherung bei Corrado Agusta treffen. Es hieß, Agostini habe nun letztlich die Entscheidung, und weil der Start der Senior wegen Schlechtwetters um zweieinhalb Stunden verschoben werden mußte, kam das MV-Team aus dem Grübeln nicht heraus. Schließlich rang sich Agostini doch zu einer Teilnahme durch und gewann das Rennen, Pagani wurde Zweiter. Es war dies der fünfte Senior-TT-Sieg nacheinander für MV und Agostini, der da zu den einmaligen Rekord von 53 Renn-Runden mit über 100 mph auf dem TT-Kurs aufstellte. Dennoch sollte das die letzte TT für MV und Agostini sein, die nie mehr auf die Isle of Man zurückkehrten: für sie hatte die TT ein Opfer zuviel gekostet.

Besessen focht Agostini um die erfolgreiche Verteidigung seines 350er Titels; in Holland errang er einen weiteren Sieg. Phil Read auf der zweiten MV siegte in Ost-Deutschland, Saarinen wendete das Blatt mit einem sensationellen Sieg in der Tschechoslowakei — und dann stand der schwedische WM-Lauf in Anderstorp bevor.
Dramatische Spannung lag in der Luft, als Agostini nach dem Start sofort die Spitze an sich riß und vor Saarinen um die Strecke fegte. Der »fliegende Finne«, wie er inzwischen genannt wurde, ließ jedoch nicht locker und jagte Ago unbarmherzig — eine Weltmeisterschaft stand auf dem Spiel. Saarinen aber sollte an diesem Tag kein Glück haben. Das Verhängnis ereilte ihn in Form eines Getriebedefekts seiner Yamaha, er verlor an Boden — Agostini dagegen fuhr überlegen einem weiteren Sieg entgegen. Read brachte seine MV an zweiter Stelle ins Ziel, Saarinen wurde Dritter. Auch in Finnland hieß der Sieger Agostini; das bedeutete schon eine Vorentscheidung für den neunten Titelgewinn durch MV. Seit Jahren hatte sich Agostini nicht mehr so hart für einen Titel anstrengen müssen, am Ende trennten ihn in der Wertung mit seinen 105 WM-Punkten nur 16 von Vize-Weltmeister Saarinen, der 89 vorweisen konnte.
Saarinen war nun der Mittelpunkt des allgemeinen Interesses. Im Rennsport betrachtete man ihn als eine der schillerndsten Persönlichkeiten, die wahrscheinlich sogar Agostini auszustechen vermochte. Er wurde 1945 in der finnischen Hafenstadt Turku geboren und sammelte erste Erfahrungen bei Speedway- und Eisrennen, ehe er sich dem Straßenrennsport zuwandte. Mehrmals war er finnischer Meister im Eis-Speedway. Sein erstes Straßenrennen absolvierte er 1967 auf einer 125 cm^3-Puch, dann folgten ab 1968 private Yamaha-Maschinen. Seinen ersten Grand Prix bestritt er 1969, erkannte aber bald, daß er sich als Privatfahrer diesen Sport nicht leisten konnte. Er studierte nebenher Maschinenbau und hatte sich schon fast damit abgefunden, das Leder an den Nagel zu hängen, als sein Sieg im 350 cm^3-Rennen in der Tschechoslowakei 1972 ihm die Tür zu einem Werksvertrag öffnete. 1972 wurde er dann Weltmeister der 250 cm^3-Klasse auf Yamaha.
Das tragische Ende für ihn kam, noch ehe er den Höhepunkt seiner Karriere erreicht hatte, 1973 in Monza: bei einem Massensturz gleich nach dem Start fand er — und mit ihm Renzo Pasolini — den Tod.
In der kurzen Zeit, die ihm verblieben war, stellte Saarinen mit der Yamaha für Agostini und MV die größte Herausforderung in über zehn Jahren dar. Yamaha schickte sich damals an, eine führende Rolle im Sport zu übernehmen. Als der japanischen Firma ihr erster Weltmeisterschafts-Titel zufiel — 1967 in der 125 cm^3-Klasse durch Bill Ivy — war MV längst ein altgedienter Veteran der Renn-Szene. Im darauffolgenden Jahr be-

diente Read Yamaha mit der Doppel-Weltmeisterschaft in den Kategorien 125 und 250 aber die nächsten zwei Jahre waren dann für Yamaha nicht mehr ganz so erfolgreich. Bis 1971 neue Triumphe kamen, die wiederum Read zu verdanken waren. Aber auch Saarinens Erfolge hatten Yamaha gezeigt, wo die Achillesferse der MV lag, und man beeilte sich, hier nachzustoßen. Bei Yamaha schätzte man, daß bei etwas gesteigerter Anstrengung und Konzentration der 350er Titel »drin« sein müsse, und so sah es 1973 für MV recht gefährlich aus.

Daß Saarinen sich in absoluter Höchstform befand, bewies er überdeutlich beim ersten wichtigen Rennen der neuen Saison, den 200 Meilen von Daytona. Geschickt und clever gewann er dieses stark imageträchtige Langstrecken-Rennen und ließ dem Sieg in Imola den nächsten überragenden 200 Meilen-Erfolg folgen. Ebenso sensationell begann er die WM-Saison: die 250er Kategorie — die freilich für MV ohne Interesse war — gewann er nacheinander in Frankreich, Österreich und Deutschland.

So perfekt es für Saarinen und Yamaha lief, so unschön sah es für Agostini und MV aus. Die Italiener hatten auf den Start in Imola verzichtet, beteiligten sich jedoch am Langstrecken-Lauf in Mettet in Belgien. Den konnte zwar Agostini mit der »alten« Dreizylindermaschine gewinnen, doch lag seine Zeit weit unter der Saarinens vom Vorjahr.

Im April, beim ersten WM-Lauf in Frankreich auf dem Circuit Paul Ricard, mußte Agostini erleben, daß er mit seiner 500er Dreizylinder-MV den Finnen auf der Yamaha nicht halten konnte, der mit 2.14,8 min. neuen absoluten Rekord markierte. 65 000 Zuschauer wurden Zeuge, als Agostini bei dem verzweifelten Versuch, den Anschluß nicht zu verlieren, zu Boden mußte. Eine böse Schlappe für Agostini, für sein Ansehen als weltbester, überragender Fahrer in der 500er Klasse — denn Phil Read, sein Teamkamerad, hatte seine MV hinter Saarinen auf den zweiten Platz ins Ziel gebracht.

Saarinen hatte die neue große Yamaha in Frankreich zum ersten Mal gefahren, und wie er sie eingesetzt hatte, um Agostini derart nachhaltig zu schlagen, überzeugte die MV-Leute schlagartig, daß ihnen die größte Herausforderung seit Mike Hailwoods Zeiten mit der Honda bevorstand.

Im Training zum zweiten Lauf (in Österreich) hatte Agostini hinter Saarinen und Kanaya ebenfalls auf Yamaha, nur die drittbeste Zeit erreicht. Im 350er Rennen schieden er und Read wegen Defekten an der Elektrik aus. Im 500er Rennen gelang es Read, das angekratzte MV-Image wieder ein bischen aufzupolieren, als er nach dem Start zwei Runden lang an der Spitze durchkam, ehe Saarinen vorbeizog. Read attackierte den Finnen dann unablässig und so hart, daß es beinahe zu einem Drama gekommen wäre. Im Nieselregen und auf höllisch glatter Bahn kam Read bei Geschwindigkeiten um die 200 km/h so nahe an Saarinen heran, daß beider Maschinen sich berührten. Read beschuldigte später den Finnen, ihn behindert zu haben, doch der meinte, es sei gerade umgekehrt gewesen, und Read habe ihn gezwungen, beim Ausweichen fast in die Strohballen zu fahren.

Inzwischen hatte Agostini keine Chance, mit den Spitzenreitern mitzuhalten, seine Maschine war deutlich zu langsam. Nach nur fünf Runden fehlten ihm schon 25 Sekunden zu Saarinen an der Spitze. Weit abgeschlagen fiel er später mit Motorschaden aus, während Read weiterhin Saarinen bedrängte. In der 17. Runde aber erlitt auch sein Motor einen Ventildefekt — so kam erstmals seit langem keine MV ins Ziel. Saarinen gewann vor dem Japaner Hideo Kanaya.

Nach zwei WM-Läufen war Read in der 500er Klasse der besser placierte MV-Mann — er rangierte in der Wertung an fünfter Stelle —, und Agostini teilte sich in der 350er Tabelle den dritten Platz mit dem Ungarn Janos Drapal.

Auch in Hockenheim beim Großen Preis von Deutschland fielen beide 350er Maschinen mit Ventilschaden aus, und bald munkelte man, MV ziehe sich aus dieser Kategorie zurück. Wenigstens einen Trost hatte MV aus Hockenheim mit heimnehmen können: Read hatte mit der 500er klar gewonnen.

Um der Yamaha-Gefahr besser entgegentreten zu können, wurde bei MV mit Hochdruck an einer neuen Vierzylindermaschine gearbeitet. Die bisherige Version hatte bei 56 × 44 mm Bohrung/Hub, 432 cm^3 Hubraum und leistete bei 14 000 U/min 80 bhp. Das war nun nicht mehr ausreichend, das neue Modell sollte deshalb volle 500 cm^3 haben. Kurz vor Hockenheim wurde es fertig, eingeflogen und beim abschließenden Training eingesetzt. Weil Read punktmäßig besser als Agostini lag, beanspruchte natürlich er die Neue — sehr zum Mißfallen Agostinis. Der neue Vierzylinder hatte 57 × 49 mm Bohrung und Hub und leistete 95 bhp bei 14 000 U/min.

Read hielt sich diesmal dicht hinter Saarinen, als beide nach dem Start aus dem Motodrom auf die lange Gerade zufuhren. Als sie wieder in Sicht kamen, lag Read in Führung und behielt sie auch, trotz unablässiger Angriffe Saarinens, die der Finne ritt, der dabei neuen absoluten Rekord fuhr. Dann riß an der Yamaha die Kette und zwang Saarinen zum Ausscheiden. Read meinte nach seinem Sieg, die neue MV sei auf der Geraden schneller als die Yamaha.

Alle Hoffnungen bei MV konzentrierten sich nun auf Monza, den nächsten WM-Lauf. Team-Manager Magni war schon nicht mit in Hockenheim gewesen, um im Werk eine zweite neue Maschine für Agostini herzurichten. Über 100 000 Zuschauer waren nach Monza gekommen, um die Rennen zu sehen, nachdem am Tag zuvor eine italienische Gazette berichtet hatte, dies sei Agostinis letzter Start für MV — er gehe zu Honda. Agostini dementierte dies übrigens sofort. Im ersten Rennen des Tages, dem der 350 cm³-Klasse, holte sich Agostini nach einer der härtesten Jagden seines Lebens die Höchstpunktzahl für den Sieg.

Agostini hatte erst die Angriffe seines Teamkollegen Read abschmettern müssen, dann hatte ihn Teuvo Lansivuori attackiert und schließlich Renzo Pasolini auf einer Aermacchi Harley-Davidson, die eindeutig schneller als die MV war. Hinterher meinte der Weltmeister: »Ich hatte Glück bei meinem Sieg«. Nach vier WM-Läufen brachte ihm das den zweiten Tabellenplatz hinter Lansivuori ein, der sieben Punkte mehr hatte.

Im nachfolgenden Rennen der 250 cm³-Klasse kam es gleich nach dem Start zu einem Sturz, in den 15 Maschinen verwickelt wurden: in diesem Inferno mußten Jarno Saarinen und Renzo Pasolini ihr Leben lassen. Das Rennen wurde abgebrochen, die 500er Klasse — in der MV an diesem Tag sicher eine große Sieges-Chance gehabt hätte — gar nicht mehr gestartet.

Während sich Yamaha in einer prekären Situation befand, konnte man bei MV in Ruhe an den gravierenden Problemen arbeiten, die seit Beginn des Jahres aufgetreten waren. Arbeiter-Unruhen in der italienischen Motorradindustrie hatten das Werk hunderte von Arbeitsstunden gekostet, wodurch die neuen Maschinen Monate später als geplant fertig wurden. Zum Chef der Rennabteilung war inzwischen Roky Agusta avanciert, der blutjunge Sohn des Domenico-Nachfolgers Corrado. Er zeigte sich außerordentlich rennsportbegeistert und forcierte neben dem Grand Prix-Einsatz den Bau einer echten 750er Maschine für den Formel-Sport. Dieses ehrgeizige Projekt mußte jedoch abrupt beendet werden, als nicht mehr zu übersehen war, daß alle Anstrengungen auf die Weltmeisterschaft konzentriert werden mußten, um nicht ganz unterzugehen.

Denn inzwischen war noch ein Angreifer auf den Plan getreten: Suzuki. Während bei MV hektisch an den neuen Maschinen laboriert wurde, machten sich die Japaner bereit, ebenfalls in die 500er Klasse einzusteigen.

Die neue 500er MV sollte im März fertig werden, ganz schlecht sah es dagegen mit der 350er aus. Die trüben Zukunftsaussichten für MV sah Arturo Magni zu Jahresbeginn 1973 so: »Wir werden die Vorjahresmodelle Read und Agostini auf privater Basis überlassen, sollten sie sich jedoch nach drei oder vier Rennen als nicht konkurrenzfähig erwiesen haben und die neuen Maschine noch nicht fertig sein, so könnte ich mir vorstellen, daß wir uns eine Weile aus dem Geschehen zurückziehen«.

Die ersten Tests erfuhren die neuen 500er Vierzylinder im März, doch obwohl Read mit dem neuen Motor in Frankreich hatte Zweiter werden

Agostini 1973 in Mallory Park.

Die 500er-Version der MV-Dreizylindermaschine, die zwischen 1968 und 1972 die Grand-Prix-Szene beherrschte.

können, sahen sich die MV-Ingenieure einer Menge von Problemen gegenüber, deren sie nicht Herr zu werden schienen. Nun wurde ein Spitzen-Techniker von der Helikopter-Abteilung abgezogen und der Rennabteilung überstellt, um die Schwierigkeiten lösen zu helfen. Obwohl der neue Motor unzweifelhaft schneller war, brachte er die Techniker zum Verzweifeln, weil er nicht genügend standfest schien. Erst nach Reads Sieg in Hockenheim wurden die MV-Leute wieder etwas zuversichtlicher — nun sahen sie wieder Land.

Saarinens Tod — der Spitzenreiter sowohl in der 250er wie der 500er Weltmeisterschafts-Tabelle war — beendete die Gefahr für MV, ihre Titel zu verlieren, denn Yamaha zog sein Team als Ausdruck letzter Hochachtung für Saarinen zurück.

Phil Read hatte sich indessen innerhalb des MV-Teams den Status der Nummer Eins erworben, doch blieb MV trotz seiner Intervention dem Prinzip treu, nur »sichere« Strecken zu beschicken, und blieb der Isle of Man fern. So konnte der australische Privatfahrer Jack Findlay die Senior-TT gewinnen. Einen Monat später baute MV die Hoffnungen auf die erfolgreiche Verteidigung ihres Titels nicht gerade aus, als sie aus Sicherheitsgründen dem Start des Grand Prix von Jugoslawien in Opatija fernblieben. Nach ihrer Ankunft fanden sie die vorher versprochenen Sicherheitsvorkehrungen zur teilweisen Entschärfung des pittoresken Adria-Kurses nicht realisiert und reisten daraufhin wieder ab. Natürlich wußte man bei MV, daß der Sieger der Isle of Man und von Jugoslawien (Findlay und Kim Newcombe) in der Weltmeisterschaft nicht gefährlich werden konnten, aber Agostini erlebte dennoch die schlimmste Saison seines Lebens. Nach fünf Läufen und dem Rennen in Monza, das nach dem Massenunfall abgebrochen wurde, vermochte er nicht einen einzigen 500er Sieg vorzuweisen — schlimmer noch: er hatte nicht einmal einen WM-Punkt auf seinem Konto.

Inzwischen profilierte sich Read bei MV als der neue Wunderknabe. Er war hinter Saarinen in Frankreich Zweiter geworden und hatte Hockenheim gewonnen. Mit einem Sieg in Holland steigerte er seine Aussichten sogar noch, während Agostini wieder ohne Punkte blieb, wenigstens gewann er aber in neuer Rekordzeit die 350er Klasse.

Verzweifelt bemühte sich Agostini, seine alte Form zurückzugewinnen, was ihm nicht leicht fiel, denn der Schock über die »Schmach«, die man ihm in seinem eigenen Team zufügte, indem man ihn scholt, nicht mehr schnell genug zu sein — gleichzeitig den schnellsten Motor aber Read gab — lähmte ihn geradezu. In Belgien endlich wendete sich das Blatt einmal zu seinen Gunsten; auf dem ultraschnellen Kurs von Francorchamps holte er sich den ersten 500er Grand Prix-Sieg der Saison — vor Phil Read. Mit neuem absolutem Rundenrekord von 218,519 km/h und einer Gesamtdurchschnittszeit von 214,478 km/h absolvierte er eine beeindruckende Fahrt. Read konnte an diesem Tag nicht mithalten, weil er wegen Kolbendefekts seinen schnelleren Motor nicht einsetzen konnte und mit der Trainingsmaschine an den Start gehen mußte; aber er belegte immerhin Platz Zwei. Doch auch das Erfolgserlebnis von Belgien konnte den Weltmeister noch nicht endgültig wiederaufrichten; bei einer Stippvisite in Silverstone erlitt er eine weitere moralische Schlappe: im 500er Rennen mußte er sich Read und auch noch Barry Sheene beugen.

Obwohl Saarinens Tod die von Yamaha ausgehende Gefahr vom Tisch gefegt hatte, wujte man bei MV, daß der Spitzenrang im Rennsport nur zu halten sein würde, wenn das Maschinenmaterial grundlegende Verbesserungen erführe. Im August testete Agostini in Misano während des Trainings eine neue Vierzylindermaschine, die sich als recht vielversprechend zeigte. Dieses Modell war nur unwesentlich größer als die 350er Maschine und an die 10 kg leichter als die alte 500er, mit der Read in Silverstone gesiegt hatte.

Dieser neue Motor baute auch entschieden schmäler als der alte und ermöglichte so die Verwendung eines leichten, niedrigeren Rahmens. Weitere Modifikationen waren Änderungen der Vordergabel-Geometrie und der Motoraufhängung.

Die verbleibenden vier WM-Läufe wurden zu einer gigantischen Schlacht um die Weltmeisterschaft. Daß MV sie ein weiteres Mal erringen würde, stand außer Frage — nur welcher der beiden MV-Piloten, Read oder Agostini, den Titelkampf für sich entscheiden würde, das blieb bis zuletzt offen. Gegen Ende der Saison kam es zu offenen Feindseligkeiten zwischen den beiden Teamgefährten, wobei sich Agostini hauptsächlich über Reads ungeheure Prahlsucht beschwerte. Der sonnte sich unverholen in seiner Favoritenrolle, die er innerhalb des Teams einnahm (denn von dem Moment an, wo er gegenüber Agostini die bessere Position zum Gewinn des 500er Titels erreicht hatte, konzentrierte sich alle Aufmerksamkeit auf ihn). Agostini im Zorn: »Mein Vertrag mit MV läuft im Oktober aus. Ehe ich einen neuen unterschreibe, werde ich ein deutliches Wort mit Graf Corrado Agusta sprechen und mit Read ebenfalls — dem ich in diesem Jahr viel ermöglicht habe. Das ging so weit, daß mir nur eine einzige Maschine blieb, mit der ich den Titel verteidigen sollte. Doch anstatt wenigstens etwas Dankbarkeit zu zeigen, verhinderte er einige für mich wichtige Siege«.

Sicher war es berechtigt, was der Italiener da sagte. Read zögerte niemals, seine Wünsche und Vorstellungen mit letzter Konsequenz durchzufechten, und er erkannte blitzschnell seine Chance, Agostini als Nummer Eins aus-

zubooten, was ihm besonders im Hinblick auf die bevorstehende Saison 1974 wichtig war. Agostinis Reaktion war nur verständlich, obwohl man ihm den Vorwurf machte, in seiner Phase der Erfolglosigkeit seine eigenen fahrerischen Möglichkeiten nicht mehr richtig eingeschätzt zu haben.
In der Tschechoslowakei erlebte Agostini auf der Brünner Strecke einen Glanz-Tag und gab Read das Nachsehen, aber schon in Schweden waren die Positionen wieder vertauscht. Agostini gewann noch einmal in Finnland, doch konnte er damit schon nichts mehr am Ausgang der Weltmeisterschaft ändern — mit einem Sieg beim Final-Lauf in Spanien untermauerte Read seinen neuen Titel.
Seine schwarze Serie setzte Agostini im September in Misano mit einem Sturz während des Trainings fort, wobei er sich eine schwere Beinverletzung zuzog. So kam es nicht zu der von den britischen Fans herbeigesehnten Auseinandersetzung der beiden MV-Piloten in England, denn Agostini konnte wegen seiner Verletzung bei den Herbstrennen nicht antreten.
Es war ein recht unzufriedener, vergrämter Agostini, der am Ende der Saison 1973 bei MV seine Bedingungen stellte, sollte er weiterhin für die berühmte Marke an den Start gehen. Für 1974 verlangte er von Corrado Agusta vier Werksmaschinen zu seiner alleinigen Verfügung: je zwei für die 350 und 500er Klasse. Nach so vielen Jahren hatte sich der Multi-Champion so daran gewöhnt, Weltmeister der Halbliterklasse zu sein, daß er mit allen Mitteln versuchen wollte, den 1974 verlorenen Titel zurückzuholen. Read andererseits hatte sich seinen Platz im MV-Team erkämpft und äußerte, daß MV ihn deshalb unter Vertrag genommen hätte, weil man in der Teamleitung wisse, daß er fähig sei, so schnell zu fahren wie man es von ihm verlange. »Die wollten einen Sieger, wenn auch die Teamorder bestimmte, daß Agostini als Erster über die Linie gehen solle«, meinte er.
Nachdem Agostini 1972 in Clermont Ferrand im 350er Rennen gegenüber Saarinen das Nachsehen gehabt hatte, hatte Read sich bei MV angeboten und gesagt, er könne sehr wohl Agostini gegen die Yamaha und Saarinen unterstützen. Er wurde von Corrado Agusta zu einem Gespräch nach Italien eingeladen und sagte darüber später: »Es gab kein Handeln, kein Hin und Her wegen des Geldes. Ich sollte für MV in der 350er Klasse fahren, und ich war mir völlig darüber im Klaren, daß ich dieses Angebot keinesfalls ablehnen dürfte. Ich forderte lediglich einen finanziellen Ausgleich für den Verlust, den ich dadurch haben würde, daß ich nicht mehr in der 250er Klasse teilnehmen könne«.
Natürlich war sein Hauptgrund, zu MV zu gehen, die Möglichkeit, in die 500er Klasse aufsteigen zu können, was das erklärte Ziel seines Lebens war. Die große MV bezeichnete er später einmal als die überragendste

Rennmaschine, die er je bewegt habe. Anfangs, so bestätigte er, habe er Order gehabt, sich hinter Agostini zu halten. Daran hätte sich auch nichts geändert, denn als Italiener hätte Agostini immer die schnellste Maschine bekommen und er, Read, habe nicht den geringsten Einfluß auf die Auswahl nehmen können, denn er habe ja nicht italienisch sprechen können und sei deshalb den Mechanikern ausgeliefert gewesen. Agostini erzählt diese Geschichte allerdings ganz anders!

Agostini hart angreifend, meinte Read einmal: »Er benimmt sich wie ein absoluter Superstar, eine Primadonna. Kein Mensch kommt wirklich mit ihm aus. Als Italiener ist er naturgemäß überheblich und will immer die Nummer Eins sein. Nur darauf ist sein Sinn gerichtet. Er ist nie sehr entgegenkommend, und man kann nicht viel von ihm erwarten. Jedenfalls ich nicht.«

Beider Beziehung war also alles andere als harmonisch zu nennen. Zu Beginn des Jahres 1974 geschah dann auch Sensationelles: nach neun Jahren, in denen er den Erfolg der MV-Rennmaschinen personifizierte, packte Giacomo Agostini seine Sachen und verließ MV Agusta.

Im Dezember 1973 war Read nach Italien gekommen und hatte bei MV einen Vertrag unterschrieben, nach dem er in der Saison 1974 die Nummer Eins der Italiener sein sollte. Agostini indessen konnte sich über seine Zukunftspläne nicht entscheiden und überlegte lange, was er tun solle. Kurz vor Ostern gab er dann bekannt, daß er bei Yamaha unterzeichnet habe — Initiator dieses Wechsels und Vermittler zwischen den beiden Parteien war übrigens der deutsche Sportjournalist Volker Rauch gewesen, der sich sicher war, daß für beide Seiten ein Zusammengehen von Vorteil sein würde. Zur Zeit seines Wechsels war Agostini der erfolgreichste Motorradrennfahrer aller Zeiten und hatte innerhalb von nur sieben Jahren für MV sechs Weltmeisterschaften in der 350 cm^3-Klasse und sechs in der 500 cm^3-Klasse errungen.

Nun war für ihn eine Ära beendet; doch der so erbittert geführte Kampf zwischen ihm und Read, nun auch wieder zwischen Yamaha und MV, sollte noch zwei Jahre andauern. Es wurde der Schwanengesang für die MV-Maschinen.

Das Duell MV-Yamaha

Um das Jahr 1974 begann sich das Gleichgewicht der Kräfte in den größeren Hubraumkategorien des Grand Prix-Sports zu verändern. Yamaha hatte sich in den vergangenen zwei Jahren emsig bemüht, MV vom Podest zu stoßen, doch entpuppte sich dann die japanische Konkurrenzmarke Suzuki als der viel stärkere Gegner.

Zwar beteiligte sich MV auch weiterhin am Rennsport, doch in Gallarate erfolgten große Veränderungen. Ende 1973 erhöhte die italienische Regierung — die natürlich am Hubschraubergeschäft von MV stark interessiert sein mußte — ihren Aktienanteil an der Firma auf 51 Prozent; die Firmenleitung betonte, daß die Rennabteilung davon nicht berührt sei. Das brachte jedoch die Frage nicht zum verstummen: ist das der Anfang vom Ende bei MV? Die Wochen-Produktion der Motorräder — seit jeher nur ein geringer Teil des gesamten Agusta-Geschäfts — war auf 50 bis 60 Stück gesunken (die Spitze waren einmal 200 Einheiten gewesen), wofür 1000 Beschäftigte im Lohn standen. Nachdem die Regierung die Aktienmehrheit übernommen hatte, wurde es für Graf Corrado Agusta zusehends schwieriger, die Ausgaben zu verteidigen, die der Rennsport verschlang und die beträchtlich höher waren als der Gewinn aus der Produktion.

Es schien keinen Zweifel darüber zu geben, daß Agusta weiter Sport betreiben wollte, wobei der Graf den Erfolg auf der Piste zum Verkaufsanreiz für seine Motorräder ummünzen wollte — doch ob die finanzielle Struktur der Firma eine solche Belastung weiterhin verkraften könne, war eine andere Frage. Am Ende mußte Corrado Agusta sich damit einverstanden erklären, die Ausgaben für den Sporteinsatz aus seiner eigenen Tasche zu bezahlen.

Zunächst also ging es bei MV weiter. Ohne Agostini mutete das Team seltsam genug an. Nach seinem Wechsel — der ihm nach eigenen Worten »trotz allem« schwer gefallen war — bestand das MV-Team nun lediglich aus Phil Read. Read selbst, der Agostini ab und zu der »Altersschwäche«

gezogen hatte, war vier Jahre älter als der Italiener und eigentlich selbst ein Veteran, eine Verjüngungs-Kur war die MV-Teampolitik also wahrhaftig nicht. Während Read sich wahrscheinlich nicht dagegen gewehrt hätte, mit Agostini in einer Mannschaft zusammengespannt zu werden — als Weltmeister hätte er ja seine Forderungen stellen können —, hätte es für den Italiener bedeutet, zwangsweise zurückgestuft zu werden. Die Möglichkeit, als »Wasserträger« für Read fungieren zu müssen, war für Agostini einfach unvorstellbar, selbst wenn die Situation für ihn durch einen lukrativen Vertrag versüßt worden wäre. MV hätte ihm darüber hinaus auch niemals ein Angebot machen können wie Yamaha: 400 000 Mark für den Zweijahres-Kontrakt! Außerdem sah er in den unbegrenzten Möglichkeiten der Japaner, basierend auf ihrem weltweiten immensen Verkaufserfolg, die einzige reelle Chance, sich »seinen« 500er Titel zurückzuerobern. Dennoch bedeutete sein Wechsel zu Yamaha eine der sensationellsten Überraschungen in der gesamten Rennsportgeschichte. Und als die beiden Giganten zu Beginn der neuen Saison ihren Kampf gegeneinander aufnahmen, stand eine der packendsten, spannendsten Auseinandersetzungen seit über vier Jahren bevor.

Theoretisch wurde Read auf der MV für den Favoriten gehalten: er hatte bereits ein Jahr Erfahrung mit der Viertaktmaschine, Agostini hingegen nicht die geringste mit Zweitaktmaschinen, nachdem er seine ganze bisherige Laufbahn mit Viertaktern bestritten hatte.

Bei MV verzichtete man auf jedes Risiko. Inzwischen war es kein Geheimnis mehr, daß die MV-Maschinen nicht mehr über jene alles besiegende Schlagkraft verfügten wie zur Zeit des Grafen Domenico Agusta in den Sechzigern; doch mußte man immer noch stark mit ihnen rechnen. Also bereitete sich MV auf die Saison 1974 vor.

Eine Weile schien es, als ob Read der einzige Werksfahrer bliebe, doch dann schlug er Dieter Braun als seine Rückendeckung vor. Braun hatte 1973 den Weltmeistertitel der 250 cm^3-Klasse auf einer Standard-Yamaha errungen, nachdem Saarinen verunglückt war, lehnte das Angebot aber ab, weil er auf längere Sicht bei den Italienern für sich keine Zukunft sah.

Währenddessen besuchte Agostini das Yamaha-Hauptquartier in Tokyo sowie die Werksanlagen, wo er die 350, 500 und 750 cm^3-Rennmaschinen ausgiebig probefuhr.

Im Februar gab MV Agusta bekannt, daß der Italiener Gianfranco Bonera unter Vertrag genommen worden sei. Diesem Abschluß war eine ungewöhnliche Vorgeschichte vorausgegangen, die zeigt, wie schnell sich im Rennsport das Glück wenden kann. MV signalisierte sein Interesse an Bonera, doch bedeutete der 28jährige Ex-Radrennfahrer, daß er bei Harley-Davidson unter Kontrakt stehe.

Gianfranco Bonera auf der 500-cm³-MV in Mallory Park 1974.

Nach einem Krach wegen einer Fix-Summe trennte er sich jedoch über Nacht von den Aermacchi-Nachfolgern und bestellte bei Yamaha einige Produktions-Rennmaschinen.

Inzwischen hatte MV sich an Barry Sheene gewandt, doch unterschrieb der Brite lieber bei Suzuki. Dritter vergeblicher Versuch war Dieter Braun.

Nun fand man bei MV heraus, daß Bonera offensichtlich doch frei sei und kontaktierte wiederum ihn, der auch umgehend unterschrieb. Früher wäre eine derartige Fahrersuche bei MV schlicht undenkbar gewesen — da standen die Aspiranten sozusagen Schlange — nun mußte man froh sein, einen guten Piloten einkaufen zu können.

In dem jeder neuen Saison vorausgehenden Nervenkrieg schienen die Zeitchen zunächst zugunsten Reads zu stehen. Während man allgemein annahm, Agostini habe Schwierigkeiten, sich an die Eigenheiten des Zweitaktmotors zu gewöhnen, favorisierte man Read für den Titel der 500er Klasse, auf den er sich 1974 ausschließlich konzentrieren sollte. Doch brachte dem Briten eine alte Fingerverletzung aus dem Jahr 1972 Probleme; trotz einer Reihe von Operationen und speziellen Behandlungen blieb sein kleiner Finger steif gekrümmt.

Später trat ein Umschwung der Meinungen zum Vorteil Agostinis ein — als Folge seiner beiden Sensations-Siege in Daytona und Imola, die ganz überragend ausfielen.

Dutch TT 1974: weit in Führung liegend Phil Read auf der MV, dahinter Lansivuori (Yamaha), Bonera (MV) und Agostini (Yamaha).

Das erste direkte Aufeinandertreffen von MV und Yamaha geschah im März bei einem der italienischen Frühjahrs-Rennen, in Misano. Read ging daraus als Sieger hervor, denn Agostini fiel sowohl in der 350er wie der 500er Klasse aus. Vor diesem Lauf hatten beide Marken mit erheblichen Schwierigkeiten zu kämpfen gehabt. Agostinis Fünfhunderter war im letzten Training »explodiert«, und die Mechaniker hatten die ganze Nacht durch arbeiten müssen, um sie zu reparieren. MV dagegen war wegen eines Streiks gezwungen gewesen, die Rennmaschinen buchstäblich aus dem Werk herauszuschmuggeln und sie in einer privaten Garage vorzubereiten. Die persönliche Rivalität zwischen Agostini und Read machte der Engländer im Training mit einem seiner opportunistischen Schliche deutlich: er sprang hinzu, um Agostinis Maschine mit anzuschieben, und sagte, daß es doch quasi seine Pflicht sei, dem mit der Yamaha unerfahrenen Italiener Hilfestellung zu geben! Doch hinter den Kulissen machte man sich bei MV ziemliche Sorgen um die tatsächliche Stärke des Teams — wie anders war es sonst zu verstehen, daß MV dem Amerikaner Gary Nixon eine Maschine anbieten wollte, nachdem der USA-Fighter in Daytona Agostini gejagt hatte, dabei aber gestürzt war.

Dann endlich ging der Vorhang zum Weltmeisterschaftskampf hoch, und der Lorbeer des ersten 500er Lauf-Sieges ging prompt an Read. In Clermon Ferrand in Frankreich kreuzte der MV-Mann die Linie als Erster vor dem Suzuki-Piloten Barry Sheene; Bonera auf der zweiten MV wurde Dritter.

Schon am Start war die Spannung am Siedepunkt. Read kannte den Kurs besonders gut und war dort immer erfolgreich gewesen. Sein Vorhaben hatte er schon im Training angekündigt, als er mit dem sieben Jahre alten Rundenrekord — seinerzeit von Mike Hailwood auf der 250 cm³-Sechszylinder-Honda aufgestellt — gleichzog. Ein Rekord-Publikum von fast 100 000 Zuschauer sah Agostini schlecht starten, doch lag er bald danach schon an Reads Hinterrad, der die Führung innehatte. Nachdem der Italiener ihm die Spitze entrissen hatte, trennten die MV schnell sieben Sekunden von Agostini, doch in dessen Yamaha-Getriebe wurde ein Lager defekt und zwang ihn zur Aufgabe, nachdem er mit 3.32,4 min noch neuen absoluten Rundenrekord gefahren hatte — 3,6 Sekunden schneller als Hailwoods alte Marke!

In der Endphase sah sich die MV starken Attacken der Suzuki von Sheene ausgesetzt. Dessen Angriff aber kam etwas zu spät (erst nachdem seine Boxe ihm signalisierte, Bonera rücke zu nahe auf) — hätte Sheene der Suzuki früher die Sporen gegeben, hätte er wahrscheinlich sogar vor der MV durchs Ziel gehen können.

Der zweite WM-Lauf (auf dem Nürburgring) wurde zur reinen Farce — er konnte keinesfalls als seriöser Grand Prix bezeichnet werden. Sämtliche Topfahrer, einschließlich der Werkspiloten von MV und Yamaha, verweigerten nach langwierigen Disputen mit dem Veranstalter wegen angeblich nicht ausreichenden Sicherheitsvorkehrungen den Start.

Aus Österreich, vom dritten Lauf, nahm Agostini einen beeindruckenden Doppelsieg der Klassen 350/500 cm³ und beide Male die Höchstpunktzahl mit nach Hause. Bonera blieb es vorbehalten, MV vor der völligen Niederlage zu bewahren, indem er im Halbliterrennen den zweiten Platz belegte. Er verfolgte Agostini hart über die ganze Distanz und lag im Ziel weniger als eine Viertelsekunde hinter der Yamaha. Damit war es Bonera gelungen, sein Talent eindeutig unter Beweis zu stellen, denn damals hatte er insgesamt noch weniger Rennen bestritten als Agostini normalerweise in einer Saison. Vielleicht wäre es ihm an diesem Tag sogar möglich gewesen, noch besser abzuschneiden, wenn er die Situation in der Endphase, nämlich das geschickte Passieren der zu überrundenden Nachzügler, besser einzuschätzen vermocht hätte. Read hatte keine Chance — sein Motor hatte in der achten Runde geklemmt und war später ganz festgegangen.

Nach drei der insgesamt zehn WM-Läufe der 500er Klasse war es Bonera gelungen, die Chancen für MV beträchtlich in die Höhe schnellen zu lassen: er führte die Tabelle zusammen mit Barry Sheene an, der für seinen zweiten Platz in Frankreich und den dritten in Österreich ebenfalls 22

Punkte gesammelt hatte. Agostini, Read und Edmund Czihak hatten jeweils 15 Punkte, letzterer von seinem Sieg auf dem «boykottierten» Nürburgring.

In der 350er Klasse sah es für MV dagegen bitter aus: Agostini lag mit 30 Punkten an der Tabellenspitze, MV dagegen hatte noch keinen einzigen Zähler. Read war in Frankreich mit Zünddefekt aus dem Rennen gegangen, und in Österreich war sein Ausfallgrund Wasser in der Zündung gewesen.

In einer Pause des Grand Prix-Zirkus stand ein wichtiges, international ausgeschriebenes Rennen auf dem Programm. Völlig unverhofft erreichte das MV-Team dort ein Anruf des Grafen Corrado Agusta, der eine sensationelle Entscheidung getroffen hatte: er verbot den Start in der 350er Klasse. Besonders weil Bonera — zum ersten Mal seit seinem Eintritt ins Team — die schnellste Trainingszeit gefahren hatte, traf der Entschluß des Grafen seine Leute wie ein Schock. Das Startverbot bedeutete den völligen Rückzug der 350er MV vom Rennsport; Reads Ausfall in Österreich war also der enttäuschende Schlußpunkt des Einsatzes in dieser Kategorie gewesen. Offensichtlich wollte der Graf einer Blamage größeren Ausmaßes vorbeugen; alle Anstrengungen sollten auf die weit wichtigere und image-trächtigere 500er Klasse konzentriert werden.

Zum ersten Mal seit 18 Jahren fehlte nun der volltönende Klang der ehemals alles beherrschenden 350er MV in der Grand Prix-Szene.

Recht erfolgreich für MV verlief der italienische WM-Lauf. Bonera bewies ein weiteres Mal seine Fähigkeiten und errang einen schönen Sieg. Read wurde Dritter, Agostini blieb ohne Punkte. Im Training trumpfte Agostini mit der schnellsten Zeit auf, Bonera und Read waren beide etwas langsamer, dann folgten Lansivuori, Sheene und Jack Findlay. Im Rennen selbst zeigte sich die Yamaha von Agostini als gänzlich überlegen. Der Italiener unterbot den absoluten Rekord um ein Beträchtliches — und blieb zwei Runden vor dem Ziel ohne Kraftstoff auf der Strecke liegen. So war der Weg frei für Boneras ersten Grand Prix-Sieg.

Prinzipientreu blieb MV dabei, die Isle of Man zu boykottieren. Gleich anschließend, beim Grand Prix von Holland, mußten die Italiener einen schweren Rückschlag verkraften, denn Read und Bonera kamen nur an dritter bzw. vierter Stelle ins Ziel, Agostini dagegen erreichte es ganz überlegen als Erster. Während seiner brillanten Fahrt fuhr Agostini als Erster auf der holländischen Traditionsstrecke Rundenzeiten unter der Dreiminuten-Grenze. Während es also für das Yamaha-As perfekt lief, plagten sich die beiden MV-Piloten mit Handling-Problemen und fehlerhaften Vorderradbremsen.

Bei Halbzeit der Weltmeisterschaft war sich Phil Read bewußt, daß er eine Vorentscheidung fällen mußte und bereitete sich dementsprechend auf den Grand Prix von Belgien vor. Insgesamt betrachtet befand sich MV in einer starken Position, denn Bonera hatte 45 und Read 35 Punkte vorzuweisen. Agostini besaß 30, doch mußten auch Lansivuori (mit 32) und Sheene (mit 22) in die Kalkulation mit einbezogen werden. Mit 15 Punkten pro Sieg konnte sich die Situation in der Weltmeisterschaft schnell und drastisch ändern. Read war natürlich brennend interessiert, den Titel erfolgreich zu verteidigen und wäre kaum glücklich gewesen, hätte Bonera die Weltmeisterschaft für sich und MV errungen. Tatsächlich sollte der 35jährige Engländer in Francorchamps einen Tag erleben, an dem für ihn alles perfekt lief. Auf der schnellsten Rennstrecke der Welt leisteten er und seine MV gleichermaßen Erstaunliches: mit einer maximalen Geschwindigkeit um die 300 km/h brach er mit der Vierzylinder-MV in jeder Runde den bestehenden Rekord und markierte die neue Rekordzeit schließlich mit 222,677 km/h.

Yamaha hatte im Training erstmals eine besonders schmale Fünfhunderter erprobt, was MV dazu brachte, eilends neue Windhutzen und sogenannte Spoiler am hinteren Ende der Maschine anzubringen. Im Rennen verzichtete man auf dieses Zubehör; Agostini aber entschloß sich, die Neue zu fahren.

Schon nach der ersten Runde hatte Read vor Sheene, Agostini und Bonera acht Sekunden Vorsprung, den er nach der zweiten Runde auf 13 Sekunden ausgedehnt hatte. Während dieses Rennens, mit Sicherheit für ihn eines der bedeutungsvollsten, stellte Read nicht nur einen neuen absoluten Rundenrekord auf, sondern unterbot mit seinem Gesamtschnitt von 220,27 km/h sogar den alten Rundenrekord! Damit löste er im MV-Camp einen Freudentaumel und genau den moralischen Aufschwung aus, den das Werk so nötig gehabt hatte: mit diesem überragenden Sieg katapultierte sich Read an die Spitze der Tabelle. Bonera hatte sich in Belgien mit einem einzigen Punkt (für den zehnten Platz) begnügen müssen und rangierte nun vier Punkte hinter seinem Teamkollegen, während Agostini, der die Yamaha auf den zweiten Platz gebracht und dafür zwölf Punkte eingeheimst hatte, nur noch weitere vier Punkte zurücklag — insgesamt trennten ihn acht Punkte von Read.

Reads phänomenaler Sieg in Francorchamps verschaffte MV einen weiteren erstaunlichen Rekord: seit 17 Jahren hatte MV dort kein einziges 500er Rennen verloren! Im Ziel äußerte sich Read hoch zufrieden über das Verhalten und die Leistung seiner Maschine, die an diesem Tag hundertprozentig gewesen sei, und meinte: »Wenn die Maschine auch für Anderstorp so ideal präpariert werden kann, könnte ich auch in Schweden siegen«.

157

Read auf der 500-cm³-Prototyp-MV beim Training zum Grand Prix von Belgien 1974. MV siegte im Rennen hier zum 17. Mal nacheinander.

Nun, in Belgien war Reads großer Tag gewesen, Schweden wurde das nicht. Schon im Training klagten die Fahrer über schlechtes Handling, doch spielte im Rennen die schlechte Leistung der MV keine entscheidende Rolle. Barry Sheene stürzte am Ende der langen Geraden in der leichten Rechtskurve. Ihm und seiner Suzuki konnten die beiden MV-Piloten gerade noch ausweichen, doch Agostini hatte weniger Glück, er wurde in den Auffangzaun geschleudert, und es gab eine knallharte Landung. Während der Italiener mit erheblich verletzter Schulter abtransportiert wurde, erreichten Read und Bonera als Zweiter und Vierter das Ziel.

Weil Agostini wegen seiner Verletzung beim anschließenden Lauf in Finnland nicht antreten konnte, hatte MV in den beiden letzten Wettbewerben freie Bahn: sowohl in Finnland wie auch in der Tschechoslowakei beendeten Read und Bonera jeweils an erster bzw. zweiter Stelle. Mit dem Sieg in Finnland entschied Read die Weltmeisterschaft für sich und MV; der zweite Platz sollte in der Tschechoslowakei zwischen Bonera und Lansivuori entschieden werden. Bei diesem Duell hatte der Finne das Nachsehen, denn Bonera sicherte sich mit 173,49 km/h — womit er den alten Rekord Hailwoods mit der Honda, der seit 1967 bestanden hatte, auslöschte — den zweiten Platz und damit die Vizeweltmeisterschaft.

Die überragende Vorstellung, die MV in der 500er Klasse gegeben hatte, tröstete ein wenig über den Rückzug aus der 350er Klasse hinweg, der überall mit Sorge zur Kenntnis genommen worden war. Gegen die Kombination der beiden Giganten Agostini und Yamaha hatte sich MV sogar gegenüber dem Vorjahr verbessert, denn 1974 belegten MV-Piloten gleich die beiden ersten Ränge der Weltmeisterschaft, wobei die Leistung von Bonera — immerhin in seiner ersten Grand Prix-Saison — nicht hoch genug eingeschätzt werden konnte. Der durch seine Verletzung schwer behinderte Agostini endete in der Schlußwertung auf Platz vier.

Reads siegreiche Weltmeisterschafts-MV verdient gesonderte Betrachtung. Der Motor hatte 57 × 49 mm Bohrung und Hub und leistete 95 bhp bei 14 000 U/min. Die Leichtmetall-Zylinder, in einem Block gegossen, enthielten Stahl-Laufbuchsen, im dachförmigen Wirbel-Brennraum jedes Zylinderkopfes saßen vier Ventile, die von zwei obenliegenden Nockenwellen (welche über Zahnräder von der Kurbelwellenmitte angetrieben wurden) betätigt wurden. Die Kurbelwelle selbst war aus fünf Teilen zusammengepreßt, mit um je 180 Grad versetzten Kurbelzapfen.

Motor Cycle unterzog die Maschine damals einer eingehenden Betrachtung und berichtete: »Wenn die Kurbelwelle die Kolben-Oszillation in Rotation umsetzt, so sind daran zehn Rollenlager beteiligt — die vier Pleuelfuß-Lager plus die sechs Kurbelwellen-Hauptlager. Der Antrieb des (in Amerika hergestellten) Magneten, der ziemlich exponiert vorn am Motorgehäuse sitzt, erfolgt von dem Nockenwellen-Zahnradsatz aus. Warum verwendet MV in heutiger Zeit — wo es transistorierte und andere moderne Zündsysteme gibt — nach wie vor den altmodischen Magnetzünder? Einfach deshalb, weil sie für ihre Zwecke noch nichts besseres gefunden haben. Die Ölpumpe wird über die Kupplungs-Trommel angetrieben, versorgt aber nur die Nockenwellen-Antriebszahnräder. Sämtliche Kugellager der Kurbelwelle werden durch Öl-Nebel zusammen mit dem sechsgängigen Getriebe geschmiert.

Das Öl-Reservoir im Motorgehäuse-Unterteil beinhaltet etwas über 3 Liter; um die Öltemperatur niedrig zu halten, wurde in der Nase der Verkleidung ein Ölkühler angebracht, für den Luftdurchtritt wurden Löcher in der Verkleidung vorgesehen.

Die 30 mm Dell' Orto-Vergaser ohne die üblichen Ansaug-Lufttrichter, aber mit getrennten Schwimmerkammern (eine für jedes Vergaser-Paar) sahen seltsam aus — doch wie schon beim Magnetzünder erschienen sie MV als das Bestmögliche.

Die obere Hälfte des Kurbelgehäuses bildet eine Einheit mit dem Zylinderblock, der mit der unteren Hälfte verschraubt ist. Das Gehäuse ist aus einer Magnesium-Legierung gegossen und enthält sowohl das Ölreservoir (Ölsumpf) wie auch das Getriebe. Der Primärtrieb geht über Stirnzahnräder von der Kurbelwellenmitte zu einer Vorlegewelle.

Viel Mühe machte man sich, um den Motor so leicht und so schmal wie nur möglich zu halten — MV gibt ein Gewicht von 55 kg und eine Breite von nur ca. 40 cm an.

Die Verrippung des Zylinderblocks ist mit Einschnitten versehen — nach MV-Meinung hilft das, den Zylinderverzug auf ein Minimum zu beschränken.

Der Motor hängt in einem Chrommolybdän-Rahmen ohne Unterzugrohre. Bei MV bevorzugt man diese Art der Motoraufhängung, weil dadurch das Triebwerk so tief wie möglich gelegt werden kann — und ein tiefer Schwerpunkt vermittelt unter Renn-Bedingungen bessere Stabilität.

Die Vordergabel stammt von Ceriani. Eine Besonderheit ist, daß die Dämpfung durch Drehen einer Regulierschraube oben an jedem Gabelholm zu verändern ist. Der Federweg beträgt ca. 100 mm.

Lenker, Hebel und Griffe sind MV-Eigenbau; eine Viertel-Drehung der Hand des Fahrers genügt, um alle vier Drosselklappen voll zu öffnen (Vollgas zu geben).

Wie der Magnet und die Zylinder hat auch der Drehzahlmesser ein recht altmodisches Aussehen. Er arbeitet rein mechanisch, angetrieben von der Auspuff-Nockenwelle — seit Jahren schon werden bei anderen Rennmaschinen elektronische Typen verwendet.

Die Größe des Tanks variiert von einem mit 18 Litern (für kürzere Strekken) bis zu einem mit 27 l Inhalt (für den längsten Grand Prix) — der Verbrauch sinkt nie auf unter 14 Liter pro 100 Kilometer.

Die Hintergabel weist starke Kastenholme auf. Die hinteren Federbeine stammen von Ceriani, haben über 120 mm Federweg — die Dämpfung kann wie bei der Vordergabel eingestellt werden.

MV verwendet amerikanische Morris-Magnesiumfelgen, bestückt mit Scheibenbremsen — zweimal 10 Zoll-Scheiben vorn und eine 9 Zoll-Scheibe hinten. Die Scheiben selbst sind aus chrom-veredeltem Leichtmetall, die Reibflächen mit einer speziellen Metallic-Mischung versehen.

Die Reifen sind englische Dunlop; Bonera versuchte auch ein- oder zweimal solche von Michelin. Obwohl die Morris-Felgen schlauchlos gefahren werden können, will hier MV jedes Risiko ausschalten und setzt zusätzlich Schläuche ein, trotz des erhöhten Gewichts.«

Trotz einiger Schrecken und Aufregungen durfte MV Agusta eine weitere erfolgreiche Saison verbuchen, und obwohl man sich inzwischen den Anstrich eines »Kolosses des Rennsports« geben konnte, darf man nicht übersehen, daß MV, verglichen mit anderen Werks-Ställen, wie Suzuki und Yamaha, ein Winzling war — mit viel geringeren Möglichkeiten und unvergleichlich weniger finanziellen Investitionen, als die Japaner sie in ihre Rennställe pumpen konnten.

Es war jedoch auch unübersehbar, daß die Zeit MV Agusta und ihre einst so großartigen Rennmaschinen einfach überholt hatte. 1974 war das letzte Jahr, in dem MV noch eine Weltmeisterschaft hatte gewinnen können; zwar nahm die Marke auch 1975 noch einmal teil, mußte sich aber dann endgültig Yamaha beugen. Vielleicht ist es deshalb angebracht, die Karrieren der beiden Männer etwas näher zu betrachten, die die MV in ihrem Abschiedsjahr pilotierten.

Phil Read und Gianfranco Bonera waren gänzlich verschiedene Persönlichkeiten, doch bildeten sie in der letzten erfolgreichen MV-Saison ein grandioses Gespann. Philip William Read wurde 1939 in Luton geboren und einer der erfolgreichsten britischen Rennfahrer. Seine Mutter und sein Vater waren beide vernarrte Motorrad-Enthusiasten, und Phil wuchs von klein auf mit Motorrädern auf und besuchte schon als kleiner Junge sämtliche Rennen in Silverstone. Seine erste Maschine kaufte er sich als 13jähriger: eine Seitenventil-Matchless mit 250 cm^3. In Mallory Park 1956 stand er zum ersten Mal am Start, den ersten Sieg konnte er im Jahr darauf in Castle Combe verzeichnen. Bereits bei seinem ersten Angriff auf die TT eroberte er sich 1961 den Sieg, der erste Grand Prix-Sieg kam 1964 in Frankreich.

In den sechziger Jahren errang Read erste Erfolge auf Norton und gehörte 1963 zur Scuderia Duke, als Geoff Duke die alten Gileras zu einem Comeback bringen wollte. Internationale Berühmtheit brachte ihm seine Zeit als Yamaha-Werksfahrer ein, während der er mit den schnellen Zweitaktmaschinen aus Japan viermal Weltmeister wurde. 1971 wurde er der erfolgreichste 250er Fahrer mit bis dahin 25 Grand Prix-Siegen in dieser Kategorie, insgesamt konnte er damals auf 36 GP-Siege zurückblicken. Während seiner ganzen langen Karriere war Read immer ein Mann von kontroversem Charakter. Bedenkenlos und willensstark wiedersetzte er sich z.B. der von Yamaha gegebenen Teamorder, als er die Möglichkeit sah, Doppelweltmeister zu werden — wobei er seinen damaligen Teamkameraden Bill Ivy nicht ganz »gentlemanlike« austrickste.

Seine Fähigkeiten als Rennfahrer indessen wurden gegen massivste Konkurrenz, wie Mike Hailwood und Jim Redman, errungen. Seine Vielseitigkeit bewies er, nachdem er in acht Jahren viermal 250er Weltmeister und einmal Doppelweltmeister (1968 zusätzlich in der 125 cm^3-Klasse) auf Zweitaktmaschinen geworden war und dann völlig unbelastet wieder auf Viertakter umstieg und 1973 und 1974 mit der MV Weltmeister der 500 cm^3-Klasse werden konnte.

Gianfranco Bonera wurde 1946 in Monza geboren, wo er heute mit seinen

Brüdern zusammen ein Motorradgeschäft betreibt. Ehe er sich dem Motorradrennsport zuwandte, war er erfolgreicher Radrennfahrer gewesen — bis 1968 ein schwerer Sturz diese Karriere beendete. Drei Jahre danach wollte er unbedingt wieder Rennen fahren, verzichtete aber auf seine eigene Muskelkraft und gab sein Debut 1971 auf einer 125 cm³-Aermacchi, mit der er im gleichen Jahr Vierter in der italienischen Junioren-Meisterschaft wurde. 1972 war er Meister der 500er Klasse der Junioren und beteiligte sich im Jahr darauf als Privatfahrer an der Weltmeisterschaft; mit seiner 350 cm³ luftgekühlten Zweitakt-Aermacchi-Twin belegte er in Jugoslawien den dritten Platz. Später im Jahr erhielt er ein Werks-Angebot von Harley-Davidson für 1974. Daraus wurde schließlich aber doch nichts, und Bonera hatte schon im Amsterdamer Europa-Hauptquartier von Yamaha Produktions-Racer bestellt, als sich ihm die Chance bei MV bot. Bonera war ein Mann von ruhigem Charakter, seine besondere Stärke war, eine unbekannte Strecke schnell kennenzulernen. Am Ende des Jahres 1975 trennte sich MV wieder von ihm; er ging dann zu Aermacchi-Harley-Davidson.

Neue käufliche MV-Modelle

Die ständige Entwicklungsarbeit an den MV-Straßenmodellen brachte wesentliche Verbesserungen, unter anderem auch — als direkte Folge des Renneinsatzes des Werks — eine leistungsgesteigerte Version des Motors mit zwei obenliegenden Nockenwellen mit 750 cm³. Diese neue Maschine war in Italien schon drei Jahre auf dem Markt, als im November 1972 Gus Kuhn in London begann, sie zu importieren. Eine Weiterentwicklung des Original-Modells bedeutete im November 1971 schon eine kleine Sensation auf der Mailänder Ausstellung, wo die brandneue Maschine — ein genaues Gegenstück der Maschine, die Giacomo Agostini in Daytona und anderswo einsetzen sollte — ausgestellt wurde. Die »Super Sport« mit 750 cm³ leistete laut Werksangabe 78 bhp und sollte eine Höchstgeschwindigkeit von 260 km/h erreichen! Es hieß, daß diese »Super Sport« im April in Serie gehen und in Italien für umgerechnet 1600 Pfund verkauft werden solle, inklusive einer rennmäßigen Verkleidung. Kardanantrieb, der leichteste je bei einer MV-Straßenmaschine gebaute Rahmen, und verbesserte Ceriani-Bremsen gehörten zu ihren Besonderheiten.
Zur gleichen Zeit vorgestellt wurde das Modell GT 750 cm³ — eine Vierzylindermaschine konventioneller Konzeption, jedoch gedacht für den Tourenfahrer, der Spitzenleistung wünscht. Ebenfalls neu in Mailand erschien ein Viertakt-Scrambler, der sich jedoch nie gegen die viel leistungsfähigeren Zweitakter durchzusetzen vermochte.
Im folgenden Jahr, 1973, zeigte MV auf dem Mailänder Salon ein gut gelungenes Viertakt-Zweizylindermodell mit 350 cm³, das laut Werksangaben ein Prototyp sein und 1974 in Serie gehen sollte. Das Design stammte von Giorgio Giugiaro, der auch bei den neuesten Ducatis und der Wankel-Suzuki mitgewirkt hatte. Leistungsangaben wurden keine gemacht, die Maschine bestach aber schon durch ihren niederen Bau, das fesche Aussehen und die Magnesiumräder mit der doppelten vorderen Scheibenbremse. Auf dem MV-Stand bildete sie die einzige Neuheit, denn die anderen Modelle

Eine hübsche Maschine: der MV-„Roadster" mit 125 cm³ von 1976.

waren ziemlich müde aussehende Sport- und Standard-Modelle mit 350 cm³, sowie die unveränderte 750 Four, das Prestige-Modell.

Eine zeitlang war MV in England völlig ohne Vertretung gewesen, seit 1974 aber importierte, wie bereits gesagt, Gus Kuhn Motors Ltd in London vor allem das 750er Modell, aber auch die 250er und 350er Twin — die 750er Vierzylinder zum stolzen Preis von 2200 Pfund! Dieser Preis beinhaltete einen Bausatz mit größerem Einlaß und härteren Ventilfedern und eine rennmäßige Verkleidung.

Vincent Davey, Direktor bei Gus Kuhn, bestätigte, daß die Nachfrage nach den Zweizylindermaschinen minimal gewesen sei und das nach der 750er völlig ausblieb, nachdem die ersten Auslieferungen erfolgt waren. Nur an die 40 Maschinen insgesamt wurden zwischen 1974 und 1977 von Gus Kuhn verkauft, als er die Vertretung wieder aufgab. 1977 machte MV große Anstrengungen, um der Zurückhaltung der Käufer zu begegnen; nachdem im Februar offiziell der Rückzug aus dem Sport bekanntgegeben worden war, stellte MV auf der North West Motor Cycle Show in Blackpool die 350 cm³ »Sport«-Zweizylinder und die 750 cm³ »America« aus, die über 200 km/h laufen sollte.

Inzwischen war MV mit dem bereits von der Regierung kontrollierten Ducati-Konzern verschmolzen worden und befand sich nun — welch ein Unterschied zu der Zeit, als noch der Firmengründer Domenico Agusta über jede Schraube in seinem Werk Bescheid wußte — in den Händen einer

Finanz-Gruppe, die direkt der Regierung unterstellt war. Es stand zu befürchten, daß der Markenname MV im Zuge wirtschaftlicher Vereinheitlichung verschwinden würde, doch 1977 erklärte die italienische Holding-Gesellschaft — unter den gegebenen Umständen ziemlich überraschend —, daß der Name MV noch lange Jahre beibehalten werde. Seitdem in Deutschland das neue MV-Modell »America« auf dem Markt war und sich einigen Verkaufserfolg hatte erringen können, stieg auch in anderen Ländern wieder die Nachfrage.

Nachrichten solcher Art wurden speziell bei der Agusta Concessionaires (GB) Ltd freudig zur Kenntnis genommen, die seit 1977 als Neugründung den Import von MV-Maschinen in England betrieb. Direktor Peter Bate: »Nach der offiziellen Bestätigung, daß MV-Maschinen mindestens für den Zeitraum der nächsten 15 Jahre weiter produziert werden würden, und nach der Zusage, daß neue Modelle in der Entwicklung sind, dürfen wir recht zuversichtlich sein«. Er startete ein Händler-Programm mit dem Ziel, sofort 25 Händler für MV zu rekrutieren.

Der Optimismus schien berechtigt, denn im Mai gab es schon die ersten Bilder eines neuen MV-Motors, wieder ein Vierzylinder quer im Rahmen, der Hubräume von 750 bis 1200 cm³ zuließ. Die Auslaß-Nockenwelle wurde mit Kette angetrieben und mit der Einlaß-Welle über Zahnräder verbunden; weitere Einzelheiten waren leicht nach vorn geneigte Zylinder und Naßsumpf-Schmierung, sechs Gänge und Hinterrad-Antrieb über Kette. Ein Prototyp sollte im gleichen Jahr auf dem Mailänder Salon vorgestellt werden, die Produktion 1978 beginnen. Agusta Concessionaires brachten das Triebwerk später im Jahr nach England, zusammen mit der inzwischen »historischen« 500er Maschine, die von Agostini und Read zur Weltmeisterschaft geführt worden war und nun seither unter Planen in einer Ecke der Werkstatt in Gallarate gesteckt hatte. 1977 wurde die Maschine in London auf der Earls Court Show gezeigt, dazu die 350 cm³ Agusta »Sport«, die 750 cm³ »America« und die neuere »aufgebohrte« Version, die 850 cm³ »American SS«.

Zu dieser Zeit gab man sich bei MV bewußt optimistisch. MV hatte keinen Massen-Markt, doch wurden die Maschinen als exklusive italienische Einzelstücke angepriesen, die MVs besondere Elite-Stellung unter den weltbesten Motorrad-Herstellern repräsentieren sollten. Angeblich verkaufte sich die 850er später in England recht gut. Immerhin ließ man sich die Exklusivität auch ordentlich bezahlen: 1977 kostete die 350er MV mit Mehrwertsteuer 1299 Pfund und die »America« — das teuerste Motorrad auf dem britischen Markt — 3187 Pfund. Dafür war sie mit einer Höchstgeschwindigkeit von 230 km/h allerdings auch das schnellste serienmäßige Motorrad. Die technischen Daten dieser letzten beiden MV-Modelle:

MV 350 cm³

Motor: Viertakt-Zweizylinder, hängende Ventile über Stoßstangen und Kipphebel betätigt, 63×56,2 mm Bohrung/Hub, 349 cm³ Hubraum, Verdichtung 9,5:1. Zwei Dell'Orto-VHB24B-Vergaser. Naßsumpf-Schmierung. Geschätzte Leistung: 40 bhp bei 8500 U/min.

Kraftübertragung: Primärantrieb über Zahnräder, Mehrscheibenkupplung im Ölbad. Fünfgang-Getriebe mit Schaltung rechts. Übersetzungs-Verhältnisse: 1. 11.68:1; 2. 8.45:1; 3. 6.47:1; 4. 5.44:1; 5. 4.98:1. Sekundärantrieb Kette.

Elektrik: 12 Volt-Batterie, 80 Watt-Schwungscheiben-Generator.

Bremsen: Vorn hydraulisch betätigte Doppel-Scheibe, hinten hydraulisch betätigte Einfach-Scheibe.

Reifen: Metzeler; vorn 2.50×18; hinten 3.50×18.

Maße: Radstand 1,35 m; Länge 1,98 m; Bodenfreiheit 16,5 cm.

Tankinhalt: 20 Liter.

MV 750 cm³ »America«

Motor: Vierzylinder in Reihe, doppelte obenliegende Nockenwelle. Leichtmetall-Zylinder, Zylinderkopf in einem Stück. Fünf Haupt-Kugellager, Rollen-Pleuellager.

Kurbelwelle: Nockenwellen-Zahnradantrieb von der Mitte der Kurbelwelle. 67×56 mm Bohrung/Hub, 790 cm³ Hubraum. Verdichtung 10,2:1. Vier 26 mm Dell'Orto-VHP-Vergaser. Geschätzte Leistung 86 bhp bei 8500 U/min. Naßsumpf-Schmierung.

Kraftübertragung: Primärantrieb über Zahnräder. Mehrscheiben-Kupplung im Ölbad. Fünfgang-Getriebe. Übersetzungs-Verhältnis: 1. 11,68:1; 2. 8.45:1; 3. 6.47:1; 4. 5.44:1; 5. 4.98:1. Sekundärantrieb Kardan.

Elektrik: 12 Volt-Batterie, 135 Watt dc Generator mit kombiniertem Anlasser.

Bremsen: Vorn hydraulisch betätigte Doppel-Scheibe, hinten hydraulisch betätigte Einfach-Scheibe.

Reifen: Metzeler; vorn 3.50×18; hinten 4.00×18.

Maße: Radstand 1,39 m; Länge 2,10 m; Bodenfreiheit 13,5 cm.

Tankinhalt: 20 Liter.

Für viele Enthusiasten war die MV 750 die schönste der Superbike-Maschinen und das eindruckvollste Zweiradfahrzeug überhaupt, das es auf dem Markt gab; MV bemühte sich bis zum Schluß, diesem Image gerecht zu werden. Im Mai 1979 wurde bekannt, daß MV für den deutschen Markt zu bauen plane. Dieses neue Monster sollte angeblich 1066 cm³ Hubraum haben und ihre wichtigste Besonderheit der Wechsel zu Hinterradantrieb mit Kette sein. Die Höchstgeschwindigkeit sollte bei 240 km/h liegen, der Preis bei ca. 31.000,— DM (7750 Pfund). Laut Werksangaben waren die ersten Lieferungen schon verkauft, noch ehe die Maschinen überhaupt in Deutschland angekommen waren.

Es war dies eine letzte Geste, die der MV-Dramatik auf den Rennstrecken der Welt im Zeitraum der letzten 20 Jahre entsprach; aber in jenem Jahr — 1978 — endete bei MV Agusta die Motorrad-Produktion.

Das Ende der Straße

1975 schon gingen die guten Zeiten für MV Agusta zu Ende. Nach Jahren verhältnismäßig leicht zu erobernder Siege und ohne den ständigen Zwang, sich gegen mächtige Mitstreiter wehren zu müssen, hatte MV schließlich den Anschluß an die rapide wachsende Konkurrenz aus Japan verloren. Die leidenschaftliche Begeisterung und das mitreißende persönliche Engagement eines Domenico Agusta waren mit ihm untergegangen, und obwohl sich Corrado Agusta eine Weile ernsthaft darum bemühte, das Erbe seines Bruders zu erhalten, konnte er sich irgendwann nicht mehr länger gegen den neuen Zeitgeist stellen. In dieser Ära fand sich MV nicht mehr zurecht. So versteifte man sich auf althergebrachte Prinzipien — auch bei so grundlegend wichtigen Angelegenheiten wie einer fremden Sponsorschaft. Lange wollte man bei MV von einer Finanzhilfe nichts wissen, auch als sich die französische Mineralölfirma ELF an den Unkosten beteiligen wollte — im Gespräch war die Summe von 100.000 Pfund (ca. 400.000,— DM) —, erklärte sich MV erst nach äußerst zähen Diskussionen bereit, dafür ELF-Sticker an den Maschinen anzubringen.
Nach Abschluß der Saison 1974 konnte sich Phil Read lange nicht entschließen, was er für die kommende Saison wollte. In Japan absolvierte er einige Testfahrten auf Werks-Suzukis, hatte außerdem Kontakte zu Kawasaki geknüpft. Gern wäre er in der 750 cm^3-Klasse gestartet, was ihm aber bei MV nicht möglich war. Mit MV gab es darüberhinaus Streit, weil er einen Sponsor-Vertrag mit einem Bekleidungshersteller unterschrieben hatte, der — ebenso wie ein Vertrag mit einer Helmfirma — MV nicht genehm war. Schließlich aber einigte man sich doch wieder, Read blieb bei MV, und auch Bonera wurde wieder unter Vertrag genommen. Inzwischen testete Agostini schon die neuen Yamaha-Modelle in Japan, sein Vertrag hatte ja eine Laufzeit von zwei Jahren gehabt. Der Zweikampf zwischen MV und Yamaha, zwischen Read und Agostini, der die 500er Weltmeisterschaft 1974 schon so sehr mit neuem Leben erfüllt hatte, sollte also in der neuen Saison neu aufleben.

Yamaha hatte den Winter über viel an den Maschinen getan — MV aber auch. Um die neuen, ultrabreiten Slickreifen von Dunlop verwenden zu können, waren breitere Hinterschwingen entwickelt worden, die zusätzlich für größere Stabilität der Heckpartie sorgten — Resultat einer Versuchsreihe mit verschiedenen Hinterfeder-Anordnungen. Ein System beinhaltete einen modifizierten Rahmen mit stark nach vorn geneigten Federbeinen, die einen längeren Federweg brachten; ein anderes war eine modifizierte Cantilever-Anordnung. Trotz all dieser Anstrengungen brachten die Frühjahrs-Rennen für MV wenig Erfolg. Das Cantilever-Fahrwerk wurde nach enttäuschend verlaufenen Tests auf dem Paul Ricard-Circuit eingemottet, und in Misano schockte Agostini mit zwei ganz überlegenen Siegen. Phil Reads eher konservativ anmutende MV vermochte während der ersten Runden eine vielversprechende Spitzenposition einzunehmen, doch litt sie bald an Fehlzündungen und mußte wegen zwei verölten Kerzen aufgeben. Bonera auf der zweiten MV gelang es, Zweiter zu werden.

In Modena, dem letzten Rennen vor der Weltmeisterschafts-Saison, mußte MV eine echte Niederlage von Yamaha hinnehmen. Read gab daran Handling-Schwierigkeiten die Schuld, fast sei er in der zweiten Runde gestürzt und habe deshalb den Anschluß an Agostini verloren, der unangefochten siegte. Zudem gab es in Modena noch mehr Probleme für MV: Im Training war Bonera gestürzt und hatte sich ein Bein gebrochen. Als Ersatzmann kam der 23jährige Armado Toracca ins Team, allerdings ohne Vertrag und mit Zusagen immer nur für das nächste Rennen.

Beim Saisonauftakt auf dem Paul Ricard-Kurs, dem ersten WM-Lauf in Frankreich, steigerten sich die Probleme für MV noch: weiterhin von Schwierigkeiten mit der Straßenlage geplagt, stürzte Read im Training und verletzte sich erneut den kleinen Finger der rechten Hand, der seit seinem Sturz in Imola vor zwei Jahren nicht mehr ganz verheilt war. Böse hatte es auch die Maschine erwischt, sie war ziemlich demoliert. Die Trainingszeiten waren eine reine Enttäuschung, Toracca rangierte als Vierter hinter Lansivuori (Suzuki), Agostini und Kanaya (Yamaha). Read folgte an fünfter Stelle, er hatte auf die Cantilever-Maschine zurückgreifen müssen.

Vor 120 000 fanatischen Zuschauern an der südfranzösischen Strecke gelang den MV dann immerhin ein guter Start. Aus der zweiten Reihe schoß Read raketengleich an die Spitze und führte die erste Runde vor Agostini und Toracca. Doch schon am Ende dieser ersten Passage fanden sich die beiden MV in einer Yamaha-Umklammerung: Agostini an der Spitze und Kanaya an vierter Stelle. Nach einer sensationellen Leistungsexplosion verdrängte dann der Finne Lansivuori nacheinander alle vier vor ihm liegenden Konkurrenten und baute sich mit der Werks-Suzuki einen beträchtlichen Vorsprung aus. Während er schon wie der sichere Sieger aussah, kämpften Read und Toracca gegen die Handling-Probleme ihrer MV, die zwar auf den Geraden geschwindigkeitsmäßig durchaus mithalten konnten, in den Kurven jedoch kaum zu halten waren. Nachdem Lansivuori mit Getriebedefekt ausgefallen war, konnte Agostini sich mit leichter Hand den Sieg holen; Read belegte vor Toracca den dritten Platz.

In Gallarate verursachten die Handling-Schwierigkeiten hektische Betriebsamkeit. Anfang April brachte Read den englischen Rahmen-Experten Ken Sprayson ins Werk, einige Tage später begleitete der Ex-Ducati-Fahrer Bruno Spaggiari das MV-Team zu Tests nach Modena. Zwischen Read und den Werks-Bossen kam es deshalb zu nicht unerheblichen Reibereien. Read sah in der Hinzuziehung Spaggiaris Zweifel der Firmenleitung an seinem Fahrkönnen und gab sich erst später in der Saison wieder zufrieden, als Luigi Ghisleri — der für Spaggiaris Einsatz als Testfahrer verantwortlich gewesen war — in die Produktionsabteilung versetzt wurde und Fredmano Spairani seine Stelle in der Rennabteilung übernahm.

Beim nächsten Weltmeisterschaftslauf in Spanien wurde die 500er Klasse nicht ausgetragen, doch Agostini gelang es trotzdem, MV einen weiteren Dämpfer aufzusetzen und gleichzeitig sein eigenes Selbstvertrauen anzuheben, indem er in der 350 cm³-Klasse überlegen siegte. In Österreich fand der nächste Schlagabtausch statt, und auf dem Salzburgring hatte MV einen nicht ausgesprochenen schlechten Tag: bereits weit in Führung liegend mußte Agostini seine Yamaha wegen eines Fehlers in der Elektrik vorzeitig abstellen, wodurch sein Teamkamerad Kanaya vor der Suzuki-Werksmaschine von Lansivuori siegen konnte — Read belegte vor Toracca den dritten Platz.

Reads Chancen, seinen Titel erfolgreich zu verteidigen, standen schlecht. Trotz härtestem persönlichem Einsatz mußte er sich auch beim Großen Preis von Deutschland in Hockenheim von Agostini und dessen Yamaha geschlagen geben. 130 000 Zuschauer wurden Zeuge, wie Read versuchte, zu diesem für die Weltmeisterschaft wichtigen Zeitpunkt das Glück endlich wieder einmal auf seine Seite zu zwingen. Nach dem Start hatte Toracca sensationell die Spitze übernehmen können, überließ sie aber in der nächsten Runde seinem Teamkameraden Read, während Agostini nach schlechtem Start Mühe hatte, Anschluß an Toracca zu bekommen. Nachdem der junge MV-Mann aber mit defektem Magnet aus dem Rennen gegangen war, setzte sich Agostini sofort hinter Read und begann, den Engländer erbarmungslos zu jagen. Die beiden Kontrahenten fochten ein gnadenloses Duell aus, fast über die gesamte Distanz Rad an Rad, wobei Read — auf der Vierzylindermaschine, die für dieses Rennen neue Zylinderköpfe und eine modifizierte Vordergabel bekommen hatte — im Kurvengeschlängel

Duell der Giganten — Phil Read auf der MV vor Giacomo Agostini auf der Yamaha und Barry Sheene auf der Suzuki während des 500-cm³-Rennens bei der Dutch TT 1975. Read wurde Dritter.

des Motodroms viele Male in echte Bedrängnis kam, weil seine MV zum Ausbrechen neigte und er sie mit aller Kraft unter Kontrolle halten mußte, indem er sich auf die Fußrasten stellte — einmal schockte er damit Agostini so, daß der aufs Gras auswich. Dieses Rennen war eine der aufregendsten Auseinandersetzungen seit Jahren, beide Fahrer boten dem Publikum Runde für Runde spannungsgeladene und atemberaubende Action, die erst beendet wurde, als Agostini in der Endphase seiner Yamaha noch einige Reserven entlockte und davonzog, um klar zu siegen. Nachdem er noch neuen absoluten Rekord aufgestellt hatte, brachte er die Yamaha vier Sekunden vor Read ins Ziel.

Mehrere Male war Phil Read in diesem Rennen nur knapp einer Katastrophe entgangen. Den schlimmsten Augenblick aber erlebte er, als er eingangs der Zielkurve die MV bis zum Limit herunterwinkelte, auf eine Bodenwelle aufkam und mit dem Auspuff auf dem Boden schliff. Plötzlich drängte das Heck der Maschine nach oben, das Fahrzeug kam ins Schlingern, und Read vermochte sich nur dadurch zu halten und den Sturz zu vermeiden, indem er sich aufrichtete und wie beim Trial — aber ungleich höherer Geschwindigkeit — auf den Rasten stehend die Maschine ausbalancierte.

Der MV war nun zwar noch kein Sieg gelungen, doch hatte Read mit seinen zweiten Plätzen immerhin Punkte sammeln können. Nach Hockenheim führte der Japaner Kanaya als beständigster Punktesammler die Tabelle mit 35 Punkten an, Read folgte an zweiter Stelle mit nur drei Punkten weniger, aber zweien mehr als Agostini, an dritter Stelle; Toracca rangierte mit 16 Punkten auf Platz fünf.

Ein gutes Ergebnis in Imola, vor heimischem Publikum, hätte für MV einen ungeheuren moralischen Auftrieb bedeutet, doch kam Read über Platz zwei wieder nicht hinaus und mußte sich im Ziel über eine halbe Minute geschlagen geben; Toracca beendete als Vierter. Der überragende Sieger aber, angefeuert von seinen ekstatischen Landsleuten und später frenetisch umjubelt, als bekannt gegeben wurde, daß er nun die Spitze der WM-Tabelle übernommen habe — war Giacomo Agostini. Es mag dieser Sieg dem Italiener eine kleine Genugtuung gewesen sein für die Enttäuschung vor zwei Jahren, an der Read nicht ganz unschuldig gewesen war.

Während Read und Toracca sich mühten, ihre Chancen in der Weltmeisterschaft zu wahren, sorgte das Werk selbst für andere Schlagzeilen. Schon im April waren Gerüchte im Umlauf gewesen, daß MV den venezolanischen Wunderknaben Johnny Cecotto zu Tests eingeladen habe, die

Start zum Grand Prix der Tschechoslowakei 1975: Read mit der MV hat die Nummer 1, Agostini mit der Yamaha die 4.

werksseitig aber dementiert worden waren. Nachrichten solcher Art ärgerten Phil Read, der schon Toraccas Verpflichtung nicht gern gesehen hatte, obwohl die ja nur von Rennen zu Rennen bestand. Read mißtraute den MV-Bossen nun, die ihm leicht Steine in den Weg legen konnten. Doch war schon der Gedanke, MV könne Cecotto unter Vertrag nehmen, abwegig. Der junge Südamerikaner hatte nämlich zu diesem Zeitpunkt der Weltmeisterschaft die besten Aussichten, die Titel der 250 und 350 cm^3-Klasse zu gewinnen, eventuell sogar den FIM-Cup der 750er Klasse — es wäre absurd gewesen, wenn er das alles aufgegeben hätte, nur um in der 500er-Klasse für MV zu starten. Die ganze Sache verlief also im Sande.
Kaum war dieses Gerücht verstummt, kam die schockierende Nachricht, MV trage sich mit der Absicht, für 1976 eine Zweitakt-Rennmaschine zu bauen, was eine völlige Umkehrung ihrer jahrelangen Viertakt-Politik bedeutet hätte. Hinter dem Projekt stünde, so hieß es, der von Ducati gekommene Direktor Fredmano Spairani.
Gesprochen wurde auch darüber, daß bei MV aus rein kommerziellen Erwägungen heraus — betrieben von der Regierung, die ja die Aktienmehrheit hatte — eine Kleinserie von 50 Produktions-Rennmaschinen gebaut werden solle.
Für die Fans jedoch war allein der Grand Prix-Zirkus von ausschlaggebender Wichtigkeit — Fahrer und Maschinen rüsteten zum WM-Lauf in Holland, der Dutch TT. Seit seinem Sturz in Modena saß Gianfranco Bonera hier zum ersten Mal wieder im Sattel, doch nicht er, sondern Teamkapitän Read schoß sofort nach dem Start in Führung. Die MV hielt ihre anfängliche Leistung jedoch nicht, Read konnte bald nicht mehr mithalten und fiel zurück. Inzwischen hatte sich ein Duell zwischen Agostini und Barry Sheene entwickelt, der auf der Suzuki in Assen wieder seine alte Form erreichte, nachdem er im März in Daytona den bösen Sturz erlitten hatte. In der letzten Kurve vor dem Ziel trickste Sheene den Italiener aus und gewann; Read wurde hinter Agostini Dritter.
Frankreich, Österreich, Deutschland, Italien, Holland ... und MV noch immer ohne Sieg! Als nächstes stand der Grand Prix von Belgien auf dem Kalender, und falls MV 1975 einen Weltmeisterschaftslauf gewinnen wollte, dann war Belgien mit Sicherheit die letzte Chance. Die ultraschnelle, 14 Kilometer lange Strecke von Spa-Francorchamps mit der berühmten langen Masta-Geraden war ideal für die Eigenschaften der MV-Maschinen und traditionell immer ein Glücksbringer gewesen: seit 1958 hatte das italienische Werk dort jedes 500er Rennen gewonnen — eine erstaunliche Liste von 17 aufeinander folgenden Siegen. Ob Read diese Kette würde weiterführen können?
Speziell für die Höchstgeschwindigkeitsstrecke getrimmt drehte die MV

14 800 U/min, 500 mehr als das bisherige Maximum; Phil Read fühlte sich auf dem Kurs in seinem Element und in absoluter Topform. Während einer seiner Verfolger nach dem anderen die Waffen strecken mußte, hielt Reads MV an diesem Tag den Anforderungen glänzend stand und brachte ihren Piloten zum ersten WM-Sieg der Saison. 135 000 Zuschauer konnten beobachten, wie Read nach dem Start die Führung übernahm und sie sicher behielt, während Agostini in der fünften Runde mit defekter Wasserpumpe ausfiel und auch Sheene — zunächst hart auf Reads Fersen und dabei den neuen Rundenrekord aufstellend, über drei Kilometer pro Stunde schneller als Reads alte Bestzeit vom Vorjahr — wegen Motorschaden nicht ins Ziel kam, ebensowenig auch Bonera auf der zweiten MV.

Dieser erste Grand Prix-Sieg der Saison 1975 sorgte bei MV für enormen Auftrieb. Read, nun mit einem Sieg gegen die drei von Agostini, rechnete sich aus, daß er sehr wohl noch eine gute Chance habe, den Titel erfolgreich zu verteidigen, obwohl er sich darüber im Klaren war, daß seine MV der Agostini-Yamaha leistungsmäßig unterlegen war. Zwar war die MV in den vergangenen beiden Jahren laufend verbessert worden, doch nur in Details, und keineswegs war die Motorleistung drastisch gesteigert worden.

Read als Sieger auf dem Podium, links Agostini, rechts der Drittplazierte, Alex George. Obwohl MV diesen Grand Prix der Tschechoslowakei 1975 gewann, ging der Marke der Weltmeisterschaftstitel erstmals nach 17 Jahren verloren.

Vor dem Lauf in Schweden, dem die beiden letzten Läufe in Finnland und der Tschechoslowakei folgten, war man im MV-Lager dennoch optimistisch, besonders nachdem die Maschine nach einer Abmagerungskur auch besseres Fahrverhalten zeigte. Der Kurs in Anderstorp in Schweden gehörte nicht zu denen, die Read »mochte«, doch hatte er 1974 dort immerhin den zweiten Platz errungen, ein Jahr zuvor sogar den Sieg. Seit damals hatte sich dort aber ein anderer junger Fahrer immer bestens in Szene zu setzen vermocht: Barry Sheene. Er war es, der Agostini und Read bald nach dem Start die Führung abjagte und sich mit der schnellen Suzuki einen gewaltigen Vorsprung erarbeitete. Nach wenigen Runden wurde klar, daß die MV an diesem Tag gegen die Yamaha nichts zu bestellen hatte, und Reads Hoffnungen, sich den Titel erhalten zu können, platzten wie Seifenblasen.

Doch zwei Runden vor dem Ziel änderte sich die Situation noch einmal blitzartig zu seinen Gunsten: Agostini stürzte, an zweiter Position liegend, und mußte ausscheiden — dadurch gehörte wenigstens der zweite Platz im Ziel Read und der MV.

Nun waren noch zwei Läufe zu fahren. In Finnland jedoch, auf der berüchtigten Imatra-Strecke, hatte die MV einen ihrer seltenen Niederbrüche. Zunächst war das Rennen höchst spannend verlaufen, Read, Agostini und Bonera — eine Yamaha gegen zwei MV — bekriegten sich mit äußerster Intensität. Read wollte sich eben anschicken, die beiden anderen hinter sich zu lassen, da ereilte ihn das Desaster in Form eines defekten Magneten. Nach seinem Ausscheiden versuchte Bonera, Agostini das Siegen sauer zu machen, doch schadete er sich dabei selbst: er kollidierte mit Armando Toracca — inzwischen wieder aus MV-Diensten ausgeschieden und auf einer privaten Suzuki —, stürzte und renkte sich dabei die Schulter aus.

Nur ein Wunder hätte nun noch dafür sorgen können, daß MV den Titel der Halbliterklassen, den das Werk so viele Jahre innegehabt hatte, nicht verlor. Read hätte dazu in der Tschechoslowakei siegen müssen und Agostini nicht unter die ersten Acht kommen dürfen. Agostini dagegen genügte ein siebter Platz zur Erringung des Titels.

Auf der Brünner Strecke führte Read die MV zu ihrem zweiten Saison-Sieg, hart bedrängt von Sheene und Lansivuori, denn Agostini wollte das Risiko eines Duells gegen Read nicht eingehen und hielt sich im Hintergrund. Anfangs jagte Sheene den MV-Mann, wie ein Schatten an dessen Hinterrad hängend, nach seinem Ausfall (wegen Motordefekt) übernahm Lansivuori seine Rolle; der Finne jagte Read bis kurz vors Ziel, als auch er ausscheiden mußte, nachdem an seiner Suzuki ein Getriebeschaden auftrat. Agostini hielt sich inzwischen in Wartestellung und beendete das Rennen als Zweiter, hinter der MV von Read — als neuer Weltmeister.

Nach 17 Jahren — ein phänomenaler Rekkord — hatte Agusta die Weltmeisterschaft der 500 cm³-Klasse verloren. Für Yamaha war es der erste 500er Titel — es war überhaupt der erste Halbliter-Titel, der nach Japan ging. Read erklärte: »Ich leihe Agostini die Weltmeisterschaft nur ein Jahr. Dann will ich den Titel wiederhaben!«

Ob er dann allerdings wieder auf einer MV sitzen würde, war eine andere Frage. Im Oktober besuchte Read Graf Corrado Agusta, um den Vertrag für das nächste Jahr zu besprechen, da sein alter Vertrag Ende 1975 auslief. Bei dieser Gelegenheit verlangte er entschieden, die Maschinen für die kommende Saison in der Leistung stark anzuheben. Ein weiterer Gesprächspunkt war Reads starkes Interesse an der Formel 750-Klasse und sein Wunsch, in Daytona beim 200 Meilen-Rennen an den Start zu gehen. Vor einiger Zeit war tatsächlich bei MV eine 750er Maschine in der Planung gewesen, sicherlich hatten auch schon einige Vorarbeiten daran stattgefunden — laut Insider-Angaben aus Gallarate wurde das Projekt jedoch durch ein Veto von Corrado Agusta blockiert.

Es gab Hoffnungen, MV beteilige sich nun an der Formel 750 und baue zu diesem Zweck einen neuen Motor, den Ing. Bocchi entwickeln solle, der seit 1974 zur Rennabteilung gehörte und vorher bei mehreren namhaften Autofirmen tätig gewesen war, unter anderem bei Lamborghini und Ferrari. Der Motor sollte in der Basis ein 500er Triebwerk sein, das für die 750er Klasse entsprechend vergrößert werden sollte. Schon seit 1972 hatte es bei MV Interesse für die 750er Klasse gegeben, damals hatte man — wenig erfolgreich — versucht, den 750 cm³-Roadster in eine Rennmaschine umzumodeln.

Als 1975 die Formel 750 Weltmeisterschafts-Status erhielt, kündigte Alberto Pagani die Teilnahme von MV in dieser Klasse an. Pagani, der 1973 Werksfahrer bei MV gewesen war, ebenso wie sein Vater Nello zu seiner Zeit, arbeitete mittlerweile in der Entwicklungsabteilung von MV. Seiner Meinung nach wäre ein Erfolg in der 750er Klasse für MV ein ungeheurer Prestige-Gewinn gewesen, besonders im Interesse des Verkaufs der neuen Serienmaschinen mit 750 cm³ Hubraum.

Bei MV waren die Arbeiten am liegenden Vierzylinder-Boxer-Motor (der 1976 die Basis einer Teilnahme am Grand Prix-Sport bilden sollte) in vollem Gange — da lähmten wachsende Unruhen in der italienischen Arbeiterschaft und wilde Streiks den Fortgang der Arbeiten. Die unglückliche Situation wurde zusätzlich von der anstehenden Neuwahl der Vorstands-Mitglieder verschärft, die bei MV die Aktienmehrheit vertraten. Es war bekannt, daß diese Holding-Gesellschaft dem Rennsport eher ablehnend gegenüberstand, was den Zukunftsaussichten der Rennabteilung nicht gerade dienlich war.

Doch auch bei der Konkurrenz gab es Probleme. Barry Sheene hatte sich entschieden, auch 1976 wieder für Suzuki zu fahren. Gar nicht froh war dagegen Giacomo Agostini, den Yamaha hatte wissen lassen, daß der werksseitige Einsatz drastisch beschnitten werde. Das bewog den Italiener, sich nach potenten Sponsoren umzusehen, mit deren Hilfe er sein eigenes Team auf die Beine stellen könnte. Inzwischen lud MV verschiedene italienische Nachwuchstalente zu Testfahrten ein, darunter Otello Buscherini, den Junioren-Meister der 500er Klasse, Vanes Francini, und den 23jährigen Eduardo Elias, die allesamt für die Zukunft einiges versprachen.

Im Dezember verlautete gerüchteweise, Agostini kehre 1976 nach einer sensationellen Kehrtwendung zu MV zurück. Und dies auch trotz Reads Verbleiben im Team, der inzwischen beträchtlich mit an der Entwicklung des neuen Boxermotors beteiligt war. Read wandte sich daraufhin an Corrado Agusta, der ihm lediglich am Telephon mitteilte, daß eine Entscheidung über die zukünftige Politik erst dann gefällt werden könne, wenn der neue Boxer probegefahren sei, also nicht vor Januar oder Februar. Er bat Read, bis dahin zu warten, doch der befürchtete, MV ziehe sich vielleicht zurück, und dann wäre es für ihn natürlich zu spät, bei einem anderen Team unterzukommen.

Arturo Magni, der fast sein ganzes Leben bei MV verbrachte, mit Agostini während des Trainings in Belgien.

Nachdem er MV zwei Weltmeisterschaften gebracht hatte, rang sich Phil Read zu einem Entschluß durch — nahm seinen Abschied bei MV und machte sich auf die Suche nach neuen Fahr-Gelegenheiten. Ein paar Wochen später, wenige Tage vor Weihnachten, wurde Giacomo Agostini nach Cascina Costa gebeten, wo man ihm mitteilte, MV ziehe sich aus dem Rennsport zurück — zumindest für die Saison 1976 —, doch wollte man ihm gern Maschinen zum Einsatz in seinem privaten Team zur Verfügung stellen. Dieser Vorschlag galt für die Teilnahme an der italienischen Meisterschaft in den Klassen 350 und 500 cm³, sowie natürlich in der Weltmeisterschaft beider Kategorien, jeweils unter dem Banner »Team Agostini«. Einen Vertrag sollte der italienische Multi-Champion nicht bekommen, damit wäre er auch frei für Starts in der 750 cm³-Klasse.
Es schien dies ein ideales Arrangement. Für MV bedeutete es, daß das Werk völlig ohne Finanz- und Organisations-Probleme blieb, für Agostini die Rückkehr zu seinen Wurzeln, der Wiege seiner phänomenalen Erfolge. Teammanager Arturo Magni datierte den Zeitpunkt des ersten Prüfstandlaufs des neuen Boxermotors auf Februar, der dann sofort nach seiner endgültigen Fertigstellung für Agostini verfügbar wäre. Er meinte aber auch, daß bei den ersten Läufen wohl noch auf das Modell zurückgegriffen werden müsse, das Read 1975 gefahren habe.
Die Schlüsselfigur dieses ganzen Unternehmens, der wahrscheinlich von allen Beteiligten das meiste Interesse daran hatte, daß MV im Rennsport bei der Stange blieb, war der Mann, der an der langen Kette der MV-Erfolge maßgeblich beteiligt war: Team-Manager Arturo Magni. 1975 hatte er sein 25jähriges Jubiläum der Betriebszugehörigkeit feiern können. Auf den Rennstrecken der Welt war Magni bekannt und berühmt für sein Wissen, seinen Elan, seine verdienstvolle Leitung des MV-Teams, das er zu größten Erfolgen führte. Er stammte aus Arcore, wo Gilera seinen Sitz hatte, und hatte schon in jungen Jahren zusammen mit einem der Gilera-Söhne, Ferruccio Gilera, das gemeinsame Interesse für Flugmodelle entdeckt. Als die Flugzeug-Firma, in der Magni arbeitete, nach dem Krieg geschlossen wurde, holte ihn der junge Gilera in die Rennabteilung der väterlichen Firma. 1950 wechselte Magni dann zu MV Agusta nach Gallarate und begann dort seine große Karriere. Ganze Epochen der Rennsport-Geschichte hatte er in seiner langen Laufbahn miterleben dürfen: er sah Fahrer wie Les Graham, Gary Hocking, Mike Hailwood, Giacomo Agostini und Phil Read und viele andere, die auf seinen scharlachrot und silbern lackierten Rennmaschinen zu Erfolg und Ruhm gelangten. Einer der erhebendsten Momente in seinen 25 MV-Jahren war, als 1965 die 350er Maschine bei ihrem ersten Rennen beim Großen Preis von Deutschland auf dem Nürburgring siegte.

Feuriges Finale

Für die Saison 1976 war die traditionelle Marke also wieder im Geschäft, die neue Partnerschaft war vielversprechend. Giacomo Agostini, der 33 jährige regierende Weltmeister der 500er Klasse, gab sich recht zuversichtlich: er hatte in der italienischen Petrol-Firma Api und dem internationalen Zigaretten-Konzern Marlboro potente Sponsoren gefunden. Was sollte ihn hindern, den 500er Titel wieder mit der MV zu holen, ebenso den der 350er Klasse, und dazu die Formel 750 auf einer Yamaha? Für die 350er hatte man ihm ein neues Fahrwerk versprochen — plus stark modifiziertem Triebwerk mit neuen Zylindern und Köpfen —, das auf dem Prüfstand bei 17'000 U/min schon 75 PS geleistet hatte.
Es dauerte jedoch nicht einmal vier Wochen, dann war von dieser so prachtvoll gedachten Allianz der Lack ab. Bei einem der ersten Frühjahrsrennen in Misano erwiesen sich Agostinis beide MV-Vierzylinder, die 350er und die 500er, als so wenig renntauglich, daß er die sofortige Auflösung seines Teams erwog. Die Fünfhunderter lag derart miserabel, daß Agostini fast die Überrundung durch Marco Lucchinelli auf einer Suzuki hinnehmen mußte. Ehe er sich diese Schmach antun ließ, ging er lieber aus dem Rennen. Mit der 350er startete er zunächst recht passabel, wurde aber schnell überholt und rangierte an siebter Stelle, als er auch aus diesem Wettbewerb ausstieg. Umgehend verlangte Agostini eine Unterredung mit Corrado Agusta, dem es gelang, ihn wieder zu beruhigen.
Für Agostini stand viel auf dem Spiel, nicht zuletzt sein Image. Er wollte mit allen Mitteln versuchen, wenigstens noch eine Weltmeisterschaft zu erringen, und heftete seine diesbezüglichen Hoffnungen an die MV-Fahnen. Er ließ sich also überreden, den ersten WM-Lauf in Frankreich im April, für den das Werk eine ganze Reihe Mechaniker zu seiner Unterstützung delegierte, mit MV-Maschinen zu betreiben. Die neue 350er absolvierte das Training auch zufriedenstellend und erreichte Pole-Position. Nach dem Start sprintete Agostini an die Spitze — seit 1974 sah und hörte man zum

Der erklärte Liebling der italienischen Zuschauer: Giacomo Agostini schreibt Autogramme in Imola.

ersten Mal wieder die herrliche 350er MV in einem Rennen. Doch schon nach einer halben Runde hatte sich Walter Villa auf einer Harley-Davidson, dem Johnny Cecotto auf der Yamaha dicht auf den Fersen war, vor die MV gesetzt. Nach drei Runden gelang es Agostini, noch einmal mit einer solch gravierenden Autorität die Spitze an sich zu reißen, daß man ihn schon als überlegenen Sieger sah; kurz darauf war er aber — nicht minder dramatisch — wegen Zünddefekt ausgeschieden.
Niemals zuvor war der Kampf um die Weltmeisterschaft der Klasse bis 500 cm³ so voller Spannung wie 1976. Nach jahrelanger Anlaufzeit hatte sich Suzuki als die Hauptstreitmacht profiliert, und mit Barry Sheene verfügte dieses japanische Werk über einen der besten Piloten der Welt. Auch Phil Read saß nun auf einer Suzuki, der des Life-Teams; Johnny Cecotto war der Star des Yamaha-Teams, und dann gab es noch eine ganze Schar hervorragender Privatfahrer, wie Lucchinelli, Lansivuori, Victor Palomo. Doch auch gegen solch gefährliche Konkurrenz schien die MV zunächst noch recht tauglich — was sich bald als Irrtum erwies: es mangelte der Italienerin schlicht an Leistung. Agostini gelangte über den fünften Platz hinter Sheene, Cecotto, Lucchinelli und Lansivuori nicht hinaus.
Die nächste Enttäuschung für MV gab es beim Großen Preis von Österreich, dem zweiten WM-Lauf. Agostini hatte zu keinem Zeitpunkt des Rennens eine Chance, mit den Spitzenreitern mitzuhalten und kam als Sechster ins Ziel. Besser sah es mit der 350er aus. Sie schien recht schnell

zu sein, denn nach einem schnellen Start hatte Agostini wenig Mühe, das verlorene Terrain aufzuholen, und hatte sich nach fünf Runden schon an die zweite Stelle vorgeschoben — vor ihm an der Spitze lag der junge Venezolaner Johnny Cecotto. Doch der MV blieben nur noch zwei Runden, dann schied sie mit defekter Kupplung aus!

Verzweifelt mußte sich Agostini eingestehen, daß er mit der 500er MV keine Chance mehr hatte: »Solange die MV so langsam ist, hat es keinen Sinn mehr«. Für den Rest der Saison bestellte er sich Suzuki-Maschinen. Immerhin erklärte er sich bereit, die 350er MV weiterhin einzusetzen, falls das Werk dies wünsche.

Doch das von Krisen geschüttelte italienische Werk sah sich noch ganz anderen Problemen gegenüber. Obwohl der neue liegende Vierzylinder-Boxermotor inzwischen fast fertig war, stritten sich die Ingenieure nun darüber, ob nicht zwei nach vorn und zwei nach hinten plazierte Zylinder die beste Einbaulage seien, um die 500er MV wieder konkurrenzfähig zu machen; die andere Gruppe — zu der sich Teammanager Arturo Magni schlug — gab dem Quereinbau des Boxermotors im Rahmen den Vorzug. Entscheidender war indessen das Problem, vor dem Corrado Agusta stand: konnte es sich MV überhaupt noch leisten, Entwicklungsprogramme durchzuführen, gegen die Japaner ins Feld zu ziehen — und, schlimmer noch, gab es überhaupt eine Zukunft für MV-Motorräder, jetzt wo die Regierungsleute bei MV das Sagen hatten? Tatsächlich gab es keine Alternative mehr zu diesem Zeitpunkt: MV mußte sich aus der 500er Klasse zurückziehen. Lediglich in der 350er Klasse wollte man sich noch beteiligen. In Italien und Jugoslawien zeigte sich die MV als schnell, aber unzuverlässig. Im Training zum Grand Prix von Italien hatte Agostini die viertschnellste Zeit erreicht und übernahm nach dem Start die Spitze des Feldes, die er halten konnte, bis er ausfiel. In Jugoslawien hatte die MV die zweitbeste Trainingszeit erreicht und absolvierte wiederum einen perfekten Start; im Rennen jagte Agostini zunächst den Finnen Pentti Korhonen und den Iren Tom Herron, ehe er am Ende der ersten Runde vor ihnen die Führung übernahm und 14 Runden lang hielt — bis er mit Kolbenschaden ausfiel.

Es war ein trauriger Anblick, die einst unschlagbare MV nun so am Boden zerstört zu sehen. Bei den restlichen Weltmeisterschaftsläufen, die 1976 noch ausgetragen wurden, konnte MV nur in Holland und Deutschland noch einmal an die ehemals gloriose Vergangenheit anknüpfen. Einige Zeit zuvor hatte MV die Flucht nach vorn gewagt und dem jungen italienischen Talent Marco Lucchinelli eine 500er für die Weltmeisterschaft angeboten, in der der 22jährige hinter Barry Sheene in der Wertung Platz Zwei innehatte. Aber Lucchinelli lehnte die Offerte ab.

Die Enttäuschung darüber war bald vergessen, als nämlich Agostini in

Assen mit der 350er MV einen sensationellen Sieg errang — für MV den ersten in dieser Kategorie seit dem Grand Prix in Finnland 1973.
An diesem Tag paßte einfach alles zusammen, und Agostini fuhr ein ganz hervorragendes Rennen. Vom Start weg führte Victor Palomo, doch hatte Agostini den Spanier am Ende der ersten Runde von der Spitze verdrängt und zeigte sich nun unerreichbar. Nach drei Runden hatte er 11 Sekunden Vorsprung und vergrößerte diesen bis zur elften Runde auf 21 Sekunden. Auf den Geraden tief in die Verkleidung geduckt und in den Kurven seinen unnachahmlichen Stil exerzierend, erwies sich Agostini wieder einmal als ganz außergewöhnlicher Fahrer. Nach 16 Runden auf dem berühmten nordholländischen verbesserten Kurs von Assen ging der Italiener 24 Sekunden vor dem zweitplazierten Patrick Pons über die Ziellinie — natürlich hatte er mit 157,44 km/h auch die schnellste Runde des Rennens gefahren. Es war der eindrucksvollste Abschied, den man der 350er MV wünschen konnte, ein Schwanengesang, wie ihn der beste Opernregisseur nicht hätte inszenieren können.
Als hätten die Probleme für MV noch nicht gereicht, hatte die FIM nämlich eine neue Begrenzung des Auspuffgeräuschs verordnet, die in zwei Monaten in Kraft treten sollte. Um die MV auf die erlaubte Phongrenze zu bringen, hätte man die Maschine mit Dämpfern bestücken müssen, die mit Sicherheit 15 Prozent der Leistung »geschluckt« hätten. Selbst der neue liegende Vierzylinder, das stand schon fest. würde die Toleranzgrenze noch überschreiten.
Die nächsten beiden WM-Läufe in Belgien und Schweden hatten zwar kein 350er Rennen im Programm, sodaß MV immerhin zwei Monate Zeit hatte, um zu versuchen, sich den neuen Situationen anzupassen — inzwischen aber wurde beim belgischen Grand Prix ein Kapitel Renngeschichte beendet. Seit 1956 hatte dort kein 500er Rennen stattgefunden, das nicht eine MV-Maschine gewonnen hätte — insgesamt waren es 20 aufeinanderfolgende Siege, ein ganz überragender Rekord. 1976 jedoch siegte eine Suzuki, die von John Williams; MV war nicht einmal am Start gewesen.
Traurig sah es für MV auch in Finnland aus, ebenso wie in der Tschechoslowakei. In Finnland fiel die 350er nach fünf Runden mit verbrannter Zündspule aus. Im Training war Agostinis »guter« Motor defekt geworden, mit der hastig reparierten Maschine hatte er sich hinter Villa an die zweite Position vorgekämpft, fiel dann aber aus. In der Tschechoslowakei konnte er die Maschine nicht einmal für die erste Startreihe qualifizieren und war bereits nach zwei Runden mit defektem Motor aus dem Rennen.
Doch noch wollte sich MV nicht ganz geschlagen geben; im Juli testete Agostini eine neue 500er Vierzylindermaschine mit einem neuen Rahmen, der bei Eignung gegen Saisonende zur Verfügung stehen sollte. Auf dem

Die MV 350 GT „Sport" von 1976, eine Zweizylinder-Sportmaschine mit 160 km/h Spitzengeschwindigkeit und damit eines der schnellsten käuflichen 350-cm³-Motorräder.

Instrumentenansicht der MV 350 „Sport".

Nürburgring, dem letzten Weltmeisterschaftslauf der Saison, trainierte Agostini sowohl mit seiner Suzuki wie mit der neuen MV. Im Trockenen war die MV nach wie vor zu langsam; selbst ohne Barry Sheene am Start — der als frischgebackener 500er Weltmeister auf den Großen Preis von Deutschland verzichtete — rechnete sich Agostini keine Chancen aus. Sollte es aber naß sein, das wußte er, dann würde mit der legendären Kombination MV-Agostini zu rechnen sein.

Es war düster, der Himmel bedeckt, als Agostini die Maschine an den Start schob — er hatte sich natürlich für die MV entschieden. Und es wurde ein denkwürdiges Rennen. Schon die erste Runde brachte Agostini in neuer Rekordzeit hinter sich und löschte nach stehendem Start die vorherige absolute Bestmarke von Jarno Saarinen aus. Die zweite Runde fuhr er noch schneller, er brauchte 9.01.1 min und lag damit neun Sekunden vor seinem nächsten Verfolger, Lansivuori. Ehe es anfing zu regnen war Agostinis Vorsprung von 14 Sekunden nach der dritten Runde auf 12 nach der vierten geschmolzen, doch auf der nassen Bahn war die MV in ihrem Element und erreichte das Ziel nach sieben Runden mit fast einer Minute vor dem nunmehrigen Zweiten Lucchinelli.

Als Giacomo Agostini auf das Siegerpodest stieg, konnte er seine Bewegung nicht verbergen: es war ein ergreifender Augenblick — zwar absolvierte der Multi-Champion später noch einige Rennen, aber für MV Agusta war es das Ende.

Die letzten Jahre

Der Kampf, um MV Agusta als Motorrad-Fabrik am Leben zu erhalten, dauerte noch Monate. Das Werk hatte mit der Herstellung von Motorrädern begonnen, und wenn auch später die Einnahmen fast nur aus der Hubschrauber-Produktion kamen, blieb die Firma doch dem Motorrad-Rennsport immer verbunden.

Die hier erreichte Vorrangstellung durfte einfach nicht über Nacht der Vergessenheit anheimfallen. Eine zeitlang bemühte sich Corrado Agusta, die Dinge am Laufen zu halten. Doch schon zu Domenico Agustas Lebzeiten hatte der Rennsport zu hohe Kosten verursacht, um innerhalb des Werks eine wirtschaftliche Berechtigung zu haben. Als Corrado sein Erbe antrat, war die Ära der Italiener vorbei, von den Japanern in Grund und Boden gestampft.

Die Anstrengungen, die MV gemacht hatte, um sich Exportmärkte zu sichern, waren zu gering gewesen und kamen auch zu spät. Wahrscheinlich betrieb man nicht einmal eine Marktforschung. Gegenüber der Flut von neuen Modellen, die andauernd aus Japan anrollten, dauerte es Ewigkeiten, bis eins der neuen MV-Modelle ans Licht kam — das dann noch dazu überteuert war, wenn auch von überragender Qualität und unter einem klangvollen Markennamen.

Die Unstabilität und Unsicherheit der italienischen Wirtschaft verschlimmerte die Schwierigkeiten bei MV noch, die einen vorläufigen Höhepunkt erreichten, nachdem die italienische Regierung die Aktienmehrheit bei MV übernommen hatte. Es bestand die Hoffnung, daß nun die Sparte Motorräder saniert würde, doch statt dessen zeigte sich bald, daß die Holding-Gesellschaft ausschließlich am florierenden Helikopter-Geschäft interessiert und nichts zu tun gewillt war, um den Untergang der Zweiradproduktion aufzuhalten.

Der Rennsport, über den die Firma sich einst einen Namen gemacht hatte, bekam die Auswirkungen alsbald zu spüren. Gegen die Übermacht der

Phil Read auf der 500-cm³-MV in Cadwell Park.

Die 350-cm³-Vierzylinder-MV von 1977.

japanischen Werke hatte MV nichts Konkurrenzfähiges mehr einzusetzen, und so war es Ende 1976 offensichtlich, daß es aussichtslos war, sich noch länger am Grand Prix-Sport zu beteiligen.

Eine Weile wurde noch versucht, anstehende Probleme zu lösen, es wurden modifizierte Teile ausprobiert, Veränderungen vorgenommen. Zwar war die 1976er 350 cm³-Maschine schneller als frühere Versionen, leider aber war sie aber nicht mehr so zuverlässig. Der neue Boxermotor, in den einmal sämtliche Hoffnungen auf eine erfolgreiche Rückkehr und alle Zukunftschancen projiziert worden waren, enttäuschte schon auf dem Prüfstand und brachte bei weitem nicht die von ihm erwartete Leistung.

Lediglich aus England gab es Optimistisches zu berichten. Peter Bate von Agusta Concessionaires (GB) Ltd kündigte den Import der 350 cm³ »Sport« und der 750 cm³ »America« an und mietete Mallory Park für eine Präsentation für die Händler, mit denen er ein neues Händler-Netz aufbauen wollte. Die Reaktion auf dieses Vorhaben war ermutigend — von den 100 eingeladenen Händlern unterschrieben 30 einen Vertrag. In der darauffolgenden Woche wurden jedoch in England die Schwierigkeiten bekannt, in denen MV steckte, und damit war Bates Unternehmen gescheitert.

Als die italienische Regierung die Kontrolle über MV Agusta übernahm, wurde zunächst die Beibehaltung der Motorrad-Produktion bestätigt — es existieren Protokolle über Investitionen, neue Maschinen und die zukünftige Entwicklung. Später, als die echten wirtschaftlichen Entscheidungen getroffen wurden, gab es keine Zuversicht mehr in MV Agustas Zukunft als Hersteller und Verkäufer von Motorrädern auf rentabler Basis. Die Verkaufszahlen der neuen Modelle waren enttäuschend. Die 750 »America« war konzipiert worden, um sich Marktanteile in Nordamerika zu sichern, was nie gelang, und als alle Probleme endlich aus dem Weg geräumt waren, war es schon zu spät. Damit war klar, daß die öffentlichen Gelder, die nun in MV Agusta steckten, besser für die Hubschrauberfabrikation eingesetzt werden sollten, wo Profit, Expansion und gute Zukunftsprognosen sich abzeichneten.

Peter Bate's Meinung ist, daß Anfang bis Mitte der siebziger Jahre die Dinge anfingen, falsch zu laufen. »Das war, nachdem das Motorrad-Geschäft von den Hubschrauber-Leuten betrieben wurde«. Vor der Übernahme von MV hatte die italienische Regierung bereits eine andere Motorradfabrik — Ducati — übernommen und investierte nun große Summen in die Sanierung der Unternehmen. Die Verschmelzung beider Werke Ende 1976 schien eine logische Konsequenz zu sein. Eine Anordnung der Regierung ermächtigte Ducati, über sämtliche zukünftigen Motorradprojekte bei MV Agusta zu bestimmen und, weitaus wichtiger, jede direkte Finan-

zierung des Rennsports zu verhindern. Damit war das Ende auch der Motorradproduktion in der berühmten Fabrik in Gallarate gekommen.
Eine Hoffnung blieb noch. Graf Corrado Agusta war ein schwerreicher Mann und bekannt für seinen Rennsport-Enthusiasmus, den er in jungen Jahren gezeigt hatte. Würde er vielleicht die Ausgaben für den Rennsport aus seinem Privatvermögen bestreiten, eventuell mit Hilfe eines kräftigen Sponsors? Solcher Idealismus jedoch gehörte der Vergangenheit an, und folglich verschwanden die klassischen MV Agusta-Rennmaschinen von den Rennstrecken der Welt. Vielleicht wäre es anders gekommen, wenn MV in den Jahren vorher die Entwicklungsarbeit nicht so vernachlässigt hätte.
Von England aus versuchte Peter Bate verzweifelt, etwas aus dem Zusammenbruch zu retten. Im Namen einer dritten Gruppe sollte er die Herstellungsrechte kaufen und die Finanzierung zur Herstellung von MV-Motorrädern zuwege bringen, doch stellten sich seine Bemühungen mit Vertretern der Regierungs-Delegierten als sinnlos heraus. Peter Bate: »Das Geld stand zur Verfügung. Wir hatten sogar schon ein Flugzeug gechartert, die Formalitäten des Geldumtauschs in die andere Währung erledigt und einen Mann bei der britischen Botschaft zu unserer Hilfe bereitstehen, doch mit dem Scheck in der Hand erhielten wir von den offiziellen MV-Vertretern die Mitteilung, daß sie zu einer Entscheidung keine Befugnis hätten«.
Die ganze Angelegenheit uferte dann in unglaubliche Schwierigkeiten aus, die Zeit verging, und schließlich wurde der ganze Plan begraben. Im Oktober 1978 wurde Agusta Concessionaires (GB) Ltd liquidiert. In Italien wurde die einstmals so berühmte Rennabteilung dichtgemacht, Teammanager Arturo Magni hörte bei MV Agusta auf und begann in Samarate bei Mailand ein eigenes kleines Geschäft, in dem er sich auf Tuning-Kits für MV-Maschinen spezialisierte. Die gesamte Anlage in Verghera, wo einmal die besten Rennmaschinen der Welt entstanden, wurde komplett für die Hubschrauber-Fertigung übernommen.
Der Niedergang von MV Agusta war höchst bedauerlich. Doch auch nach nun schon so vielen Jahren ist der Alleingang des Grafen Domenico Agusta noch in bester Erinnerung, wird seiner Leistung noch Bewunderung gezollt, und der leere Raum, der nach dem Verschwinden der berühmten Viertaktmaschinen entstand, wurde nach Ansicht nicht weniger Kenner und Rennfans niemals von den kreischenden Suzukis, Yamahas oder Kawasakis gefüllt, so schnell und beeindruckend diese Maschinen zweifellos auch sein mögen. Als nämlich Phil Read 1976 in Cadwell Park in einer Art Schlußvorstellung noch einmal eine der alten MV-Maschinen fuhr, konnte er sich später kaum noch vor Telegrammen und Telephonaten retten, in denen Enthusiasten sich bei ihm dafür bedankten, daß er die MV noch einmal hatte »röhren« lassen.

Anhang

MV Agusta-Weltmeisterschaften

In den 25 Jahren zwischen 1952 und 1976 gewann MV Agusta:

38 Fahrer-Weltmeisterschaften
37 Marken-Weltmeisterschaften
270 Grand Prix-Siege

MV-Fahrer-Weltmeisterschaften

1952	125 cm³	C. Sandford	1962	500 cm³	M. Hailwood
1955	125 cm³	C. Ubbiali	1963	500 cm³	M. Hailwood
1956	125 cm³	C. Ubbiali	1964	500 cm³	M. Hailwood
	250 cm³	C. Ubbiali	1965	500 cm³	M. Hailwood
	500 cm³	J. Surtees	1966	500 cm³	G. Agostini
1958	125 cm³	C. Ubbiali	1967	500 cm³	G. Agostini
	250 cm³	T. Provini	1968	350 cm³	G. Agostini
	125 cm³	J. Surtees		500 cm³	G. Agostini
	500 cm³	J. Surtees	1969	350 cm³	G. Agostini
1959	125 cm³	C. Ubbiali		500 cm³	G. Agostini
	250 cm³	C. Ubbiali	1970	350 cm³	G. Agostini
	350 cm³	J. Surtees		500 cm³	G. Agostini
	500 cm³	J. Surtees	1971	350 cm³	G. Agostini
1960	125 cm³	C. Ubbiali		500 cm³	G. Agostini
	250 cm³	C. Ubbiali	1972	350 cm³	G. Agostini
	350 cm³	J. Surtees		500 cm³	G. Agostini
	500 cm³	J. Surtees	1973	350 cm³	G. Agostini
1961	350 cm³	G. Hocking		500 cm³	P. Read
	500 cm³	G. Hocking	1974	500 cm³	P. Read

MV-Marken-Weltmeisterschaft

1952	125 cm³		1964	500 cm³
1953	125 cm³		1965	500 cm³
1955	125 cm³, 250 cm³		1967	500 cm³
1956	125 cm³, 250 cm³, 500 cm³		1968	350 cm³, 500 cm³
1958	125 cm³, 250 cm³, 350 cm³, 500 cm³		1969	350 cm³, 500 cm³
1959	125 cm³, 250 cm³, 350 cm³, 500 cm³		1970	350 cm³, 500 cm³
1960	125 cm³, 250 cm³, 350 cm³, 500 cm³		1971	350 cm³, 500 cm³
1961	350 cm³, 500 cm³		1972	350 cm³, 500 cm³
1962	500 cm³		1973	500 cm³
1963	500 cm³			

MV-Grand Prix Siege

Argentinien
1963 500 cm³   M. Hailwood

Belgien
1956 125 cm³   C. Ubbiali
      (auch 2. Platz, Libanori)
      250 cm³   C. Ubbiali
      (auch 2. Platz, Taveri)
      350 cm³   J. Surtees
      500 cm³   J. Surtees
1957 250 cm³   J. Hartle
1958 350 cm³   J. Surtees
      (auch 2. Platz, Hartle)
      500 cm³   C. Ubbiali
1959 125 cm³   J. Surtees
      (auch 2. Platz, Provini)
      500 cm³   J. Surtees
1960 250 cm³   C. Ubbiali
      (auch 2. Platz, Hocking,
      und 3. Platz, Taveri)
      500 cm³   J. Surtees
      (auch 2. Platz, Venturi)
1961 500 cm³   G. Hocking
1962 500 cm³   M. Hailwood
1963 500 cm³   M. Hailwood
1964 500 cm³   M. Hailwood
1965 500 cm³   M. Hailwood
      (auch 2. Platz, Agostini)
1966 500 cm³   G. Agostini
1967 500 cm³   G. Agostini
1968 500 cm³   G. Agostini
1969 500 cm³   G. Agostini
1970 500 cm³   G. Agostini
1971 500 cm³   G. Agostini
1972 500 cm³   G. Agostini
      (auch 2. Platz, Pagani)
1973 500 cm³   G. Agostini
      (auch 2. Platz, Read)
1974 500 cm³   P. Read
1975 500 cm³   P. Read

Deutschland
1953 125 cm³   C. Ubbiali
1955 125 cm³   C. Ubbiali
      (auch 2. Platz, Taveri)
1956 250 cm³   C. Ubbiali
      (auch 2. Platz, Taveri)
1957 125 cm³   C. Ubbiali
      250 cm³   C. Ubbiali
      (auch 2. Platz, Colombo)
1958 125 cm³   C. Ubbiali
      (auch 2. Platz, Provini)
      250 cm³   T. Provini
      500 cm³   J. Surtees
      (auch 2. Platz, Hartle)
1959 125 cm³   C. Ubbiali
      (auch 2. Platz, Provini)
      250 cm³   C. Ubbiali
      350 cm³   J. Surtees
      500 cm³   J. Surtees
      (auch 2. Platz, Venturi)
1960 250 cm³   G. Hocking
      (auch 2. Platz, Ubbiali)
      500 cm³   J. Surtees
      (auch 2. Platz, Venturi,
      und 3. Platz, Mendogni)
1961 500 cm³   G. Hocking
1964 500 cm³   M. Hailwood
1965 350 cm³   G. Agostini
      (auch 2. Platz, Hailwood)
      500 cm³   M. Hailwood
      (auch 2. Platz, Agostini)
1967 500 cm³   G. Agostini
1968 350 cm³   G. Agostini
      500 cm³   G. Agostini
1969 350 cm³   G. Agostini
      500 cm³   G. Agostini
1970 350 cm³   G. Agostini
      500 cm³   G. Agostini
1971 350 cm³   G. Agostini
      500 cm³   G. Agostini
1972 500 cm³   G. Agostini
      (auch 2. Platz, Pagani)
1973 500 cm³   P. Read
1976 500 cm³   G. Agostini

Finnland
1963 350 cm³   M. Hailwood
      500 cm³   M. Hailwood
1965 350 cm³   G. Agostini
      500 cm³   G. Agostini
1966 500 cm³   G. Agostini
1967 500 cm³   G. Agostini
1967 500 cm³   G. Agostini
1968 500 cm³   G. Agostini
1969 350 cm³   G. Agostini
      500 cm³   G. Agostini
1970 350 cm³   G. Agostini
      500 cm³   G. Agostini
1971 350 cm³   G. Agostini
      500 cm³   G. Agostini
1972 350 cm³   G. Agostini
      500 cm³   G. Agostini
      (auch 2. Platz, Pagani)
1973 350 cm³   G. Agostini
      500 cm³   G. Agostini
      (auch 2. Platz, Read)
1974 500 cm³   P. Read
      (auch 2. Platz, Bonera)

Frankreich
1955 125 cm³   C. Ubbiali
      (auch 2. Platz, Taveri)
1959 350 cm³   J. Surtees
      (auch 2. Platz, Hartle)
      500 cm³   J. Surtees
      (auch 2. Platz, Venturi)

1960	350 cm³	J. Surtees
	500 cm³	G. Hocking
	(auch 2. Platz, Venturi)	
1961	500 cm³	G. Hocking
1969	500 cm³	G. Agostini
1970	500 cm³	G. Agostini
1972	500 cm³	G. Agostini
1973	350 cm³	G. Agostini
	(auch 2. Platz, Read)	
1974	500 cm³	P. Read

Holland

1952	125 cm³	C. Sandford
1955	125 cm³	C. Ubbiali
	(auch 2. Platz, Venturi)	
	250 cm³	L. Taveri
	(auch 2. Platz, Lomas, und 3. Platz, Masetti)	
1956	125 cm³	C. Ubbiali
	(auch 2. Platz, Taveri)	
	250 cm³	C. Ubbiali
	(auch 2. Platz, Taveri)	
	500 cm³	J. Surtees
1957	500 cm³	J. Surtees
1958	125 cm³	C. Ubbiali
	(auch 3. Platz, Provini)	
	250 cm³	T. Provini
	(auch 2. Platz, Ubbiali)	
	350 cm³	J. Surtees
	(auch 2. Platz, Hartle)	
	500 cm³	J. Surtees
	(auch 2. Platz, Hartle)	
1959	125 cm³	C. Ubbiali
	250 cm³	T. Provini
	(auch 2. Platz, Ubbiali)	
	500 cm³	J. Surtees
	(auch 3. Platz, Venturi)	
1960	125 cm³	C. Ubbiali
	(auch 2. Platz, Hocking)	
	250 cm³	C. Ubbiali
	(auch 2. Platz, Hocking, und 3. Platz, Taveri)	
	350 cm³	J. Surtees
	(auch 2. Platz, Hocking)	
	500 cm³	R. Venturi
	(auch 3. Platz, Mendogni)	
1961	350 cm³	G. Hocking
	500 cm³	G. Hocking
1962	500 cm³	M. Hailwood
1963	500 cm³	M. Hailwood
1964	500 cm³	M. Hailwood
1965	500 cm³	M. Hailwood
	(auch 2. Platz, Agostini)	
1968	350 cm³	G. Agostini
	500 cm³	G. Agostini
1969	350 cm³	G. Agostini
	500 cm³	G. Agostini
1970	350 cm³	G. Agostini
	500 cm³	G. Agostini

1971	350 cm³	G. Agostini
	500 cm³	G. Agostini
1972	350 cm³	G. Agostini
	500 cm³	G. Agostini
	(auch 2. Platz, Pagani)	
1973	350 cm³	G. Agostini
	(auch 2. Platz, Read)	
	500 cm³	P. Read
1976	500 cm³	G. Agostini

Italien

1952	500 cm³	L. Graham
1954	125 cm³	G. Sala
	(auch 3. Platz, Ubbiali)	
1955	125 cm³	C. Ubbiali
	(auch 2. Platz, Venturi, und 3. Platz, Copeta)	
	250 cm³	C. Ubbiali
	500 cm³	U. Masetti
	(auch 2. Platz, Venturi)	
1956	125 cm³	C. Ubbiali
	250 cm³	C. Ubbiali
	(auch 3. Platz, Venturi)	
1957	125 cm³	C. Ubbiali
	(auch 3. Platz, Taveri)	
	350 cm³	J. Surtees
	(auch 2. Platz, Hartle)	
1958	500 cm³	J. Surtees
	(auch 2. Platz, Venturi, und 3. Platz, Masetti)	
1959	250 cm³	C. Ubbiali
	350 cm³	J. Surtees
	(auch 2. Platz, Venturi)	
	500 cm³	J. Surtees
1960	125 cm³	C. Ubbiali
	(auch 2. Plaz, Spaggiari)	
	250 cm³	C. Ubbiali
	350 cm³	G. Hocking
	500 cm³	J. Surtees
	(auch 2. Platz, Mendogni)	
1961	350 cm³	G. Hocking
	(auch 2. Platz, Hailwood)	
	500 cm³	M. Hailwood
1962	500 cm³	M. Hailwood
	(auch 2. Platz, Venturi)	
1963	500 cm³	M. Hailwood
1964	500 cm³	M. Hailwood
1965	350 cm³	G. Agostini
	500 cm³	M. Hailwood
	(auch 2. Platz, Agostini)	
1966	350 cm³	G. Agostini
	500 cm³	G. Agostini
1967	500 cm³	G. Agostini
1968	350 cm³	G. Agostini
	500 cm³	G. Agostini
1970	350 cm³	G. Agostini
	(auch 2. Platz, Bergamonti)	
	500 cm³	G. Agostini
	(auch 2. Platz, Bergamonti)	

1971	500 cm³		A. Pagani
1972	350 cm³		G. Agostini
	500 cm³		G. Agostini
	(auch 2. Platz, Pagani)		
1973	350 cm³		G. Agostini
1974	500 cm³		G. Bonera
	(auch 3. Platz, Read)		

Isle of Man

1952	125 cm³		C. Sandford
1953	125 cm³		L. Graham
	(auch 3. Platz, Sandford)		
1955	125 cm³		C. Ubbiali
	(auch 2. Platz, Taveri)		
	250 cm³		B. Lomas
1956	125 cm³		C. Ubbiali
	250 cm³		C. Ubbiali
	(auch 2. Platz, Colombo)		
	500 cm³		J. Surtees
1958	125 cm³		C. Ubbiali
	250 cm³		T. Provini
	(auch 2. Platz, Ubbiali)		
	350 cm³		J. Surtees
	500 cm³		J. Surtees
1959	125 cm³		T. Provini
	250 cm³		T. Provini
	(auch 2. Platz, Ubbiali, und 3. Platz, Chadwick)		
	350 cm³		J. Surtees
	(auch 2. Platz, Hartle)		
	500 cm³		J. Surtees
1960	125 cm³		C. Ubbiali
	(auch 2. Platz, Hocking, und 3. Platz, Taveri)		
	250 cm³		G. Hocking
	(auch 2. Platz, Ubbiali)		
	350 cm³		J. Hartle
	(auch 2. Platz, Surtees)		
	500 cm³		J. Surtees
	(auch 2. Platz, Hartle)		
1962	350 cm³		M. Hailwood
	(auch 2. Platz, Hocking)		
	500 cm³		G. Hocking
1963	500 cm³		M. Hailwood
1964	500 cm³		M. Hailwood
1965	500 cm³		M. Hailwood
1966	350 cm³		G. Agostini
1968	350 cm³		G. Agostini
	500 cm³		G. Agostini
1969	350 cm³		G. Agostini
	500 cm³		G. Agostini
1970	500 cm³		G. Agostini
	500 cm³		G. Agostini
1971	500 cm³		G. Agostini
1972	350 cm³		G. Agostini
	500 cm³		G. Agostini
	(auch 2. Platz, Pagani)		

Japan

1965	350 cm³		M. Hailwood

Jugoslawien

1970	350 cm³		G. Agostini
	500 cm³		G. Agostini
1972	500 cm³		A. Pagani

Nord-Irland

1952	125 cm³		C. Sandford
	(auch 2. Platz, Lomas, und 3. Platz, Salt)		
1956	125 cm³		C. Ubbiali
	(auch 3. Platz, Webster)		
	250 cm³		L. Taveri
1957	125 cm³		L. Taveri
	(auch 3. Platz, Venturi)		
1958	125 cm³		C. Ubbiali
	250 cm³		T. Provini
	350 cm³		J. Surtees
	(auch 2. Platz, Hartle)		
	500 cm³		J. Surtees
	(auch 3. Platz, Hartle)		
1959	350 cm³		J. Surtees
	500 cm³		J. Surtees
	(auch 2. Platz, Venturi)		
1960	125 cm³		C. Ubbiali
	(auch 2. Platz, Hocking)		
	250 cm³		C. Ubbiali
	350 cm³		J. Surtees
	(auch 2. Platz, Hartle)		
1961	350 cm³		G. Hocking
	500 cm³		G. Hocking
1962	500 cm³		M. Hailwood
1967	350 cm³		G. Agostini
1968	350 cm³		G. Agostini
	500 cm³		G. Agostini
1969	350 cm³		G. Agostini
	500 cm³		G. Agostini
1970	350 cm³		G. Agostini
	500 cm³		G. Agostini

Ost-Deutschland

1961	350 cm³		G. Hocking
	500 cm³		G. Hocking
1962	500 cm³		M. Hailwood
1963	350 cm³		M. Hailwood
	500 cm³		M. Hailwood
1964	500 cm³		M. Hailwood
1965	500 cm³		M. Hailwood
	(auch 2. Platz, Agostini)		
1966	350 cm³		G. Agostini
1967	500 cm³		G. Agostini
1968	350 cm³		G. Agostini
	500 cm³		G. Agostini
1969	350 cm³		G. Agostini
	500 cm³		G. Agostini
1970	350 cm³		G. Agostini
	500 cm³		G. Agostini

1971	350 cm³		G. Agostini
	500 cm³		G. Agostini
1972	350 cm³		P. Read
	500 cm³		G. Agostini

Österreich

1971	350 cm³		G. Agostini
	500 cm³		G. Agostini
1972	350 cm³		G. Agostini
	500 cm³		G. Agostini

Schweden

1959	125 cm³		T. Provini
	(auch 2. Platz, Ubbiali)		
1960	350 cm³		J. Surtees
	(auch 2. Platz, Hartle)		
1961	500 cm³		G. Hocking
	(auch 2. Platz, Hailwood)		
1971	350 cm³		G. Agostini
	500 cm³		G. Agostini
1972	350 cm³		G. Agostini
	(auch 2. Platz, Read)		
	500 cm³		G. Agostini
1973	500 cm³		P. Read
	(auch 2. Platz, Agostini)		

Spanien

1952	500 cm³		L. Graham
1953	125 cm³		A. Copeta
	(auch 2. Platz, Sandford)		

1954	500 cm³		D. Dale
	(auch 3. Platz, Pagani)		
1955	125 cm³		L. Taveri
	(auch 3. Platz, Ubbiali)		
1961	250 cm³		G. Hocking
1968	500 cm³		G. Agostini
1969	350 cm³		G. Agostini
	500 cm³		G. Agostini
1970	350 cm³		A. Bergamonti
	500 cm³		A. Bergamonti
1973	500 cm³		P. Read

Tschechoslowakei

1968	350 cm³		G. Agostini
	500 cm³		G. Agostini
1969	350 cm³		G. Agostini
	500 cm³		G. Agostini
1970	350 cm³		M. Hailwood
1972	500 cm³		G. Agostini
1973	500 cm³		G. Agostini
	(auch 2. Platz, Read)		
1974	500 cm³		P. Read
	(auch 2. Platz, Bonera)		
1975	500 cm³		P. Read

USA

1964	500 cm³		M. Hailwood
1965	500 cm³		M. Hailwood

STORIES RUND UMS MOTORRAD

Die Honda-Motorrad-Story
Von Peter Carrick
Der in der internationalen Motorrad-Industrie wohl einmalige Aufstieg einer Marke zur Weltmarkt-Führung.
208 Seiten, 100 Abbildungen, gebunden, DM 28,–

Die schönsten Motorrad-Geschichten
Von Ernst Leverkus
Geschichten von den Burschen, die immer zwei Bräute hatten. Die eine war das Motorrad.
196 Seiten, 24 Abbildungen, gebunden, DM 22,–

Giacomo Agostini
Maschinen, Frauen, Konkurrenten
Von Giacomo Agostini
Die Geschichte eines Motorrad-Rennfahrers und seiner Erfolgssträhne, die sich in 15 Weltmeisterschaftstiteln niederschlug.
304 Seiten, 45 Abbildungen, gebunden, DM 25,–

Reisen mit dem Motorrad
Von Reiner H. Nitschke
Sechs farbige Reportagen führen den Leser in eine Welt, die er nicht per Massentourismus erleben kann.
160 Seiten, davon 144 mit vierfarbigen Fotos, Großformat, gebunden, DM 49,–

Sieger in allen Sätteln
Von Poensgen
Diese fesselnde Dokumentation stellt die beiden Meisterfahrer Schmider und Witthöft vor.
176 Seiten, 71 Abbildungen, gebunden, DM 28,–

Selbstverständlich aus dem MOTORBUCH VERLAG
Postfach 1370 · 7000 Stuttgart 1

MOTORRAD
Deutschlands Motorradzeitschrift Nr.1.

So aktuell, so informativ, so farbig, das ist MOTORRAD.
Viel Interessantes und Wichtiges rund ums Zweirad.
Test, Technik, Sport, Nachrichten, Reisen, eben alles, was man wissen muß.
Darüber informiert MOTORRAD.
Die große Motorrad-Zeitschrift.

Alle 14 Tage neu im Buch- und Zeitschriftenhandel.